清末民初西学术语译介与接受研究

张景华 著

中国书籍出版社
China Book Press

图书在版编目 (CIP) 数据

清末民初西学术语译介与接受研究 / 张景华著. --北京：中国书籍出版社，2021.4
ISBN 978-7-5068-8432-7

Ⅰ. ①清… Ⅱ. ①张… Ⅲ. ①西方哲学 – 名词术语 – 翻译 – 研究 – 中国 – 近代 Ⅳ. ① B5

中国版本图书馆 CIP 数据核字（2021）第 069086 号

清末民初西学术语译介与接受研究

张景华 著

图书策划	武　斌
责任编辑	毕　磊
责任印制	孙马飞　马　芝
封面设计	静心苑
出版发行	中国书籍出版社
地　　址	北京市丰台区三路居路 97 号（邮编：100073）
电　　话	（010）52257143（总编室）　（010）52257140（发行部）
电子邮箱	eo@chinabp.com.cn
经　　销	全国新华书店
印　　厂	河北省三河市顺兴印务有限公司
开　　本	710 毫米 ×1000 毫米　1/16
字　　数	311 千字
印　　张	18.5
版　　次	2022 年 7 月第 1 版
印　　次	2022 年 7 月第 1 次印刷
书　　号	ISBN 978-7-5068-8432-7
定　　价	68.00 元

版权所有　翻印必究

引 言

一、研究问题

　　回顾历史，以史为鉴，在鸦片战争前后的中国社会，如果提起氢气、氧气、重力、引力、分子、原子、电磁、电流等物理化学的基础知识，甚至会被当时的国人引为域外奇谈、荒谬绝伦，更遑论地球自转公转、解剖学说、光合作用、地质结构等复杂的科学原理。若提及美利坚、英吉利、法兰西、总统、议会、选举、共和等，对于西方历史人文、政教风俗的知者也是寥寥无几。在当时即便是林则徐、曾国藩、张之洞等封疆大吏，即便是阮元、康有为、谭嗣同等博学鸿儒，对西学的了解也极其有限。到民国初年，这些西学知识不仅进入了小学生和中学生的教科书，成为中小学生必修的学科基础知识，也对中国社会科学、政治、经济和文化的发展和变革产生了深远的历史影响。

　　"西学"一词流行于清末，其实明末早有此词。"西学"是历史的产物，起初是指源于西方国家并传播到中国的学说。**所谓"西学"是指传播到中国的西方学问、西方知识和西方文化，**[①] 包罗相当广泛，成为**"西方学术文化的略称"**。[②] 后来，"西学"涵义并不单纯指"西方人的学问"，而是扩

---

① 这里"西方"早期指欧洲，19世纪之后泛指欧洲和美国。
② 熊月之：《西学东渐与晚清社会》，北京：中国人民大学出版社，第2页。

展为"中国人研究的西方学问"。对于"清末民初"史学家对其界定不一，本课题指1840年鸦片战争至1919年新文化运动这一历史阶段。本课题主要研究清末民初（1840—1919）西学术语在中国社会的译介和接受的过程。本课题主要思考的问题是中国社会如何译介和接受西学术语？即西学术语作为西学知识的传播媒介，中国知识界通过西学术语翻译将哪些西学知识传入了中国？西学传入中国之后，中学与西学、传统学术与近代学术的接触、碰撞和交融在西学术语译介与接收过程中有何体现？西学术语的译介与接受对中国社会的近代转型有何影响。

鸦片战争以后，中国文化界的一些仁人志士为了救亡图存，为了求富求强，掀起了翻译西学的热潮。由于当时中国传统学术与西方近代学术差异悬殊，西学术语汉译非常混乱。术语翻译要么准确性不够，如syllogism译为"连珠"（今译三段论）；要么难以理解，缺乏可接受性，如induction译为"外籀"（今译演绎法）。因此，在清末民初的知识界对汉语的批评者有之，对汉语持偏见者有之，有些学者甚至对汉语失去文化自信，认为汉语无法精确表述西方近代学术概念；此外，译名演变现象也非常明显，如science从"格致"演变到"科学"。所以，从清末到民初"准确性"与"可接受性"的辩证统一始终是西学术语译介的重要问题。

在开明知识分子和官员的推动下，清政府对西学术语译介问题逐渐引起重视，并相继成立了京师同文馆、江南制造总局译书馆、编订名词馆等官方机构负责规范术语翻译，民间学术组织如益智书会、博医会等也发挥了重要作用。到民国时期，教育部成立了各学科名词审查委员会，而中国科学社等学术社团在政府的统一组织下系统地推进西学术语译介及其规范工作。从鸦片战争到民国初年，可以说政府对西学术语翻译的重要性认识越来越深刻，学术界也逐步意识到西学术语译介对中国文化和学术发展的意义。魏源的《海国图志》（1842）开始关注西方地理术语的译介，尤其是洲、洋、潮汐、国名、山脉、河流、气候等术语的翻译。[1] 梁启超的《论译书》（1896）把术语译介作为"治西学"和"整顿译学"的核心，认为"效西法"

---

[1] 魏源：《海国图志》，长沙：岳麓出版社，2011年。

的最紧要之事莫急于编定"中西名目表"。①傅兰雅的《论译书之法》(1867)驳斥了西方学者贬斥汉语的观点，肯定了用汉语翻译西学术语的可能性和可行性，提出了术语翻译定名的三种方法，并积极倡导规范科技术语译名。②王国维的《论新学语之输入》(1905)认为新学语是西方学术思想输入的途径，所以西学术语译介影响着中国学术思想的进步。③西学术语译介也引起了学术界的论争，从民国初年到1919年，由章世钊发起，胡以鲁、朱自清等诸多学者相继参与，进行了一场关于西学术语翻译应该音译还是义译的学术论战，这场论战持续长达10年之久。重新回顾、梳理和研究这段西学术语翻译史，并探讨其中的各种学术问题，其中必然有许多经验值得我们当代学术界去总结、借鉴和反思。

二、研究现状

西学术语译介在清末民初是"译事之中坚"，④当代学者虽然已经产出不少学术成果，相对其在翻译史上的地位而言，其研究仍然有限，现有研究主要涉及以下五个方面。

第一，清末民初西学术语译介的史料整理和介绍，如陈福康的《中国的译学史》(1992)介绍了傅兰雅、严复、梁启超、胡以鲁、章士钊等中国近代史上重要学者关于西学术语译介的讨论，并扼要介绍了相关学者的学术观点。⑤王克非的《翻译文化史论》(2000)介绍了严复的西学术语译介思想，涉及术语翻译的严谨性、术语翻译的标准，严复的术语翻译与其学术思想取向等方面，还介绍了日语译名与清末民初中国西学术语译介的关系。⑥黎难秋的《中国科学翻译史》(2006)主要介绍了双语专科词典对

---

① 梁启超：《论译书》，载《翻译研究论文集》（中国翻译工作者协会编），北京：外语教学与研究出版社，1984年。
② 傅兰雅：《论译书之法》，载《术语翻译研究导引》（魏向清等编），南京：南京大学出版社，2012年。
③ 王国维：《论新学语之输入》，载《术语翻译研究导引》（魏向清等编），南京：南京大学出版社，2012年。
④ 在章士钊《论翻译名义》(1910)一文的按语中，梁启超提到"翻译名义，译事之中坚也。"参见章士钊：论翻译名义，《国风报》，1910年11月22日。
⑤ 陈福康：《中国译学史稿》，上海：上海外语教育出版社，1992/2011年。
⑥ 王克非：《翻译文化史论》，上海：上海外语教育出版社，2000年。

译名统一工作的促进作用，重点介绍了江南制造总局的辞典编撰工作。①朱志瑜（2013）的《中国传统译论》按时间先后对近代西学术语译介的重要事件和代表人物的学术思想进行了梳理，该书是第一部较为集中、较为系统梳理中国近代术语翻译的学术专著，尤其是重点介绍了西学术语译名统一的各个历史阶段。②

第二，清末民初西学术语译介的历史阶段描述，如王英姿（2009）对晚清时期西学翻译的术语译介和民国时期的术语译介进行了比较、归纳和总结。③郭丹和蒋童（2011）对中国近代术语译介进行阶段性描述和分析，将鸦片战争之前的科技翻译作为术语译介的"发展时期"，鸦片战争之后作为"高潮时期"，民国初年作为"成熟时期"，并对各个时期代表人物及其观点进行了归纳总结。④温昌斌的《民国科技译名统一工作实践与理论》（2011）对民国以前科技译名统一工作做了简要的概述，该书重点介绍了民国时期官方组织和非官方组织的术语规范工作，并分三个时间段描述了中国学术界对科技译名规范工作的进展。⑤

第三，论述中国社会本土文化语境对西学术语译介的影响，王宏超（2010）以 aesthetics 为例分析了其在中国的译介和知识传播轨迹，分析了中国本土话语系统如学科体系、知识分类和理论结构的变迁对术语译介的影响，并阐明西学术语译介是如何促进中国知识分类、学科体系以及理论结构的发展和完善。⑥蒋骁华（2012）以 19 世纪中国的政治、外交文献的术语翻译为例，探讨并总结了术语翻译中的"贬损西方"和"美化西方"的西方主义现象，认为"贬损西方"的根源是中国数千年形成的"天朝上国"心态、根深蒂固的文化优越感及对西方的"他者"想象。⑦刘禾的《帝

---

① 黎难秋：《中国科学翻译史》，合肥：中国科学技术大学出版社，2006 年。
② 朱志瑜、黄立波：《中国传统译论：译名研究》，长沙：湖南人民出版社，2013 年。
③ 王英姿等：《中国古代及近代的译名研究回顾》，《外国语文》，2009 年第 4 期，第 139-144 页。
④ 郭丹、蒋童：《中国传统译论中译名问题的阶段性》，《广东外语外贸大学学报》，2011 年第 6 期，第 14-16 页。
⑤ 温昌斌：《民国科技译名统一工作实践与理论》，北京：商务印书馆，2011 年。
⑥ 王宏超：《中国现代辞书中的"美学"——"美学"术语的译介与传播》，载《学术月刊》，2010 年第 7 期，第 100-109 页。
⑦ 蒋骁华：《翻译中的西方主义——以 18-19 世纪中国的政治、外交文献翻译为例》，载《中国翻译》，2012 年第 2 期，第 32-37 页。

国的话语政治》(2014)分析了在夷夏话语体中,"夷"作为一个衍指符号用以翻译涉外术语,并以此言说西方的野蛮落后,这一表述在鸦片战争前后是清政府译介西方术语的典型话语实践方式,其根源是华夏中心主义的优越感。①

第四,运用现代译学对西学术语译介的论争进行阐释,如王宏印的《中国传统译论的经典诠释》(2003)对胡以鲁和章世钊的论争进行现代译学阐释,指出术语翻译的本质在于命名,分析了义译说和音译说的优缺点,指出了术语翻译与民族精神之间的关系,分析了术语翻译与保持语言纯粹性的问题,并用现代语言学系统地解释了术语翻译各种方法及其可行性。②李养龙和莫佳旋(2011)以1910至1919年间章士钊、胡以鲁、朱自清等诸多学者所参与的译名论战为基础,分析了音译说和义译说两个阵营的论战,他认为两个阵营虽各执一端,论战的参与者在阐述自己的观点时均凸显了各自的主体意识。该论文从现代译论分析了论战双方的译者主体性体现及其观点的形成原因,并从译者的自身意识、文化意识和读者意识三个方面对译名论争进行了探讨。③

第五,讨论清末民初西学术语译介的历史和学术贡献,受西方近年来历史学领域中概念史研究的启发,德国学者郎宓榭(Michael Lackner)等编辑了论文集《新词语新概念:西学译介与晚清汉语词汇之变迁》(2001),该文集重点介绍了晚清西学术语译介对于近现代汉语术语体系形成的促进作用,所涉及术语既包括科技术语,也包括社科术语,系统介绍了西学术语对中国近代学术和学科转型的贡献。④金观涛和刘青峰(2009)合著的《观念史研究——中国现代重要政治术语的形成》也是借鉴德国概念史研究,通过研究政治术语与历史政治的互动,探讨中国近代政治术语的概

---

① 刘禾:《帝国的话语政治:从近代中西冲突看现代世界秩序的形成》,北京:三联书店,2014年。
② 王宏印:《中国传统译论经典诠释》,武汉:湖北教育出版社,2003年。
③ 李养龙、莫佳旋:《20世纪初译名论战的现代解读》,《外语教学》,2011年第3期,第106-111页。
④ [德]郎宓榭等:《新词语新概念:西学译介与晚清汉语词汇之变迁》(赵兴胜译),济南:山东画报出版社,2012年。英文版见:Michael, L, Amelung, I. & J. Kurtz (eds). *New Terms for New Ideas: Western Knowledge and Lexical Change in Late Imperial China.* Leiden: Brill, 2001.

念变迁，通过术语的概念变迁分析中国近代思想和文化的变革。①冯天瑜（2004）的《新语探源》通过晚清西学术语翻译的许多实例，资料考证详细丰富，说明西学术语译介对丰富近现代汉语语汇的贡献，重点探讨中西日文化互动与对近代汉字术语生成的影响，对日源汉字术语的厘定以及日源汉字入华做了重点介绍和研究。虽说是从历史学角度探讨近代汉字术语的生成，但对于从思想史和文化史拓展术语翻译研究领域也有重要启发。②从概念史研究西学术语译介，目前主要是历史学领域的学者，而翻译界和外语界的相关研究成果很少。

总体看来，从事清末民初术语译介的主要研究群体在中国学术界，外国学者除德国汉学家郎宓榭之外，研究清末民初西学术语汉译外国学者不多，当然，也有学者在其西学汉译研究中涉及某些学科术语，比如大卫·莱特（David. Wright）的著作《翻译科学：西方化学进入晚清中华帝国》（*Translating Science: the Transmission of Western Chemistry into Late Imperial China*），其中涉及西方化学术语在晚清中国社会的译介与接受，还重点论述了翻译对近代化学知识在中国传播过程中所起的重要作用。遗憾的是，国外类似学术研究也比较罕见。

虽然先前的学者作了比较深入的研究，但还存在以下局限性：第一，在学术观点方面，多数研究主要从准确性或忠实程度的角度评价术语翻译的好坏，忽略了术语翻译问题的复杂性；此外，多数研究局限于个别术语译介的历史钩沉，而且这些研究散见于哲学、地理、历史、化学等各个领域，研究成果主要是论文，系统性研究很少。第三，在学术视野方面，很多研究局限于史实介绍和史料整理，很少有研究能从中西学术的比较出发，上升到译介学和现代译学的理论高度做到史论结合，译学界很少有学者能将西学术语译介与中国近代思想史和文化史结合起来的研究，多数研究局限于翻译学研究本身，对近年来西学概念史研究关注不够，甚至借鉴现代术语学的研究也很少。第四，在学术史方面，多数研究仍然是孤立地去讨论

---

① 金观涛、刘青峰：《观念史研究：中国现代重要政治术语的形成》，北京：法律出版社，2009年。
② 冯天瑜：《新语探源——中西日文化互动与近代汉字术语生成》，北京：中华书局，2004年。

某个学者的术语翻译思想,忽视了在中国翻译史上术语译介在理论上是一个继承与不断发展的过程,译学界在研究各个时代的术语翻译理论时,其阶段性特征和历史特征描述不够全面,各个历史阶段之间的分析和梳理不够。第五,在研究方法方面,多数研究重规定、轻描写,侧重西学术语翻译的规范化,多数论文介绍或讨论清末民初西学术语的译名统一工作,理论探讨也主要是讨论术语翻译应该归化还是异化,应该音译还是义译,忽视了术语规范化必须经历一个复杂的接受过程,这种接受一方面取决于中国社会对西学的认知,另一方面中国本土社会思潮也影响着西学术语的译介与接受。

三、研究价值

本课题研究对象为清末至民初(1840—1919)西学术语的翻译、介绍和接受的动态过程,其焦点为这一时期西学术语汉译的命名及其学术理据,包括译者的文化意识和学术认知、术语翻译理论和规范、译文术语生成的学术语境等诸多因素,文献资料涉及术语翻译的原文和译文、及其相关介绍、解读、评论等。因此本课题具有如下理论价值和应用价值。

本课题期望以清末民初术语翻译史为聚焦点,打通中国近代翻译史与思想史、文化史、学术史的学科边界,将译介学、现代术语学、概念史研究和文化研究等融为一体进行跨学科的多视角研究,有助于拓宽术语翻译乃至翻译研究的学术视野。在理论创新上,期望对中国传统译论的现代阐释,对中国特色译论的构建有所启发,加深对中国近代学术史和思想史的认知。将翻译史研究融入中国近代思想史和文化史研究的宏大视域之中,凸显翻译在清末民初中国社会历史转型中的重要作用。从理论上突出翻译对清末民初中国社会学科和学术近代化的贡献,这对于中国近代知识分子寻求文化强国、文化自觉和文化自信的学术方式有更深刻的认识,尤其是以翻译学视角阐明学术界应该如何坚持对汉语汉字和中国传统文化的自信。就术语翻译理论而言,术语翻译研究可以融合先秦名学、现代术语学和西方近年来的概念史研究等方面的学术思想,这些理论也是继续深化术语翻译研究的理论资源。

就本课题的应用价值而言，本课题对于当代中国学术界学习近代知识分子文化自觉的学术方式，对于当代学术如何辩证地继承传统和学习西方，以及当今中国文化的融合与创新具有现实意义。通过清末民初西学术语译介和接受研究，可以发现中国近代社会学术思想近代化并不是简单的"西化"，而是一个"化西"的历史过程，即在"经世致用"学术精神的引导下，中国先进知识分子通过不断探索和尝试，在借鉴近代西学优势和继承中国传统学术中实现的融合创新。可以说，西学术语译介与接受既体现了中华民族精神，又对中华民族精神塑造发挥重要作用。此外，本课题研究期望通过对清末民初西学术语译介与接受的研究，对于当今术语的外汉互译、中华学术的域外译介以及翻译政策的制定等都有参考价值。通过对清末民初西学术语译介与接受研究，本课题研究认为术语翻译应该上升到"国家治理"的高度，如果从中国文化和中国学术"走出去"来考量，甚至应该具有"全球治理"的意识；结合中国近代史和当下的中国国情，本课题研究对术语政策如何从总体上处理好术语民族化和术语国际化的关系也有启发。

四、研究设计

本课题的主要研究目标是研究清末民初西学术语译介与接受问题，一方面研究中国近代学术语境对西学术语译介与接受的制约和影响，另一方面研究西学术语译介与接受的进步反过来如何促进中国近代学术的发展。具体分为以下子目标：第一，通过西学术语译介的语料和翻译史料分析，从译介学和中西学术和文化比较的角度分析清末民初西学术语译介的各种论争，揭示近代西学术语译介过程中古今、中西、新旧等各种学术思想冲突。第二，通过西学术语译介的历史文化语境分析，揭示西学术语译介与中国近代学术思潮的相互作用和相互影响，揭示近代中国学术界对学习西学和继承传统文化的态度转变过程。第三，通过研究清末民初各个时期术语译介工作的成败得失，站在中国文化发展的高度为中国现代文化建设提供历史依据，为当今术语外汉互译和制定翻译政策提供学术依据。

为了实现本课题的研究目标，本课题的研究将研究重点设计如下：第一，研究清末民初西学术语译介与中国近代学术思潮的相互影响和相互促进的过程，阐明清末民初的学术思潮影响和制约着西学术语译介与接受，而西学术语译介与接受的进步又促进着学术思潮的发展。第二，研究在中国传统文化与西方资本主义文化交汇和碰撞的过程中，西学术语在中国的译介和接受需要面对的文化冲突，以及这些冲突与术语译介及其论争的联系。第三，研究术语翻译作为一种学术传承的方式，在清末民初时期中国知识界如何有效地通过术语翻译会通中西学术，如何在中国近代学术转型过程中将继承传统学术与借鉴西方先进学术统一起来。第四，研究清末民初西学术语译介对于中国学术和学科的近现代化、及其对恢复汉语的文化自信的历史意义，并为当今中国的术语政策、中国特色的术语翻译学的构建等提供建议。

为实现研究目标，本课题主要采取以下四种研究方法：（1）比较法。一是原文术语与译文术语的比较，通过其共性和差异去考查译者术语译介的学术和文化动机，尤其是通过术语概念在翻译过程中的变异去挖掘清末民初中国社会对西学的认知和中国知识界对西学的借鉴方式；另一种比较是译文术语与译文术语的比较，通过不同时期和不同译者的术语翻译之差异分析其文化和学术取向，尤其是通过历时的比较去发掘概念演变的过程，探讨中国本土社会思潮和学术思潮对术语翻译的影响。（2）跨学科研究法。打通中国近代翻译史与思想史、文化史和学术史的学科边界，综合术语学、翻译学、阐释学等理论视角，对应术语译介的文化立场、策略、技巧三个层面，尤其是借鉴现代术语学、概念史研究和先秦名学的学术思想，深化本课题的理论思辨和学理基础，从跨学科、多维视角分析某一术语翻译问题，可以避免从某一种理论视角观察和分析问题的局限性和盲点，从而避免学术观点上的偏激性和偏颇性。（3）案例法。选择傅兰雅、严复、王国维等著名翻译家的典型术语翻译，联系其译作、翻译评述等论述其术语翻译思想和学术观点之间的关联；选择魏源、林则徐、梁启超、谭嗣同、张之洞、章士钊等代表性历史人物的学术观点描述中国知识界对西学的认知和描述西学术语的接受环境，阐明译者对西学术语译介的策略与其语言和文化立场的关联。（4）文献法。搜集各种与清末民初术语译介的相关文献资料，挖掘西学术语译介及其历史评论等相关的文献，梳理各个历史时期的主流术语译介思想，阐明主流术语译介策略的历史演变，尤其是译名相关的各种学术评论，阐明术语翻译史与思想史、文化史以及学术史之间的关联，从而避免归化与异化，音译与义译等陈旧话题和学术观点，以免孤立地仅仅局限于从翻译研究本身去讨论术语翻译的优劣。

本课题研究设计的主要创新之处在于，第一，本课题并不单纯从准确性或忠实程度去讨论清末民初西学术语翻译问题，而是将西学术语的译介与其在中国近代特定历史文化语境中的接受联系起来研究，力图将术语翻译研究问题化、历史化和语境化，以彰显术语翻译的复杂性。第二，本课题对清末民初西学术语译介与接受的探讨并不局限于术语翻译本身，而是把术语译介与中国学术的近现代化以及对汉语和汉字的文化自信、语言政策、国家治理、文化安全等一系列问题联系起来，以彰显术语翻译的重要性。第三，本课题研究对清末民初西学术语译介与接受的研究超越了静态的共时研究，将西学术语译介与中国近代学术思想的动态演变结合起来，采取历时与共时结合的研究方法，尤其是借鉴现代术语学和西方概念史研究，以深化术语翻译研究的学理基础。

五、基本结构

本课题侧重翻译史研究，力图贯穿思想史和学术史，所以在章节的总体设计上以历史进程为线索，即从鸦片战争起到民国时期的新文化运动，沿着历史发展的进程进行论述。首先分清末和民初两个阶段介绍西学术语译介及规范工作；接着探讨鸦片战争之后"夷夏之辨"和"西学中源"两大学术思潮对西学术语译介的影响；对于洋务运动到维新变法时期，探讨了傅兰雅和严复等两位代表性翻译家的术语翻译思想，前者是科技术语领域的杰出翻译家，后者是社科术语领域的杰出翻译家；对于从甲午战争到新文化运动这一历史阶段，主要研究西学术语译介史上两大重要历史事件，即日源汉字术语入华和译名论战；最后就是反思清末民初西学术语译介的成就与局限性，并为当代中国术语翻译学构建提出建议。可以说，总体上以历史发展进程为脉络，涵盖了代表性的学术思潮，代表性的历史人物和代表性的历史事件，但是根据西学术语译介本身的历史特征，则对各个阶段的研究各有所侧重。因此本书分为如下五个部分：

第一部分概述清末民初西学术语译介及规范工作，分清末和民初两个阶段论述。第一章、第二章和第三章主要介绍清末民初西学术语译介及其规范工作，鉴于清末官方对科技术语的译名规范工作先于社科术语译名规范工作，重视程度也完全不同，故对清末西学术语的译介及规范工作分两章介绍。这样一方面从时间的先后体现了清末中国社会对西方自然科学和社会科学的认知差异，另一方面专门就社科术语的规范化撰写一章，也是为了彰显社科术语翻译的复杂性。第一章主要介绍清末科技术语的译介及其规范工作，其主要学术群体是经世派学者和外国来华传教士，经世派人士的主要主张是经世致用，其翻译主要采取"西译中述"的合作模式，术语翻译由中外学者共同商定，译者双语能力和专业水平有限，政府的主动参与不明显。第二章主要介绍清末社科术语的译介及其规范工作，清末社科术语的译介是甲午战争之后才引起政府的重视，清末中国社会对社科术语的译介始终处于被动，直到19世纪末才成立编订名词馆代表国家规范术语翻译，相比自然科学术语的规范工作，社科术语的规范工作需要深入反思，国家层面的术语管理工作不但起步很晚，而且时间很短，虽然严复等翻译家也做了卓有成效的工作，但是，历史留给严复的时间太短，最后，严复那些苦心孤诣的译名也在与日语译名的竞争中，被历史潮流所淹没。第三章主要介绍民国时期的西学术语译介及其规范工作，其特点就是政府的语言政策体系在科学社团的推动下逐渐走向成熟，术语管理意识越来越强，教育部的作用突出，但其术语管理制度和管理体系仍存在诸多缺陷。民国初期的术语管理的主要问题是译名工作是学术界由下而上，推动政府统一译名和规范译名，民国时期国家层面的主动作为仍然不够，任由学术界和学者自主作为。

第二部分描述从鸦片战争到洋务运动时期影响西学术语译介的两大学术思潮："夷夏之辨"和"西学中源"。故第四章和第五章主要探讨"夷夏之辨"和"西学中源"这两种中国本土学术思潮是如何影响中国社会对西学的认知，如何影响西学术语及其概念在中国社会的接受。夷夏话语体系是西学及其概念术语进入晚清中国社会的主要障碍，第四章主要分析鸦片战争前后中国社会夷夏话语体系对与西方政治和地理术语翻译的影响，一方面，术语翻译以"夷"为核心，贬低西方、矮化和丑化西方文化的现象比较明显；另一方面，通过考察西方地理政治术语的翻译，有很多现象和问题值得反思，华夏中心主义意识并非单纯个体现象，而是整个中国社会的集体无意识，而术语翻译从"夷"到"外"的话语转变，侧面反映了近代夷夏话语体系的崩溃，也为中国社会接受西学及其概念术语打开了缺口。第五章主要探讨"西学中源"说与清末西学术语翻译比附现象，洋务运动时期中国知识界在术语翻译中以中国古代学术比附西方学术，术语翻译中的比附现象是中西学术矛盾和冲突的产物，这种比附在西学翻译的草创时期有一定的积极作用：一方面客观上有利于西学思想在中国的接受，另一方面在一定程度上有助于复兴中国古典学术。

第三部分重点介绍从洋务运动到维新变法期间西学术语译介史上涌现出的两位杰出的翻译家：傅兰雅（John Fryer）和严复，前者的贡献主要在科技术语领域，而后者的贡献主要在人文社科术语领域。故第六章和第七章分别介绍两位翻译家及其术语翻译思想，傅兰雅敢于批判西方学术界的文化中心主义，坚信汉语能够表达西学的精奥，坚持系统地译介西方近代学术及其知识体系。傅兰雅所提出的一系列西学术语翻译原则和方法，为中国术语学的建立奠定了一定的理论和实践基础，其学术成就堪称近代术语翻译理论的里程碑。甲午战争之后，身处危机深重的中国，严复翻译了大量的近代西学著作，作为译者翻译了很多术语，另外作为编订名词馆的总纂负责译介和规范术语，但是，严复所译的术语过于古雅，在清末民初日语译名大举入华之际，其术语淡出了历史舞台。会通中西是严复术语翻译思想之核心和灵魂，严复在术语翻译上中西互鉴，以复兴中国传统学术和批判性地借鉴西学，从而实现超胜的终极目标，这种治学方式时至今天仍然值得深入研究和借鉴学习。

第四部分描述甲午战争之后到新文化运动期间，西学术语译介的两大标志性历史事件：一是19世纪至20世纪之交的日源汉字术语入华，二是自1910年起至1919年之间的译名论战。故第八章主要探讨甲午战争之后，中日词汇交流发生逆转，日源汉字术语入华，成为与西学术语对译的译名，这种术语传播现象是近代中日在东亚话语权易位的语言表征。日本通过借鉴中国古典术语和汉字构词规则对译西学术语，构建了一套比较完善的近代术语体系，而近代中国知识界通过借鉴日源汉字术语推进了中国术语体系的近现代化。对于这种语言现象，中国知识界学术立场各异，分歧明显，这仍值得审慎思考和研究。第九章主要探讨20世纪之初的译名论战，这场论争可以说是中国翻译史上规模最大、延续时间最长、参与人数最多、学术关注度最高的一次学术论战。事实上，以章士钊为代表的音译派并不排斥义译，以胡以鲁为代表的义译派也并不排斥音译，两大阵营的立场差异只是因为各有侧重。其实，这场学术论战既是汉语的学术地位之争，也是术语民族化与国际化的道路之争。这场学术论战其实是中国术语翻译理论逐步走向成熟的重要里程碑。

　　第五部分论述清末民初西学术语译介的历史贡献及其当代启示。故第十章主要从语言近代化、学科近代化和思想近代化等三方面，论述了西学术语译介对清末民初中国社会的贡献。西学术语译介促成汉语术语从单音节向双音节和三音节术语的转变，并逐步形成了中国自己的术语体系；西学术语译介也推进了中国传统学科体系逐步与西方学科体系接轨，促进学科和知识体系的转型和变革。此外，西学术语译介也推进了中国社会思想文化的近代转型，先进知识分子和译者发挥着不可或缺的作用。第十一章主要从国家治理、术语民族化、概念史研究等三个主要方面探讨清末民初术语译介与接受问题，但其对中国术语翻译研究的思想启发是多方面的，中国术语翻译研究应该借鉴先秦名学思想，在术语政策上把术语翻译上升到国家治理和全球治理的高度，坚持民族语言自信，在总体上走术语民族化道路，并为术语国际化做好准备，在理论上重点借鉴西方概念史研究的成果推进当代的中国术语翻译研究，打造具有中国特色、中国气派和中国风格的术语翻译理论。

目 录

第一部分　清末民初西学术语译介与规范概述

第一章　清末西方科技术语译介与规范 …………………… 3
第一节　科技术语译介的初步体制化 ……………………… 4
第二节　经世派人士的科技术语译介与规范 …………… 11
第三节　来华传教士的科技术语译介与规范 …………… 18

第二章　清末西方社科术语译介与规范 ………………… 28
第一节　甲午战争前社科术语译介与规范 ……………… 29
第二节　甲午战争后社科术语译介与规范 ……………… 36

第三章　民国初期西学术语译介与规范 ………………… 45
第一节　官方的术语译介与规范 …………………………… 46
第二节　科学社团的术语译介与规范 …………………… 49
第三节　辞书编纂的术语译介与规范 …………………… 54

第二部分　影响西学术语译介的两大学术思潮

第四章　"夷夏话语"与清末西学术语译介 ⋯⋯⋯⋯⋯⋯ 65
第一节　涉外翻译中的夷夏之别⋯⋯⋯⋯⋯⋯⋯⋯⋯ 66
第二节　西学术语译介中的夷夏话语实践⋯⋯⋯⋯⋯⋯ 72
第三节　从"夷"到"外"的话语演变⋯⋯⋯⋯⋯⋯⋯ 77

第五章　"西学中源"与清末西学术语译介 ⋯⋯⋯⋯⋯⋯ 84
第一节　"西学中源说"的缘起与发展⋯⋯⋯⋯⋯⋯⋯ 85
第二节　"西学中源"与术语的翻译比附⋯⋯⋯⋯⋯⋯ 90
第三节　"西学中源"与术语译介的话语策略⋯⋯⋯⋯ 97

第三部分　西学术语译介的两大杰出翻译家

第六章　中西交流与傅兰雅科技术语翻译观 ⋯⋯⋯⋯⋯ 107
第一节　傅兰雅的汉语语言观⋯⋯⋯⋯⋯⋯⋯⋯⋯⋯ 108
第二节　傅兰雅对传播西方近代科学的认识⋯⋯⋯⋯⋯ 113
第三节　傅兰雅科技术语翻译原则与方法⋯⋯⋯⋯⋯⋯ 118
第四节　傅兰雅对科技术语译名规范化的贡献⋯⋯⋯⋯ 124

第七章　中西会通与严复的西学术语翻译 ⋯⋯⋯⋯⋯⋯ 131
第一节　会通法对"格义法"的借鉴⋯⋯⋯⋯⋯⋯⋯⋯ 132
第二节　会通法与严译术语的厘定原则⋯⋯⋯⋯⋯⋯⋯ 137
第三节　会通法与严译术语的"达旨"⋯⋯⋯⋯⋯⋯⋯ 143
第四节　会通法与严译术语的式微⋯⋯⋯⋯⋯⋯⋯⋯⋯ 149

第四部分　西学术语译介的两大标志性历史事件

第八章　中日词汇交流与西学术语的译介 ⋯⋯⋯⋯⋯⋯ 159
第一节　中日交流与日源汉字术语入华⋯⋯⋯⋯⋯⋯⋯ 160
第二节　日源汉字术语在西学术语汉译中的运用⋯⋯⋯ 166
第三节　知识界对日源汉字术语的拒斥与迎受⋯⋯⋯⋯ 173

第九章　清末民初西学术语的译名论战 …… 180
　　第一节　译名论战与翻译的异化倾向 …… 181
　　第二节　译名论战与翻译的语言观 …… 186
　　第三节　译名论战与译者的主体意识 …… 192

第五部分　西学术语译介的历史贡献及当代启示

第十章　清末民初西学术语译介与中国近代化 …… 201
　　第一节　西学术语译介与语言近代化 …… 202
　　第二节　西学术语译介与学科近代化 …… 208
　　第三节　西学术语译介与思想近代化 …… 214

第十一章　西学术语译介对术语翻译研究的启示 …… 221
　　第一节　西学术语译介与国家治理 …… 222
　　第二节　西学术语译介与术语民族化 …… 228
　　第三节　西学术语译介与概念史研究 …… 237

结束语 …… 246

参考文献 …… 252

后　记 …… 270

第一部分
清末民初西学术语译介与规范概述

第一章　清末西方科技术语译介与规范

近代中国学习西方经历了从"器物"到"制度"再到"文化"的过程，所以西学翻译因为选材的限制也经历了大致相同的历程。鸦片战争以后，先进的知识分子在"师夷之长技以制夷"的思想指引下大量引进和翻译西方军事、地理、天文等方面的科技文献。洋务运动兴起后，又在"中学为体，西学为用"的思想引领下全面系统地翻译西方算学、几何、光学、化学、植物学、医药学等自然科学文献。在鸦片战争期间，林则徐组织编译了《四洲志》，鸦片战争结束后被魏源载入《海国图志》，从此惊破了天朝大国的迷梦，开启了近代西学翻译的历史时代，1866年清政府设立了京师同文馆，1868年又成立了江南制造总局翻译馆，于是，西方科技文献的翻译在政府机构的推动下得到史无前例的发展。

毫无疑问，西方科技术语的译介及其规范问题成为西学翻译的重中之重。[①]那么，从鸦片战争到民国成立，清末中国社会的西方科技术语译介及其规范工作的主要内容是什么？究竟呈现出什么样的历史特征？从事术语译介及规范的主要是哪些学术机构和学术群体？相关研究史料著作有邹振环的《影响中国近代社会的一百种译作》（1996）、马祖毅的《中国翻译史》（1999）、方梦之和庄智象编的《中国翻译家研究》（2017）、黎难秋的

---

① 清末中国社会对西方科技文献的大规模翻译始于洋务运动，对西方人文社科文献的翻译前期很少，大规模翻译发生在中日甲午战争之后，同理，早期的术语译介与规范也主要是针对科技术语，故本书将科技术语与人文社科术语的厘定分别讨论，不仅是为了充分呈现其差异和特点，也是为了阐明中国社会对西学认知和西学术语翻译思想的渐进性。

《中国科学翻译史》(2006)等，专门讨论科技术语翻译的专著只有朱志瑜和黄立波合著的《中国传统译论：译名研究》(2013)，① 以及散见于《中国科技史料》《中国科技术语》《上海科技翻译》等各种学术期刊的论文。总体来看，史料介绍较多，单个术语研究较多。本章亦重在史料介绍，主要从官方体制化的科技术语译介、经世派人士和来华传教士的科技术语译介和规范等三个方面对相关史料加以概述，并以此基础结合本书的思考予以阐释和评论。

第一节　科技术语译介的初步体制化

中英鸦片战争爆发后，清政府官员分裂为主战派和主和派，林则徐是主张对外抵抗的关键人物，也是向西方学习先进技术的开风气者，堪称中国近代"组织翻译的第一人"。其实，早在禁烟运动期间，他就日日派遣下属刺探夷情，"翻译西书，又购其新闻纸。"② 他还设立译馆，组织亚孟、袁德辉、林阿适、梁进德等译员编译了《华事夷言》《四洲志》等书。洋务运动前后，清末重臣曾国藩发现翻译在输入西方科学中的重要作用，于是明确提出"翻译一事系制造之根本"。因为他认识到西洋制器大多以算学为基础，而且其中学理奥秘都附有图表描述说明。国人如果不了解其语言和学问，即便具备熟练操作西洋制器的能力，也不能参透其用途和原理。③ 于是，江南制造总局翻译馆先后聘请李凤苞、赵元益、傅兰雅、伟烈亚力 (Alexander Wylie)、玛高温 (Daniel Macgowan)、林乐知 (Young J. Allen) 为译员，翻译了《机器发轫》《汽机问答》《泰西采轧图说》等书。从鸦片战争到甲午战争，这一阶段有林则徐、曾国藩、张之洞等朝廷重臣推动西学翻译和术语译介和规范工作，学习西方先进技术和科技翻译被纳入政府

---

① 参见邹振环：《影响中国近代社会的一百种译作》，北京：中国对外翻译出版公司，1996年；马祖毅：《中国翻译史》，武汉：湖北教育出版社，1999年；方梦之、庄智象：《中国翻译家研究》，上海：上海外语教育出版社，2017年；黎难秋：《中国科学翻译史》，合肥：中国科技大学出版社，2006年；朱志瑜、黄立波：《中国传统译论：译名研究》，长沙：湖南人民出版社，2013年。
② 马祖毅：《中国翻译史》，武汉：湖北教育出版社，1999年，第511页。
③ 曾国藩：《曾文正公全集》（奏稿），上海：世界书局，1936年，第841页。

的工作重点，因此科技术语的译介和规范也被纳入翻译政策的范畴，通过官办译书机构实施和执行。在科技术语译名厘定方面，比较有历史影响力的译书机构主要有京师同文馆和江南制造总局翻译馆。

一、京师同文馆

在中英战争之后，清政府洋务派官员深切地意识到外语人才培养的匮乏，翻译西方科技著作的重要性和迫切性。迫于外交和洋务之需要，1861年，总理各国事务衙门的恭亲王奕䜣等官员上奏请设同文馆，以培养一批精通外语的外交人才，奕䜣在其奏折中提出要与外国交涉，必须熟知其国情和文化，可是"语言不通，文字难办，一切隔膜，安能望其妥协？"[①]1862年，奕䜣等又上奏提议设置译馆、聘请教员和投入经费，于是，清政府陆续设置了英文馆、法文馆、俄文馆、德文馆，并聘请外籍人士教授外文。此后，为了进一步引进西方天文、算学，奕䜣又上奏提议为了解决当时的时局问题，必须以"采西学制洋器为自强之道"。[②]1866年，洋务派官员突破了顽固派的重重阻力，并增设了科学馆。

同文馆的总教习、教习以外国传教士为主，他们一边翻译西书，一边帮助清政府培养外语人才，这些人才构成了西书翻译的主力军。同文馆还逐步培养和吸收中国译者参与翻译，所以，当时的西书翻译多由中外译者合作完成。同文馆的外语教育采取两套课程模式：其一是八年制的"洋文而及诸学"，八年制学生第五年开始练习译书，最后两年以译书为主，或学生独译，或师生合译。其二是五年制"藉译本而求诸学"，五年制的学生直接通过翻译学习西学各科。[③]这是中国近代大规模译介西方科技著作之肇始。据不完全统计，先后完成了《格物入门》(Natural Philosophy)、《全体通考》(Human Anatomy)、《格物测算》(Mathematical Physics)、《化学指南》(Chemistry for Beginners)、《天学发轫》(Element's of Astronomy)、《算学课艺》(Mathematical Exercises)等自然科学译著。

---

① 黎难秋：《中国科学翻译史》，合肥：中国科技大学出版社，2006年，第301页。
② 同上，第302页。
③ 同上，第303页。

在京师同文馆的日常翻译中,虽然翻译少量西方法律和政治文献,但是尤以自然学科著作居多,因此科技术语的译介和规范是当时西学翻译主要问题。为了方便翻译工作和同文馆的学生学习,规范科技术语译介的主要措施就是编制中外术语对照表。传教士丁韪良(William Martin)为京师同文馆的第一任总教习,他不但制定了政策奖励西书翻译,还编制了一系列译名对照表,在其撰写的《格物入门》卷六《化学》中,已经提供了38种化学元素中25种的对照中文译名,包括养气(oxygen)、淡气(hydrogen)、炭精(carbon)、波精(silicon)、石精(calcium)、硝气(nitrogen)、水银(mercury)、铜(copper)、蒙石(manganese)等常见化学元素。毋庸置疑,这些译名的准确性和命名理据或多或少还存在一些问题。作为官方机构所制定的术语对照表,京师同文馆为之后的科技术语的译名统一制定了初步规范,其中大部分术语已经具备现代科技术语的雏形,比如,1886年由德贞(John Dudgeon)翻译,并由北京同文馆出版的《全体通考》,虽然把anatomy(今译解剖学)译为"全体通考",傅兰雅对"全体"学的内容有详细论述:

> 近年来西医考求全体,极见精详,所出诸书,亦甚赅备。……第一章略论全身诸骨,第二章略论全体诸肌,第三章略论养生诸部,第四章略论全身血脉,第五章略论脑髓脑筋,第六章略论觉悟诸具。凡此皆全体切要,人所须知,故条分缕析,连类并及。①

在此,傅兰雅清晰地介绍了西方解剖学的内容,由于当时中国还没有近代解剖学的概念,只有"全体"学,所以,在近代中国习用本土的"全体"学解释西方的解剖学,并且流行近半个世纪。"全体"学这一译名是传教士与中国译者共同商定,并为传教士和西洋医生所认可。"全体"对anatomy的概念表达清晰易懂,为西方近代解剖学和生命科学在中国的传播奠定了基础。②

在翻译程序上,京师同文馆采取先由外国译者草拟,然后再由中国译

---

① [英]傅兰雅:《全体须知》,上海:江南制造局,1889年。
② 高晞:《"解剖学"中文译名的由来与确定》,载《历史研究》,2008年第6期,第80页。

者润色、最后由政府官员形式上定稿的模式，因此译名的规范也采取相应的办法。科技术语的译名创制主要模式为中外合作，以外国译者为主，编订中外术语对照表，将统一科技术语译名作为西学翻译的核心内容之一，这样也便于科技书籍的编写和翻译，更有利于科学知识的快速传播和普及。外国译者翻译的文稿通常还要经中国译者润色，这样可以增强译文的可读性。为了体现术语翻译命名的权威性，通常还要经中国官员批阅之后方可刊印发行，这种模式可以说是近代"政府统一科学译名活动的开端"。①

在京师同文馆的翻译活动中，政府的作用主要是象征性的管理，既没有翻译过程的严格管理，也没有译文质量的保证机制，翻译团队中外国译者以传教士为主，外国译者不是精通学科知识的专家，中国译者也并非行业领域的专家，主要负责对译文进行语言文字层面的修饰，因而难以从专业水准和学术水准层面把握译名。②在这种实用功利主义的引导下所产生的译本，所创制和厘定的译名在精准性和规范性方面存在诸多问题，比如丁韪良在《化学入门》中介绍化合物的化学式时，将水的化学式表述为HO，而不是H_2O，HO与H_2O中元素的原子数目不同，因此其化学属性也不同，翻译时应该分类描述。由此可见，京师同文馆的翻译非常粗浅。尽管如此，同文馆在科技译名统一尤其是在化学译名统一方面，为后来其他外语翻译机构提供了一个可资借鉴的模式。

二、江南制造总局翻译馆

1865年，曾国藩、李鸿章开始在上海筹建江南制造总局，1867年，清末著名的科学家徐寿、华蘅芳进入江南制造总局工作，为了适应军工业的发展，他们倡议翻译西书，成立了翻译馆，并聘请了大量的外国译员，英国译员有傅兰雅、伟烈亚力、罗亨利（Loch Henry）等；美国译员有林乐知、金楷理（Carl Traugott Kreyer）、玛高温等；日本译员有藤田丰八等。与京师同文馆不同的是，江南制造总局的翻译不再单纯依靠外国译者的口译，

---

① 高晞：《"解剖学"中文译名的由来与确定》，载《历史研究》，2008年第6期，第80页
② 高晞：《"解剖学"中文译名的由来与确定》，载《历史研究》，2008年第6期，第121页。

中国译者可以独立完成翻译任务。留学归国的舒高第译著最多,他完成了《前敌须知》《水雷秘要》《妇科》等多部译著;吴宗濂翻译了《德国陆军考》;凤仪翻译了《航海章程》《行船免撞章程》;徐建寅翻译了《造船全书》20卷、《绘图船线》4卷。翻译馆汇集大量的翻译精英,译者不仅能熟练使用中外语言,而且精通近代科学知识。其译书主要以军事、造船、航海、机械为主,除此以外,翻译馆还翻译出版了《热学图说》《电学》《光子图说》等自然科学书籍。

与京师同文馆比较,制造总局翻译馆的翻译质量要高很多,并得到学术界的普遍赞誉。梁启超在《读西学书法》中指出,同文馆的《化学阐原》与制造局的《化学鉴原》虽然出自同一原文,而"译出之文,悬绝若此"。他批评《化学阐原》的术语翻译命名皆杜撰可笑,《化学阐原》的翻译虽然在《化学鉴原》之后,却不借鉴其所确定之译名,"以致其书不可读,亦译者之陋也"。梁启超还批评同文馆所译《富国策》也"译笔皆劣",所译《格物入门》不但"无新奇之义",而且其译文质量很差,甚至"可不必读"。但是,在评论制造总局翻译馆所译《谈天》和《地学浅释》时,则高度赞誉其译笔之文雅简洁,为译书中"所罕见也"。徐维则在其《东西学书目》中也称赞《化学鉴原》,甚至认为西方化学汉译之书"殆以此为善本也"。[①]从各方评价来看,翻译馆的译书质量明显高于同文馆,其主要原因是译者更精通外语和专业知识。

在西方科技术语的译介和译名规范方面,江南制造总局翻译馆已经形成一套比较成熟的模式,主要体现在以下三个方面:一是由政府设立专门的翻译机构,大规模翻译西方自然科学著作,在术语翻译规范上可参照已有的相关著作;二是中外译者合作确定术语译名,中国译者较为精通专业知识,对译名精确与否可以进一步权衡和校对;三是编制中西术语对照表,并按学科分类刊印,由政府机构发行,作为译者参考的依据。[②]

这套模式不仅使制造总局翻译馆形成了一套通用的术语译介和规范的体制,而且其术语管理意识和专业精神已经深入各学科门类,比如赵元益

---

① 黎难秋:《中国科学翻译史》,合肥:中国科技大学出版社,2006年,第308页。
② 朱志瑜、黄立波:《中国传统译论:译名研究》,长沙:湖南人民出版社,2013年,第122页。

和傅兰雅合作翻译的《儒门医学》，原著为海德兰（Frederick Headland）所作，译者在译凡例中详述了医学术语的翻译原则和方法：其一，原书病名药名。全部按照字母顺序排列，翻译成中文，病名按照脑髓脏腑、内外顺序排列，药名按药性之汗吐、补泻等分为14类。其二，病名翻译问题。考虑西医的病名甚多，不能悉与中医相符，故翻译时必须重新命名。其三，药名翻译问题。所涉药名是中医中已有则按中医命名；有的是中医中所没有的，有的一时难考证名称，则仍沿用西医名称，而以字译其音。① 由此可见，在科技术语表的制作方面，制造总局翻译馆的医药术语翻译考虑了术语的排列方式和术语的归类，比如说药名分类达到14类，足可以体现其术语翻译的系统性和译者的专业意识。术语翻译的理据方面，译者发现西方医学术语与中国医学术语的非对称性，译者不得不创造新的专业术语。此外，译者非常重视二者对译的准确性，意思能基本对应的仍沿用旧名；概念虽然不够准确，但是已经约定俗称的译名也只好沿用。译名混淆，表述不准确的重新定名。实在无法精确地确定译名情况下，只能采取音译方法，可见，译者在音译与义译两种方法的选择上也要经过深思熟虑，妥当处理。

江南制造总局翻译馆尤其重视中西术语对照表的制作，从1871年到1890年的二十年间，仅傅兰雅与其同事就编制了《化学元素表》（1871）、《化学材料中西名目表》（1884）、《汽机中西名目表》（1890）等多部术语表的编制。这些术语对照表对于译名规范起了重要作用，尤其是化学术语译介方面成绩卓越，比如《化学材料中西名目表》序言中的论述：

> 各种化学材料，有中国尚未知者，有前翻译家尚未定名者，无奈必设公法，特命新名。所有原质，多无华名，自必设新者，而以一字为主，或按其形性大意而命之，或照西自字要声而译之。所有杂质之名，率照西国之法，将其原质之名与数并而成之，中国有者，另为注释。所有生物质之名，或将其原意译其要略，或按其西音译以华字，因此不免字多，名似过长。内有属于矿学与药品之名目，亦归同法译之，惟另有此两种学之细目，

---

① 熊月之：《西学东渐与晚清社会》，北京：中国人民大学出版社，2011年，第404页。

刊印成表，故此表不多及之。①

从上述论述可以看出，制造总局在化学术语译介与规范方面，制定了比较系统的翻译原则，具体表现为：第一，西方的化学元素名称如果在中文无法找到约定俗成的译名，翻译则需要重新制定新名，原则上以一个汉字指代一个元素，既可以音译，也可以义译；还要考虑元素的形态、性质或发音，比如"锌"的音与"辛"同，性质为"金"；"氧"的音与"羊"同，形态为"气"。第二，对于所谓的杂质，即无机化合物，命名则仿照西方将元素和数字并列，比如Fe_2O_3（今译三氧化二铁）译为"铁二氧三"。如中文中已有，则沿用中文固有术语。第三，对于所谓的生物质，即有机化合物，命名既可以音译也可以义译，术语翻译要尽量遵守简洁原则。第四，对于矿物质、药品也参照相同的原则创制译名。②

翻译馆采用中外学者共同合作的翻译模式，在术语译介和规范上不仅解决了外国学者不精通汉语的问题，也解决了中国学者不精通外语的问题，从而诞生了那个时代特有的翻译模式：西译中述。具体来说，就是西方学者将所译原文，先通篇阅读，了然于胸，在吃透学理之后，再与中国学者商榷同译，"乃以西书之义，逐句读成华语"，中国译者再以笔述之。③若有难懂之处，则与中国译者商讨和斟酌，若有不够明了之处，则阐明原文意义和专业原理。翻译完成后，最后由中国译者校对润色，使之符合中国语文表达习惯。所以，制造总局的术语译介形成了外国译者口译，中国译者笔译校对的有效模式，而且中国译者具备一定的专业知识，译者也直接为特定的专业机构服务，科技术语翻译的专业水准得到一定程度的保证。江南制造局虽然是官办机构，但是，对术语的翻译政策和国家治理意识不强，故其译名的影响力也非常有限。

---

① 江南制造局：《化学材料中西名目表》，上海：江南机器制造总局，1884年，第3页。
② 朱志瑜、黄立波：《中国传统译论：译名研究》，长沙：湖南人民出版社，2013年，第127页。
③ 熊月之：《西学东渐与晚清社会》，北京：中国人民大学出版社，2011年，第394页。

第二节 经世派人士的科技术语译介与规范

鸦片战争之后，经世实学思潮在近代中国知识界逐渐兴起，林则徐、魏源等主持编译《四洲志》和《海国图志》，中国社会开始向西方学习以达到"师夷之长技以制夷"的目的；到京师同文馆时期，尝试培养外交和翻译人才；再到曾国藩、张之洞等倡导洋务运动，江南制造总局翻译馆大规模翻译西方科技文献，可以说，经世实学思潮在不断推动着西学翻译，其根源是因为实学与西学有诸多相通之处，国学教授朱汉民用"实学西学化"和"西学实学化"描述近代实学与西学的关系，"实学西学化"指中国知识界以经世致用为目标，通过汲取西学之长来继承和发扬儒学中的实学传统。"西学实学化"就是所谓的"西学中国化"，指中国知识界把西方科学技术、经济形式、政治体制等相关学术思想输入中国，将其与中国传统实学进行融合和创新，从而形成一种经世的实学、富强的治术。① 近代实学的"经世致用"思想及其影响主要体现在对西方科技文献的翻译和传播，魏源、徐寿、华蘅芳等经世派知识分子对科技术语译介的历史贡献也不可忽略。

鸦片战争之后，中国知识界介绍世界地理的著作有《海国四说》《瀛寰志略》和《海国图志》等。《海国四说》的编辑梁廷枏出生于广州，与传教士和外籍商人接触较多，因而具有明显的地理优势；《瀛寰志略》的编辑徐继畬历任福建巡抚、总理衙门大臣和总管同文馆事务大臣，有显著的职业优势；魏源虽身处内地却以其强烈的经世意识，良好的学术素养，旁征博引相关典籍，遂能编成历史性的巨著《海国图志》。魏源出生于湖南邵阳，1825年曾参编《皇朝经世文编》，并且与林则徐、龚自珍等经世派知识分子交往甚密，强烈的经世意识是《海国图志》的鲜明特色。魏源在其序言中就开明宗义地阐明其目的："为以夷攻夷而作，为以夷款夷而作，

---

① 朱汉民：《魏源的实学与西学》，载《纪念魏源诞辰210周年国际学术研讨会论文专辑》，2004年，第32-37页。

为师夷长技以制夷而作。"①

作为近代中国第一本介绍世界地理的著作,《海国图志》比较注重术语的专业性和准确性,可以说在这一方面远远优于同时代的世界地理著作,即使《瀛寰志略》这种系统介绍世界地理的著作,与《海国图志》也存在一定的差距。有学者认为《海国图志》是最早系统和准确使用气温带术语译名的著作,比如"冷带"(frigid zone)、"温带"(temperate zone)、"热带"(tropic zone)等。②试比较两部著作对"赤道"这一术语及其相关概念的解释:

赤道为日驭正照之地,环绕地球之正中,中国在赤道之北,即最南滨海之闽、广,尚在北黄道限内外,**较之北地寒暖顿殊,遂以为愈南愈热,抵南极而石烁金流矣**。

(徐继畬:《瀛寰志略》)③

[南北]二极之中为**赤道**,近二极皆为**冷带**,稍离极为**温带**,正当赤道下为**热带**。……西洋**温带**之地,则为地中海所占;而欧罗巴亦偏于**冷带**,利未亚亦偏于**热带**。

(魏源:《海国图志》)④

通过地理知识比较,就可以发现二者的差距非常明显,《海国图志》明确以赤道为中线,将地球的温度带分为五带,除此之外,对地中海、欧洲(欧罗巴)、利比亚(利未亚)等地区的气温带属性能够做出比较正确的辨识。但是,《瀛寰志略》不仅对南北两极和气温带的描述不准确,片面地认为气温"愈南愈热",甚至荒谬地认为南极气温让"石烁金流"。可见,《海国图志》中的译名,无论是从专业性还是从系统性来看,《海国图志》的术语明显优于《瀛寰志略》。⑤此外,从现代术语学来看,《海国图志》在术语命名时,还充分考虑了术语的能产性和系统性,比如:

---

① 魏源:《海国图志》,长沙:岳麓出版社,2011年,第1页。
② 沈国威:《前后期汉译西书译词的传承与发展》,载《中华文史论丛》,2009年第2期,第262–263页。
③ 徐继畬:《瀛寰志略》,上海:上海书店出版社,2001年,第1页。
④ 魏源:《海国图志》,长沙:岳麓出版社,2011年,第1850页。
⑤ 张景华:《刨棒劈芥,前驱先路——论〈海国图志〉中的地理术语译名》,载《外国语言与文化》,2018年第4期,第72–73页。

In **eclipse** there are various degrees of immersion, when this is entire, it is said to be **total**; when only a part of the moon is immersed, the eclipse is said to be **partial**; and when centre of the moon passes through the centre of the shadow, the eclipse is said to be **central and total**.

(Murray: *The Encyclopedia of Geography*)①

日月之蚀，所蚀多寡不同，故有三等之分：一曰**满蚀**，一曰**半蚀**，一曰**环蚀**。

(魏源：《海国图志》)②

将中文与英文比较就可以发现，在描述日蚀和月蚀这些天文现象时，英语原文使用的是描述性形容词，除 eclipse 之外没有其他专业术语，但是，《海国图志》不仅区分了日蚀和月蚀，还由这两个二级术语衍生出"环蚀""满蚀""半蚀"等下一级术语。另外，《海国图志》的译名还注重使用词缀以增强译名的系统性，从而使术语的能产性和规范性都得到全面提升。比如，关于潮汐的术语，英语的 spring tide 在汉语中可以翻译成"大潮"或"春潮"，但是，考虑要将其与"小潮"(neap tide)必须形成对应，《海国图志》就命名为"大潮"，并由此派生出"落潮"(fall tide)与"长潮"(rise tide)；"上潮"(high water)与"下潮"(low water)；"早潮"(morning tide)与"夜潮"(night tide)等互相对应的术语。③ 凭借这些术语，《海国图志》就可以描述和解释复杂的天文现象。

为了译介西方先进的近代科技和地理知识，《海国图志》还创制或率先运用了许多近代地理术语译名。毫不夸张地说，如果清政府不将其列为禁书，这些译名完全可以将近代化中国推进三十余年，甚至可以改写中国近代史：地图类译名有经度(longitude)、纬度(latitude)、地轴(the earth's axis)、赤道(equator)、极圈(polar circle)、北极(north pole)、南极(south

---

① Murray, H. *The Encyclopedia of Geography*. London: Longman, 1834. P126.
② 魏源：《海国图志》，长沙：岳麓出版社，2011年，第2190页。
③ 张景华：《创棒劈莽，前驱先路——论〈海国图志〉中的地理术语译名》，载《外国语言与文化》，2018年第4期，第74页。

pole）、五大洲（five continents）等；地理用具类译名有千里镜（telescope）、察天筒（barometer）、定时钟（alarm clock）等；气象地理类译名有当令风（local wind）、恒吹风（trade wind）、冷带（frigid zone）、热带（tropic zone）、温带（temperate zone）等。① 马西尼 Frederico Masini）认为如果从新词的角度来看是特别富有价值的，这些新词在未收入《海国图志》之前，可能只在很小范围内使用，非常遗憾的是这些新词可能也不为人们所常用，这些词的命运与魏源著作在中日两国的传播中联系了起来。②

洋务运动开启之后，在近代科技翻译史上李善兰堪称卓有成就的译者和实学家之一。曾任出使英国钦差大臣的郭嵩焘在论述实学时，认为李善兰贯通算术，尤精西法。李善兰1811年出生于海宁读书世家，自幼资禀颖异，且勤奋好学。1852年夏，李善兰到上海墨海书馆任职从事翻译，从1852年到1859年，在墨海书馆李善兰与英国传教士伟烈亚力等通力合作，翻译并出版了《几何原本》《代数学》《谈天》《重学》《植物学》等多部西方近代科学著作，而且涉及天文算学等诸多学科。后来，还翻译了《奈端数理》，初步向中国社会译介西方的解析几何、哥白尼日心说、牛顿力学、微积分、植物学等近代科学知识。

除了精通数学、天文和物理各科之外，李善兰还具有良好的中文写作能力，因此在翻译天文数学类书籍时，汉学家的作用明显不如李善兰，故其努力关系到译文质量的优劣。比如《几何原本》翻译完成之后，伟烈亚力在序言中提到其翻译完成之后，还要删繁去冗，反复校审，尽量做到完美无瑕，其中"李君之力居多，余得以借手高成而已"。对于译文质量，更是高度评价说，西方学术界以后如寻求该书的最佳版本"当反访诸中国矣"，③意即其译本的质量可以超越原文。在译完《谈天》之后，更是好评如潮。朱文鑫著文称《谈天》的原著在当时西方学术界被"奉为圭臬"，然而李善兰所译《谈天》则"几成绝响"，此后的译著如《天文揭要》等书"皆

---

① 张景华：《刨棒劈莽，前驱先路——论〈海国图志〉中的地理术语译名》，载《外国语言与文化》，2018年第4期，第75页。
② [意]马西尼：《现代汉语词汇的形成》（黄河清译），香港：汉语大词典出版社，1997年，第29页。
③ 王渝生：《中国近代科学先驱李善兰》，北京：科学出版社，2000年，第37页。

未见详备"。① 在《清代学术概论》中，梁启超高度评论李善兰所主持的译书，称其译著学问根底扎实，对于所译之书，翻译的"责任心及兴味皆极浓重"，故其成绩可与明末徐光启和李之藻比肩，② 在西方科技术语译介方面的贡献亦不可忽视。

对于 equation 的译名，李善兰命名为"方程"，可以说具有首创之功。英语中的 equation 起源于 equa。其实 equation 作为未知数量的等式，这种思想一直贯穿西方数学史。在中国传统数学典籍《九章算术》中，其第八卷专门论述"方程"。在《九章算术注》中，刘徽对方程的定义是："令每行为率，二物者再程，三物者三程，皆如物数程之。并列为行，故谓之方程。"③ 在清代天文学家和数学家梅文鼎的《方程论》（1672）中，方程被解释为所谓的"叠脚"方程，但是，其方程概念并不是指含有未知数的等式，其解题方法也不是解决数学中的等量关系。④ 李善兰之所以在汉译中将 equation 命名为"方程"，主要是基于其对方程和 equation 的解读，在中西学术的相互接触与交流中，才产生了"方程"与 equation 的对译方式。在《代数学》的原文中，英文 equation 的定义是：

Every collection of algebraic symbols is called an expression, and when two expressions are connected by the sign =, the whole is called an equation。

李善兰译：并代数之几数名为式，二式之间作 = 号，谓之方程。⑤

除了将"方程"与 equation 对译之外，李善兰还用代数式来表述几个代数式之和，并且在两个代数式之间用"="联系起来，形成一个数学方程式。此处的"方程"虽然沿用古名，但是被赋予了近代数学概念。在中国古代数学中，"方程"是用算筹表述各未知数之系数，没有专用标记表述未知数，

---

① 郭永芳：《牛顿学说在中国的早期传播》，载《科技史文集》（第 12 辑），上海：上海科学技术出版社，1984 年，第 132 页。
② 方梦之、庄智象编：《中国翻译家研究》，上海：上海外语教育出版社，2017 年，第 527 页。
③ 刘徽：《九章算术》（郭书春校），沈阳：辽宁教育出版社，1990 年，第 385 页。
④ 张必胜：《李善兰和伟烈亚力合译〈代数学〉的主要内容》，载《西北大学学报》，2013 年第 6 期，第 1021–1024 页。
⑤ 同上，第 1022 页。

因而方程组就形成了长方形数字阵形式，这种数字阵与现在代数学的矩阵近似。1859年李善兰将equation（即含有未知数的等式）的译名确定为"方程"，并进一步把含有未知数的一个数学等式命名为方程，把含有未知数的多个数学等式组合命名为方程组，这种方式既可以准确表述数学概念，又方便数学计算。"方程"和"方程组"这两个术语沿用至今，其翻译命名方式可以说凝聚了译者的智慧，既继承了中国传统算学思想，又赋予了近代代数学的新涵义。

在翻译西方科技著作时，李善兰没有多少对应的译名可以使用，因而只得创造一批中文译名，其中很多译名为后人所长期使用，也就相当于创造了一批新科技术语，尤其是数学领域。代数术语有正、负、对数、多项式、系数、常数、分数、平方根等；几何学术语有平面、交点、面积、垂线、余角、三角形、四边形、等边、对角线等；微积分术语有函数、变数、无限、无穷、无定、积分学、求微分等；解析几何学术语有原点、象限、极距、椭圆、双曲线、抛物线、对数曲线等。汪晓勤将1956年中国科学院编订的数学术语与李善兰所制定的术语比较，发现中国科学院沿用的代数学术语为44%，解析几何术语为50%；微积分术语更高达65%。[①] 力学、植物学虽非李善兰的专业领域，但也留下了一些沿用至今的译名。比如，botany之译为"植物学"，李善兰在译《植物学》时，参照中国传统植物学知识，将英语的botany译为"植物学"。《植物学》流传到日本之后，"植物学"这一汉字术语不仅取代了日语中的旧名词"植学"，对日本的生物学的近代化也产生了很大影响。除此以外，李善兰还创造了植物分类术语如"科"（family）、"细胞"（cell）等，[②] 这些术语一直沿用至今。

除李善兰之外，江苏无锡的徐寿也是我国近代科学术语译介的拓荒者，尤其在化学术语译介方面成绩显著。1864年，徐寿应曾国藩之邀，在南京军械所自主设计，并制造了"黄鹄号"蒸汽船，无论是在我国造船工业史上，还是在近代科技史上，这艘蒸汽船的制造都具有开创性意义。1867

[①] 方梦之、庄智象编：《中国翻译家研究》，上海：上海外语教育出版社，2017年，第527页。
[②] 尹苏：《论近代科学家李善兰的科学文献翻译》，载《上海科技翻译》，1997年第3期，第41—43页。

年，徐寿来到上海江南制造总局工作，并负责筹办翻译馆，从而开始了他17年科技翻译生涯。根据《清史稿》的记载，徐寿翻译了《西艺知新》《化学鉴原》《物体遇热改易说》《汽机发轫》《西艺知新续编》《宝藏兴焉》《法律医学》等许多科技文献，其中化学书籍六种，将近其译著总数的一半。这些化学译著是我国第一批化学教材，将西方近代化学中的各分支学科，包括无机、有机、定性、定量、物化以及实验方法和仪器使用等方面系统译介到我国。这些译本的原著大部分是西欧当时大学通用教材，学术水平高、内容较新，因而能在我国近代化学史上发挥着先驱作用。

在制造局翻译化学教材时，为了译介和输入西方近代化学知识，徐寿和傅兰雅初步制定了化学元素汉译的命名原则："今取罗马文之音首，译一华字，首音不合，则用次音，并加偏旁以别其类，而读仍本音。"[①] 这一原则沿用至今。他们首创的65个元素汉译名，其中沿用至今有铝、钡、钴、铬、铀、锑、钒、钨、锌、铒、碘、铟、铱、钾、锂、铋、溴、钙、镉、镁、钍、锆、钽、镓等36个术语。[②] 以下是门捷列夫1871年周期表与徐寿《化学鉴原》中沿用至今的元素译名：

序号	I	II	III	IV	V	VI	VII	VIII
1	H							
2	Li 锂	Be	B	C	N	O	F	
3	Na 钠	Mg 镁	Al 铝	Si	P	S 硫		
4	K 钾	Ca 钙		Ti	V 钒	Cr 铬	Mn 锰	Fe 铁; Co 钴; Ni 镍; Cu 铜
5		Zn 锌	Ga 镓		As	Se 硒	Br 溴	
6	Rb 铷	Sr	Yt	Zr 锆	Nb 铌	Mo 钼		Ru 钌; Rh; Pd 钯; Ag 银
7		Cd 镉	In 铟	Sn 锡	Sb 锑	Te 碲	I 碘	
8	Cs	Ba 钡	Di	Ce				
9		Tb 铽						
10		Er 铒	La	Ta 钽	W 钨			

---

① 徐振亚：《徐寿父子对中国近代化学的贡献》，载《大学化学》，2000年第1期，第59页。
② 同上，第59页。

序号	I	II	III	IV	V	VI	VII	VIII
11		Hg 汞	Tl	Pb 铅	Bi 铋			
12				Th 钍	U 铀			

徐寿将罗马字音和汉字音相结合创造化学译名，堪称中西语文的天作之合，这样既容易让我国学者接受西方化学知识，又可以让西方近代化学在中国知识界传播、生根、开花、结果。这种化学元素的翻译命名原则对我国后来翻译化学书籍产生了"极其深远的影响"。[①] 就是在新中国成立之后，1950 年政务院学术名词委员会颁布的《化学物质命名原则》中，明确规定："元素的命名用字，以谐音为主，会意次之。但应设法避免同音字。"在"元素"一章中还规定："元素的名称用一字表示。在普通情况为气态时，从气；液态者，从水；固态的非金属从石；金属从金。"[②] 这些规定都继承了徐寿等提出的元素术语的译介及规范方式，而且一直影响至今。

第三节　来华传教士的科技术语译介与规范

外国传教士是近代中国最早从事科技术语翻译的学术群体，其实，自明朝末期天主教传教士罗明坚（Michele Ruggieri）携利玛窦（Matteo Ricci）来华起，为了达到让中国社会接受基督教教义之目的，传教士们就已经采取"曲线传教"加"科学传教"两种策略，因此，西方科技术语在中国的译介就有了初步的开端。利玛窦与徐光启合作把 geometry 译为"几何"，使这一古词新用、音义结合的术语成为典范，所译介的几何学术语，如角、直角、锐角、钝角、点、线、直线、曲线、平行线等一直被沿用至今。[③] 但是，外国来华传教士对西方科技术语的大规模译介肇始于益智书会。英国传教士合信（Benjamin Hobson）在 1858 年出版的《内科新说》中最早采用中

---

① 方梦之、庄智象编：《中国翻译家研究》，上海：上海外语教育出版社，2017 年，第 560 页。
② 汪广仁、徐振亚：《海国撷珠的徐寿父子》，北京：科学出版社，2000 年，第 38—39 页。
③ 邹振环：《影响中国近代社会的一百种译作》，北京：中国对外翻译出版公司，1996 年，第 2—3 页。

英术语对照表，开始系统译介西方医学术语。到1872年，美国传教士卢公明（Justus Doolittle）编辑出版辞典《英华萃林韵府》，收录了机械、矿物、地质、地理、印刷、药物、数学等12个栏目6000余科技术语。① 外国传教士译介西方科技著作，其初衷是为了通过科技优势让中国人接受基督教文化，这种努力客观上为中国科技术语的译介和规范做出了贡献。② 在这些传教士的学术组织中，益智书会和博医会的贡献最为突出。

一、益智书会

为解决教会学校的教科书问题，1877年来华传教士在上海成立"学校与教材委员会"，决定成立机构编译出版教科书，主要成员有丁韪良、狄考文（Calvin Mateer）、韦廉臣（Alexander Williamson）、林乐知、傅兰雅等，1879年正式命名"益智书会"，专门负责规范译名和教科书编写，两项工作同时进行，书会成立之后，立即着手编译出版中文教科书，其内容涉及化学、植物学、数学、自然哲学、天文学、解剖学、生理学、地理、矿物学等诸多学科。在编写教科书的过程中，传教士们意识到：如果要将西方近代科学知识传播到中国，就必须建立一套完整的术语体系。因此，译名规范工作成为翻译的焦点，通过统一译名来解决译名混乱问题成了当务之急。

事实上，对于译名传教士一直非常重视，因为涉及中西学术交流和沟通，译名问题可以说由来已久。早在1834年，传教士就在广州成立了实用知识传播会（The Society for the Diffusion of Useful Knowledge），负责搜集和编订已有的中文科学术语和译名，作为内部资料给译者参考。1867年江南制造总局成立翻译馆，其编译工作由傅兰雅负责，傅兰雅凭借其在翻译馆工作的长期经验，因而成为益智书会的核心人物。与制造局的翻译工作相比较，教科书的术语翻译要求更为严谨、更为细致，且更为准确。

在编译教科书过程中，如何将新的译名与已有的术语相对应，如何使

---

① 朱志瑜、黄立波：《中国传统译论：译名研究》，长沙：湖南人民出版社，2013年，第131页。
② 同上，第131–132页。

译名能够适合汉语表达习惯且又通俗易懂,这一问题成为益智书会的难题。所以,益智书会主张教科书的译名务必做到规范统一。为了译介和规范术语,首先是要掌握中文已有术语情况,先搜集专门术语和科技名词,这些术语主要来自现有中文译作和中文原作;其次是对各类教科书的编译者做出要求,都要提供一份其本人所使用的名词和中英文术语对照表;最后,在此基础上益智书会汇总各种资料和信息,经过仔细权衡和商讨,书会制作成更具权威性、更具科学性的术语表。1877年,在首次传教士大会召开之后,益智书会进一步将各种术语分为三大类:其一是科学、工艺制造类,其二是地理类,其三是专有名词类。益智书会还将这些术语表编印成册,发给教科书编译者并保证人手一册,并对这三类词汇表做出明确分工和制作要求。由傅兰雅负责第一类,主要考虑其在江南制造局和格致书院工作多年,在科技术语翻译方面具有丰富经验;由林乐知负责地理类;由伟烈亚力负责专有名词类。难能可贵的是益智书会对学术问题较为敏感,在当时就已经意识到日语译名对中国西学译名的影响,所以,书会还特别安排传教士麦嘉缔(Davie Macartee)搜集日本所编译的西方著作中的专业术语表。[①] 从汉字文化圈中借鉴日语译名,这可以说是益智书会语译介和规范事业的闪光点,由此可见,益智书会对术语翻译安排非常周详,非常细致。

在实施译名规范过程中,益智书会的译员们的术语意识和翻译理念也日趋成熟。就在书会成立后不久,狄考文就在《教务杂志》上撰文阐述译名统一的必要性,他认为很多术语对中国人来说都是新事物、新概念,因而必须使用新术语。他还批评有些译者缺乏术语意识,将西学术语翻译成汉语普通词汇。狄考文还强调每门学科都有其独特的术语系统,要将一门学科知识系统译介到中国,就必须将其术语系统完整地译介过来。最后,还总结出翻译新术语的四大准则:其一是简洁性,即译名不必要包含其原文词汇的各种义项,通常也是不可能的,可以说对术语的语义原理有了一定的认识;其二是适用性,即译名要方便术语使用者在各学科语境和各种情况下运用,对术语的实用性有了充分的认识;其三是规范性,即同一术语在译文中只能有一个译名,不能一名多译,对术语的规范统一有了充分

---

① 张龙平:《益智书会与晚清时期的译名统一工作》,载《历史教学》,2011年第10期,第23页。

认识；其四是清晰性，即译名的涵义要准确，所有术语含义必须准确恰当，不能引发歧义，对术语的科学性也有明确要求。① 这些观点足以表明益智书会的译者术语意识逐渐增强，术语理论和术语管理经验不断丰富。

益智书会作为一种学术组织，缺乏官方机构的强制力和约束力，译名规范工作则进展缓慢。到1890年为止，译名译介和规范工作的主要标志性成果是傅兰雅编制四本译名手册，分别是矿物、化学、医药学和蒸汽机方面的相关术语，其实这还是其在江南制造总局负责编订的译名对照表，名义上由益智书会出版而已。

为了改变这种局面，1890年召开了传教士第二次大会，进一步成立了中国教育会，仍然沿用"益智书会"这一中文名称。傅兰雅在会上宣读了题为《科学术语：当前分歧与保证统一的措施》的报告，该报告由以下四个部分组成：一、科技术语与中国语言文字；二、制定科技术语的基本原则；三、现存术语的分歧所在与内在原因；四、解决术语分歧的基本方法。② 基于其在江南制造总局的翻译经验，傅兰雅还特别指出：译者如果精通汉语，并且熟谙中国历史文化，用汉语表达西方科学概念并非难事，并建议中西译者合作、共同参与术语译介和规范工作。1891年，益智书会还成立了人名地名委员会；1896年，又成立了科技术语委员会。译名厘定工作首先从化学术语打开了局面，到1910年，科技术语委员会相继发布了《修订化学元素表》《术语词汇》《协定化学名目》，其中《术语词汇》和《协定化学名目》堪称益智书会的代表性成果。

《协定化学名目》由两部分组成，前部分主要介绍化学术语的命名原则，后部分则为无机化合物的英汉术语对照表。其中关于元素的译名就提出了以下四条基本原则。

其一，每一化学元素原则上翻译成一个汉字，为避免使用过程中造成混淆，各译名的字形和发音不能相同。

其二，考虑汉语的表意特征和读者的理解，重要元素译名应有实义，不甚重要的元素可音译。

---

① Mateer, W. School books for China [J]. *The Chinese Recorder*, 1877（8）：428-429.
② 张龙平：《益智书会与晚清时期的译名统一工作》，载《历史教学》，2011年第10期，第24页。

其三，化学元素均分为气体、非金属元素、金属元素等三类，气体元素译名加"气"为偏旁，非金属元素加"石"为偏旁，金属元素加"金"为偏旁。

其四，在采用音译法为元素命名时，应尽可能避免使用汉字的常用字，所有新创元素译名的发音必须与西文术语发音保持一致。①

与先前的元素译名比较，《协定化学名目》对气体元素加上"气"字头表示类别，通过偏旁部首对气体、金属、非金属进行区分的方法是一种学术上的进步和超越，另外，其译名在音译的处理上也更为妥当。《协定化学名目》在化合物的命名上也有所进步，比如先前的 acids 译为"强水"，改用日语译名为"酸"，而且在酸的强弱上也通过译名进行区分，在术语体系更趋系统化和精细化，表明译者对西方化学的认识已经取得巨大的进步，比如：

hypo-acids 下	meta acids	次强
-ous acids	弱	per-acids	上
-icacids	强	pyro-acids	烘

另外，氧化物也按其价态在译名上进行严格区分：per oxides（上锈）；hypo oxides（下锈）；-ic oxides（强锈）；oxides between – ic and（中次强锈）；-ous oxides（弱锈）；oxides between hypo-and-ous（次弱锈）；oxides between-ous and meta-ic（中锈）；-ous -ic oxides（合锈）。② 这些译名虽然还有诸多缺陷，并且与现代汉语的氧化物译名有一定的距离，但是，从其细致程度可见译名已经体现出较强的专业意识。

1902 年，狄考文等在化学术语的基础上，搜集其他各学科的专业术语，编辑成一部综合性的术语汇编《术语辞汇》，该术语汇编于 1904 年由上海美华书馆负责出版，厚达 500 多页，共收录术语 12000 余条。其突出学术贡献就是大部分术语为新创术语，说明该汇编能充分把握各学科前沿理论和知识，所收录的术语涉及 50 多个科目，涵盖了各学科的主要术语，其编排采用英汉对照形式，并按字母顺序排列。译名采用常见译名，有多个

---

① 王扬宗：《清末益智书会统一科技术语工作述评》，载《中国科技史料》，1991年第 2 期，第 15 页。
② 同上，第 16 页。

译名的术语，将出现频率较高的排在前面。但是，社会科学术语很少，可以说该书是当时最为全面的综合性科技术语词典。

从益智书会统一译名的进程来看，尽管其译名存在诸多缺陷，并且进展缓慢，但为清末中国社会接受西学打下了初步基础，其中部分译名规则还陆续被中国译者所借鉴，对于外国传教士来说，他们既不熟悉中国语言文字，也不熟悉专业知识，能编辑成如此丰富的术语汇编，能翻译如此之多的西学文献，实属不易。此外，翻译也不是这些传教士的职业，能如此专心致志地投入术语翻译事业已经难能可贵了，这些传教士的初衷是为了向中国社会输入基督教，可事实上却成为西学东传的文化使者，这确实是特殊历史时期值得关注的一种文化现象。

二、博医会

19世纪中叶以后，基督教会在中国陆续创办了一些医院和医学院，随着时间推移，以西医为主的医院和医学院越来越多，影响也越来越大。因此，教会也试图凭借西医的优势扩大教会的影响，因而开始大规模译介西医文献。但是，西医与中医差异悬殊，两者的学科体系也迥然相异，西医文献中很多术语与中文术语无法准确对应，甚至还存在大量中医学中所没有的术语。因此，要准确、简明地采用术语翻译西医术语对译者来说苦不堪言。在西医中传的早期，译者就注意到西医术语翻译的问题，为了克服译名混乱问题，译者通常在译著后附英汉术语对照表，如美国浸礼会医生德万（Thomas Devan）1847年出版的《中国语启蒙》（*The Beginner's First Book*）中收录了解剖学、药物和疾病的英汉对照术语表。1864年罗存德（Wilhelm Lobscheid）出版的《英华行箧便览》（*The Tourists' Guide and Merchant's Manual*）中附有药物学名词术语。[①]

尽管已有许多传教士致力于医学术语翻译工作，但由于译者各行其是，医学术语翻译管理依然混乱不堪。于是，1886年传教士在上海成立"中国教会医学联合会"（China Medical Missionary Association），简称博医会，并

[①] 张大庆：《早期医学名词统一工作：博医会的努力和影响》，载《中华医史杂志》，1994年第1期，第15页。

于1887年出版发行《博医会报》(*China Medical Missionary Journal*),与此同时,成立了名词委员会作为二级机构负责医学术语的译介和规范工作。委员会选举嘉约翰(John Kerr)担任主席,名词委员会的成立标志着传教士科学术语统一工作已经达到新的高度,从起初单纯的"译者译名"到"考虑目标语读者的需要",从此开始了医学术语的标准化工作。①

博医会的名词委员会于1894年出版了《疾病名词词汇》;1898年,博医会又出版了《尺科名词》《疾病词汇》《解剖学词汇》《生理学名词》等。为了促进医学术语的规范化,1901年博医会对名词委员会的组织机构进行调整,惠特尼(Hassler Whitney)被选举为主席,高似兰(Philip Cousland)担任秘书。委员会审定并颁布了一批译名,其内容涵盖药理学、解剖学、生理学和药物学等领域,并编印成册要求会员使用审定的译名。1904年,名词委员会召开第二次会议,审定和颁布了一批译名,这批术语涵盖内科、外科、病理学和妇产科等领域。同年12月,第三次会议审定和颁布了药物学和细菌学译名。

医学译名统一和标准化涉及专业众多,而且学术性和权威性要求较高,因此是一项相当艰巨、复杂的任务。值得一提的是医学名词委员会在推进医学译名规范的同时,也重视医学术语与相关学科术语之间的联系,这事实上也促进了其他学科的协同发展。比如,科技术语委员会审定元素和化学术语时,名词委员会也发挥了重要的参与作用,并与益智书会和广学会联合发布术语,凡是医学术语均采用博医会审定的标准术语。在名词委员会的努力下,医学译名的规范上取得了较大的进展,初步审定并通过了医学各分支学科术语,并编印成册广泛发行,依据审定的名词翻译出版了一批教科书,这些教科书的所授内容已经达到一定的专业程度,涉及欧氏内科学、哈氏治疗学、格氏解剖学等医学专业领域。②

1908年,由博医会出版《医学词典》收录的词汇已经达到13000余条,可以说是博医会名词委员会的代表性成果,该词典曾多次再版,并产生了

---

① 朱志瑜、黄立波:《中国传统译论:译名研究》,长沙:湖南人民出版社,2013年,第135页。
② 张大庆:《早期医学名词统一工作:博医会的努力和影响》,载《中华医史杂志》,1994年第1期,第16页。

广泛影响。该词典后来还提请教育部审批，这说明传教士意识到政府的官方参与对术语标准化的重要性。① 博医会提出的医学术语翻译方法对当今仍有借鉴意义。其中关于翻译方法运用，不仅观点独到，而且可行性强。比如，在何种情况下采用意译法，如何从英汉辞典中寻找意义相同的医学术语：yeast 所对应的"酵母"；vinegar 所对应的"醋"；phalanges 所对应的"趾"。在何种情况下采用化学法，用汉字的偏旁与部首组合表述某种元素，用汉字与阿拉伯数字相组合表述某种化合物，这种方法比较适合化学术语的翻译。对少数医学术语在何种情况下采用音译法命名。其中，考虑照应汉语的表达习惯，惠特尼对许多现有译名还提出了修订意见，有些译名为后人沿用至今。比如，把小腿骨（tibia bone）改译为"胫骨"；蝴蝶骨（sphenoid bone）改译为"蝶骨"；船骨（seaphoid bone of food）改译为"舟骨"；箩筛骨（ethmoid bone）改译为"筛骨"，经过改进的译名更加简洁规范。②

　　博医会在制定译名时也充分考虑到日译西医术语，并借鉴了其中比较准确的译名。比如，博医会将 gland 译为"核"，这显然不能准确表达西医的概念，尤其是表示胃肠的 gland 和 mammary gland 时，"核"更不妥当，而日语把 gland 译为"腺"，这样既可以用于指分泌器官，也可以用于指排泄器官。③ 此外，其偏旁和部首形成一种合理的组合，可以较准确地反映和表述其作为组织器官的功能。"细胞"这一术语也是源自日语的借词，中国医学界原来把 cell 按其形状译为"珠"，但是"细胞"更能体现其术语的系统性，可以与"母细胞"（mother cell）、"子细胞"（daughter cell）、"单细胞"（unicell）等其他术语形成对应和关联。在充分考虑采用日语借词的同时，博医会名词委员会也清醒地认识到其实照搬日语译名也不一定妥当，因为日语译名中很多音译术语，不符合中国语文的表意特征，故不值得借鉴。④ 由此可见，博医会在译名审定方面不是单纯的"译者译名"，而是充

---

① 朱志瑜、黄立波：《中国传统译论：译名研究》，长沙：湖南人民出版社，2013年，第136页。
② 张大庆：《早期医学名词统一工作：博医会的努力和影响》，载《中华医史杂志》，1994年第1期，第18页。
③ 同上，第18页。
④ 朱志瑜、黄立波：《中国传统译论：译名研究》，长沙：湖南人民出版社，2013年，第135页。

分考虑目标语读者的阅读习惯和需求。

从现代术语学来看，博医会在制定译名时对术语在医学语境中的专业性程度也做了比较充分的考försal，比如，在翻译疾病相关术语时，名词委员会发现有些中医术语意义含混，故难以对病种做出准确的判断，令译者无法在西文中找到准确对应的专业术语：首先是因为不同的疾病可能产生相同或相似的症状；其次是相同的疾病可能产生不同的症状。因此，要将中医与西医疾病名称完全对应几乎是不可能的。于是，莫莱（A. Morley）提出：如果要用中文科学准确地描述疾病，就必须形成一套由纯专业术语组成的术语体系，即要增强汉语医学术语的专业性程度，就必须保证每种疾病对应于一个术语，形成单义术语，而且这个术语不能产生歧义，这样才能克服病名意义含糊的缺陷。① 在翻译西方药物学术语时，博医会注重对专业知识的理解和学科体系的构建。《博医会报》曾批评江南制造局翻译的《西本草撮要》，其中的术语过于冗长。比如以"沛离拉西散比路司"译 Cissampelos Pareira（今译锡生藤），该译名用了八个汉字；指出译文中所列的"松香类"，不如"香类"合适。② 由此可见，博医会已经充分意识到医学术语规范在西医知识传播中的重要意义。

在清末中国社会医学术语厘定之初，博医会名词委员会虽然进行了许多卓有成效的开创性工作，也促进了西医在近代中国社会的传播，但是，随着医学的发展和中国社会对西医的了解不断深入，以传教士为基础的博医会已经难以胜任专业化程度较高的医学翻译工作，传教士译员在专业知识和语言上还是存在诸多不足，所译术语生硬难懂、令人费解，此外，他们所编造的新字，既不符合中国人的阅读习惯，也让中国人所无法接受。到民国之后，这一学术重任就由受过现代医学教育的中国医生来负责了，博医会也因此淡出历史舞台。但是，博医会为近代中国医学术语的规范奠定了初步的学术基础。

从来华传教士统一科技译名工作的发展过程可以看出，其具体经验可

---

① 张大庆：《早期医学名词统一工作：博医会的努力和影响》，载《中华医史杂志》，1994年第1期，第18页。
② 高晞：《未竟之业：〈博医会报〉中文版的梦想与现实》，载《四川大学学报》，2018年第1期，第113—114页。

以归纳为：第一，成立规范术语的组织，制定规范术语的工作方案和规划；第二，搜集现有的汉语科技术语译名，如果概念准确，就首选现有的汉语术语；第三，制定中英术语对照表，并通过集体讨论审定后发布，供译者参考；第四，译名厘定工作起始于某一组织、某一学科内的规范工作，而后逐渐转向多组织和多学科联动；第五，教材是传播译名的重要途径，也是译名统一的重要领域，术语规范必须引起教育界的重视；第六，术语统一工作需要政府的重视，政府的权威性和强大约束力是保证术语规范的最有效途径。

小结

从鸦片战争起到民国成立，从事科技术语译介和规范的主要学术群体是经世派学者和外国来华传教士。经世派人士的主要目的是经世致用，即通过学习西方科技富国强民，并相继成立了同文馆和江南制造总局翻译馆等官办译书机构，其翻译主要采取"西译中述"的合作模式，术语翻译由中外学者共同商定，在西学东传的初期发挥着不可替代的历史作用。传教士的翻译目的是为了通过宣扬其科技的优势，来促进基督教教义在中国的传播，但是，翻译客观上促进了西方科学在中国的接受，在西学翻译的早期为译名规范和统一做出了贡献。由于译者双语能力和专业水平有限，其译名无论是从术语的准确性，还是从专业性和系统性来看，离现代学术翻译的术语要求相距甚远，时代的发展需要更专业的译者、更专业的学术机构和政府采取更强有力的语言政策，甚至上升到国家综合实力层面来推动科技术语译介工作。

第二章　清末西方社科术语译介与规范

　　与科技术语的译介相比较,清末中国社会在社科术语的译介与规范方面,无论是从术语翻译的理论来看,还是从术语翻译实践来看,社科术语的译介在很长一段时间里,一直没有引起清末中国社会知识界的重视,更不用说得到政府的重视。① 可以说,在甲午战争之前,清政府乃至整个晚清中国社会对西方的政治制度和文化优势都是不屑一顾的,"论器物我不如人,论义化人不如我",天朝上国的社会心态在鸦片战争中虽然受到了冲击,但到甲午战争之前一直没有放弃,这种社会心理在术语译介与接受上亦可窥见一斑。中日甲午战争之后,中国知识界终于意识到西方在政治制度和文化上的优势,在民族危机存亡之际,以严复为代表的翻译家开始翻译大量西方的人文社会科学著作,西方社会科学术语的译介才成为"紧要问题"。② 对于社科术语翻译的争论和辩论,早期参与人员都是个体译者和学者,此后,才出现了大规模的讨论和辩论。

　　对于清末人文社科术语的译介和规范,总体来看文献资料远远不及科技术语,学术研究的深入程度也远不如科技术语。相关研究成果有冯天

---

① 本书单辟一章讨论清末社科术语译介,这是基于近代中国社会西学翻译上所呈现出的独特历史现象,清政府直到甲午战争之后,才成立编订名词馆从国家层面对社科术语翻译的实施进行实质性管理,另一方面也是为了阐明社科术语译介与接受的复杂性。

② 朱志瑜、黄立波:《中国传统译论:译名研究》,长沙:湖南人民出版社,2013年,第35页。

瑜的《新语探源》(2004)，意大利学者马西尼的《现代汉语词汇的形成》(1997)，德国学者李博（Wolfgang Lippert）的《汉语中的马克思主义术语的起源与作用》(2003)等。译学界除了少数论文之外，很少有学者对此做专题讨论，目前只有朱志瑜和黄立波合著的《中国传统译论：译名研究》(2013)以一章专门讨论"清末外来人文术语的翻译"。① 甲午战争是中国社会改变对西方人文社会科学认识的分水岭，鉴于此，本章按重要历史事件分两个历史阶段阐述，通过比较和对照来加深相关的认识和研究。

第一节　甲午战争前社科术语译介与规范

清末中国社会对西方社科术语的译介当从《海国图志》说起，《海国图志》的主要贡献是初步译介了一批西方政治术语，采取的翻译方法主要是音意合译。比如，将英国议会 parliament 翻译为"巴厘满衙门"，用"巴厘满"音译，用"衙门"意译。将美国国会 congress 翻译为"衮额里士衙门"，用"衮额里士"音译，用"衙门"意译。②《海国图志》的政治术语大多沿用了《四洲志》，如西业（参议院）、勃列西领（总统）、依列多（候选人）、律好司（法院）、立士碧加（众议院议长）、加弥业（内阁）、苏勃林（最高法院）、西拉多（参议院议员）、里勃里先特底甫（众议院议员）等，因早期的翻译主要发生在广东及东南沿海地区，故其音译术语的发音在很大程度上受广东方言的影响。③《海国图志》在术语的译介和规范方面还有很多不足，该书对同一术语有时采用音译，有时采用意译，比如 president 有时候翻译为"勃列西领"，有时候又采用"首领""统领"；senate 有时候翻译为"西业"，有时候又翻译为"议事阁"，The House of Representatives 有

---

① 参见冯天瑜：《新语探源》，北京：中华书局，2004年；[意] 马西尼：《现代汉语词汇的形成》（黄河清译），香港：汉语大词典出版社，1997年；[德] 李博：《汉语中的马克思主义术语的起源与作用》（赵倩等译），北京：中国社会科学出版社，2003年；朱志瑜、黄立波：《中国传统译论：译名研究》，长沙：湖南人民出版社，2013。
② 冯天瑜：《新语探源》，北京：中华书局，2004年，第226页。
③ [意] 马西尼：《现代汉语词汇的形成》（黄河清译），上海：汉语大辞典出版社，1997年，第32页。

时候采用音译"里勃里先特底甫",有时候翻译为"选议处"。

《海国图志》所译介的人文社科术语带有很强的民族特色,如用"致治"翻译 politics,用"法律"翻译 law,用"文学"翻译 literature 等,这些术语的翻译借鉴了传教士的西书汉译。《海国图志》所译介的术语主要以双音节词汇为主,除了意译法之外,还采用了仿译法,根据外语原词的语素结构复制而成。例如《海国图志》中的"公司"这一近代经济学术语,现代汉语继承了这一译名用来表述 company,这一术语首次出现时只用来指"英国联合东印度公司"。通过《海国图志》,"公司"这一翻译术语逐渐传播开来,最后,被用来指任何"公司"。《海国图志》中提到,西方有十余个国家在广东设置了互市,但"皆散商无公司,惟英吉利有之"。所谓的"公司"即"数十商凑资营运,出则通力合作,归则计本均分。"① 可见,"公司"原指"联合东印度公司"(United East India Company),该公司创立于 1600 年,是由两个前东印度公司合并而成。②

现代汉语中的"新闻"一词也归功于《海国图志》的传播。作为复合词,"新闻"在汉语中古已有之,在唐朝指的是"社会上最近发生的事情",唐代李咸用在《春日喜逢乡人刘松》中说到:"旧业久抛耕钓侣,新闻多说战争功。"在宋朝,"新闻"指的是"新知识",宋代苏轼《次韵高要令刘湜峡山寺见寄》提到:"新闻妙无多,旧学闲可束。"直到近代才用"新闻"与英文的 news 和 information 对译。在 1828 年至 1829 年间,新教传教士在马六甲所发行《天下新闻》杂志,新闻已经具备近代含义。以"新闻"为基础还创造了"新闻纸"一词,用其来仿译英文中的 newspaper。早期的"新闻纸"用来指西方传教士在澳门和广州发行的刊物,后来"新闻纸"逐渐被"报纸"取而代之,到 19 世纪已经极为罕见。③

有关经济贸易的现代术语在《海国图志》中也已经出现,比如贸易、交易、港口、出口等术语,不少学者以为是借自日语,其实,这些术语早已在《海国图志》中使用。《海国图志》还译介了文学(literature)、法律(law)、

---

① 魏源:《海国图志》,长沙:岳麓出版社,2011 年,第 47 页。
② [意]马西尼:《现代汉语词汇的形成》(黄河清译),上海:汉语大辞典出版社,1997 年,第 33 页。
③ 同上,第 33 页。

政治（politics）等人文社科术语。① 鸦片战争以前，只有很少的开明官员才能从南方地区接触到西学知识。战后，与外国事物接触越多，使得一批进步知识分子更加意识到学习西方的重要性。《海国图志》引起了知识界的震动，不过很快就被清政府列为禁书。

与《海国图志》近似，徐继畬也编辑了一部地理著作《瀛寰志略》，《瀛寰志略》在术语译介方面，仿译术语较多，音译术语较少。在论述英国时这样译介英国政治制度：

都城有公会所，内分两所，一曰爵房、一曰乡绅房。爵房者，有爵位贵人及西教师处之。乡绅房者，由庶民推择优有才识学术者处之。国有大事，王谕相，相告爵房聚众公议，参以条例，决其可否，复转告乡绅房，必乡绅大众允诺而后行，否则寝其事勿论。②

徐继畬没有采用"巴厘满"与 parliament 对译，而是将其翻译为"公会"，尽管"巴里满"这一音译名在当时的中国社会极为流行。徐继畬此处所采用的术语民族化特征明显，他还用"爵房"对译 House of Lords，用"乡绅房"对译 House of Commons，这些都表明其倾向于采用义译，便于当时的读者理解和接受。《海国图志》用"好司"来翻译 house，徐继畬用"房"来翻译 house，更符合汉语的表意特征；还用 lord 翻译为"爵"，commoner 翻译为"乡绅"。在有关美国的译介中，《瀛寰志略》用中国传统军官名称"正统领"来指美国的 governor，用"总统领"来指 president，与现代汉语的总统仅有一字之差，并借此介绍了西方的选举制度。毫无疑问，这种民族化术语既有利于清末中国读者理解，又利于中国读者在政治上认同。

在政治学和经济学术语译介方面，《佐治刍言》发挥了重要作用，该书属于英国钱伯斯兄弟编写的教育丛书，英文名为 Political Economy，该书由傅兰雅翻译，1852 年出版。《佐治刍言》在国名厘定方面准确规范，比如英国曾翻译为英厄利、英圭黎、谙厄利、英机黎等，《佐治刍言》译为英国、

---

① [意]马西尼：《现代汉语词汇的形成》（黄河清译），上海：汉语大辞典出版社，1997 年，第 35 页。
② 魏源：《海国图志》，长沙：岳麓出版社，2011 年，第 1446 页。

英吉利。政治术语如民主国（democratic state）、上公议院（Upper House）、下公议院（Lower House）、巡捕（policeman）、文教之邦（civilized state）等译名都接近当今术语。还确定了以"资本"对译英文 capital，在论述"资本"还提到"资本者，皆由人做工得价，铢积寸累而成之者也。"① 严复在《原富》中把 capital 翻译为"母财"，严译的"母财"后来被日语译名"资本"所取代，其实"资本"与 capital 对译在《佐治刍言》中早就有了，只是当时在中国并不流行。此外，以"价值"对译 value，并引出了"物价"（price）、"人工"（human labour）等一系列相关术语。

自 1861 年筹建北京同文馆到 1898 年，在这段时间同文馆翻译了约 20 本西学著作，内容大多是关于国家和外国的法律，其中最著名的一部就是《万国公法》，由丁韪良所译，原著是 Henry Wheaton 所著的 Elements of International Law。《万国公法》厘定了大量的法学和政治术语，比如律师（lawyer）、主权（sovereignty）、独立（independence）、法院（court）、公使（envoy）、公约（convention）、和约（treaty）、领事（consul）、杂战（civil war）等。清政府长期闭关锁国，《万国公法》所厘定的这些法律和政治术语为向外事官员普及国际法知识发挥了重要作用，对清政府维护国家主权也有一定作用，② 故该译本也成为清政府涉外人员必备之书。

《万国公法》厘定的很多法律和政治术语被沿用至今，翻译方法也注意术语的关联性和系统性。比如，对于英文的 right，在丁韪良的译本中这一政治术语翻译为"权"，这是对 right 原意的引申，"权"原指"权柄""权力"和"威势"。从此，"权"称为一个后缀，可以用来构造一系列与 right 相关的法律术语，在丁韪良的术语翻译中，已经由此推演出大量的合成词，比如，"特权""主权"和"国权"。作为"权"的派生词，"权利"也被用来翻译 right，这一术语已经成为现代汉语常用词。③ 在丁韪良所译的《万国公法》中，"民主"被用来翻译 democracy，这一翻译在中国近代史上发挥着重要作用，书中讨论了共和制（republican）与君主制（monarchy）的区

---

① 冯天瑜：《入华新教传教士译介西学术语述评》，载《西学东渐研究（第 3 辑）》（中山大学西学东渐文献馆编），北京：商务印书馆，2010 年，第 134 页。
② 同上，第 129 页。
③ [意] 马西尼：《现代汉语词汇的形成》（黄河清译），上海：汉语大辞典出版社，1997 年，第 53 页。

别，并将 republic 翻译为"民主之国"。丁韪良还用前缀 self 造出了一系列对应的政治术语，比如，用"自主"翻译 independence，用"自护"翻译 self-preservation，用"自治"翻译 self-government。马西尼发现《万国公法》中政治术语翻译不但影响了中国，也影响了日本，比如，表示西方立宪政体的机构术语"国会"被用来翻译 parliament，丁韪良还率先将 Senate 和 Upper House 翻译为"上房"，将 House of Representatives/ Lower House 翻译为"下房"。特别有趣的是，丁韪良所翻译的"动产"（personal property）和"不动产"（real property），这种对应的术语翻译法非常成功，① 两个术语一直沿用至今。

除了同文馆、译书馆在翻译过程中会涉及西方社科术语的译介问题，早期的外交官员也必然会面对如何处理西方政治术语的问题。第一个代表政府出使西方的外交使团是由蒲安臣（Anson Burlingame）率领的。1870年蒲安臣在俄国去世，此后，满族人志刚率领代表团完成了最后的行程，并就此出国访问撰写了一部旅行日志，书名《初使泰西记》。《初使泰西记》中提到了西方政治机构和政治术语，书中出现了"自由"（freedom）和"自主"（independence），还用"会堂"翻译 parliament，"上堂"和"下堂"分别表示议会制的上议院和下议院。日记还用"伯里喜顿"翻译 president，有时也翻译成"总统领"，采用意译法来指代美国最高行政长官。另外一位外交官是郭嵩焘，作为派驻西方的常驻官员，他对西方历史、政治、风俗习惯赞誉有加，郭嵩焘对 Foreign Office、Literary Fund、Court of Common Pleas、police、major 等词均采用音译，虽然汉语中已经有意译词。对于 parliament，他既用"议院"，也用"巴力门会"。从术语翻译的接受情况来看，郭嵩焘所创的音译词很少在现代汉语中沿用。②

19世纪80年代，国人逐渐对西方的教育、政治和社会生活产生了兴趣，其中新教传教士起了非常重要的作用。美国传教士林乐知是重要的代表人物，1874年他创办了周报《教会新报》，随后改成期刊，致力于"传

---

① ［意］马西尼：《现代汉语词汇的形成》（黄河清译），上海：汉语大辞典出版社，1997年，第64页。
② 同上，第63–66页。

播有关地理、历史、政治、宗教、艺术、工艺、以及西方国家的发展通史"①。该刊后来又改名叫《万国公报》,定期发表文章批判中国传统文化的局限性,其目的是促使国人认识到中国的问题,去借鉴西方先进思想和文化,尤其是改革中国的教育和考试制度。

从西方政治术语译介来看,林乐知为这些术语的译介和接受做出了重要贡献,比如"民主"成为 democratic、republic 和 president 公用译名,林乐知在论述"民主"时说,"开国第一民主华盛顿""嗣位之民主亚当约翰";还说"无论君主、民主之国,其权力之盛衰皆以民人学问、道德之盛衰为衡"。林乐知在引进西方民主概念时巧妙地将中国本土概念融合起来,中国本土概念中的民主意义上是"民之主",而不是现代意义上的"民为主"。②在中国典籍中,《左传》云:其语偷,不似民主;《尚书》云:简代夏作民主。虽然说在概念上存在一定的混淆,但是这种译介策略在事实上为译介西方现代政治思想打开了一道缺口,旧词新用,以故为新,democratic、republic 和 president 三个词公用一个译名,这是在传统思想向现代思想过渡的晚清时期独有的历史现象。同样,林乐知在翻译 constitution 时,将其译为"章程",他对章程的定义就是"第以众民之权付之一人,为其欲有益于民间,而不致有叛逆之事与苛政之行。"还认为不论是老百姓,还是议员和政府官员,都"不得不遵循章程"。③从"章程"的内容和效力来看,与当今的"宪法"相差无几,也适合当时的政治语境。

在经济学术语方面,林乐知也有一定的贡献,比如 political economy(政治经济学)被译为"富国之策",这是林乐知对西学经济学译介的尝试,"富国之策"对于当时中国寻求出路的有识之士来说是非常有吸引力的译名,倘若译为"政治经济学",恐怕不会引起知识界的兴趣。林乐知对西方经济学中 patent 这一新概念的译介也发挥了作用,当时汉语中没有相对应的词语,国人对此也不甚了解,林乐知将专利的申请、对象、机构、颁发和作用均作了比较全面的介绍,"考敝国制器利用之例,每得一新法,必报

---

① [意]马西尼:《现代汉语词汇的形成》(黄河清译),上海:汉语大辞典出版社,1997年,第71页。
② 卢明玉:《译与异——林乐知译述与西学传播》,北京:首都师范大学出版社,2010年,第137–138页。
③ 同上,第70页。

明于记载新法之署,给予凭照,俾行于世以专其利。"① "以专其利"实为现代汉语"专利"一词的雏形。林乐知在译介术语时不是单纯考虑词语字面意义或译名的规范与否,而是从新事物、新概念、新学科、新制度、新思想的角度考虑,注重译介西方新兴学科及其所承载的人文价值。

总体来看,林乐知主要采取本土化的手段来翻译西方社科术语,其代表作《文学兴国策》的原著名为 Education in Japan,林乐知用"文学"来翻译 education,"文学"的涵义在 19 世纪与现代的概念大不相同,当时的"文学"是一个包括自然科学、社会科学及人文科学的整体性概念。在当时"文学"乃文法学、地理志、史记、算学、格致学、保身学、地壳学、化学、动物学、万国公法、富国策、诗赋、心才学、古人著作等各种知识的总称,林乐知选择的"文学"摘自《论语》,指的是文章学,但"文学"这一译名并不是儒家经典中的文章学,而是指当今的"教育",林乐知这种旧词新用的译介策略,使 education 为当时社会普遍接受,迎合了士大夫阶层的阅读兴趣,使西方现代"教育"理念在中国社会逐渐深入人心。②

无论是从实践来看,还是从理论来看,甲午战争之前中国社会对西方社科术语译介都不够成熟,首要原因是晚清学术界对西方学术的先进性的认知不够,认为"论器物我不如人,论文化人不如我",所以,中国社会译介的西学著作集中在军事、数学、机械、化学、水力等自然科学方面,社会科学著作的译介寥寥,梁启超曾痛陈这种翻译现象:

中国官局旧译之书,兵学几居其半,中国素未与西人相接,其相接者,兵而已,于是震动其屡败之烈,怵然以西人之兵法为可惧,谓彼之所以驾我者,兵也。但能师此长技,他不足敌也。故其所译,专以兵为主。其间及算学、电学、化学、水学诸门者,则皆将资以制造,以为强兵之用,此为宗旨剌谬之第一事,起点既误,则诸线随之。③

---
① 卢明玉:《译与异——林乐知译述与西学传播》,北京:首都师范大学出版社,2010 年,138 页。
② 同上,第 165-166 页。
③ 梁启超:《论译书》,载《翻译研究论文集》(中国翻译工作协会编),北京:外语教学与研究出版社,1984 年,第 11 页。

在那种"论科技我不如人，论文化人不如我"的社会思潮和学术语境下，知识界不可能重视西方社会科学著作的翻译，更不可能以严谨的态度对待西方社科术语的译介工作，至于政府的参与和管理就更不消说。此外，社科术语译介比自然科学术语的译介更为复杂，首先涉及价值体系和意识形态差异，术语翻译不可避免要直面其矛盾和冲突；其次，由于中西学术差异悬殊，人文社科术语的理解和沟通难度更大；再次是译者的语言水平和专业水平有限，从事译介的政府官员外语不够精通，传教士又不太熟悉汉语。

第二节　甲午战争后社科术语译介与规范

中日甲午战争的惨败冲击了中国知识界，其文化心态发生了重要变化，学习西方的方式从"中体西用"转向"中西会通"。从鸦片战争到甲午战争的半个世纪里，知识分子对待西学的态度基本局限在"中体西用"的框架内，但是，甲午战争（以下简称甲午）战败使知识界不得不反思"中体西用"的局限性，开始探求西方富强的根本，这种心境恰好改变了知识界对西学的态度，译西书、学西学成为甲午之后知识界的一种时代潮流。甲午之后，康有为、梁启超、严复、谭嗣同等知识分子走上历史舞台，康有为对曾国藩上海制造总局的译书事业进行了深刻反思，批评制造局"皆译农、工、兵至旧之书"，这样的翻译取向并不能学到西方的精髓，不过是"徒劳岁月，糜巨款而已"，因而认为应该效法日本，凡是欧美政治、文学、军事等方面的新书皆应"咸译矣"。① 康有为倡译政治、文学之书，推动着知识界去超越洋务派的"中体西用"的局限性。

1896年梁启超在《时务报》发表《变法通议》，在这段时间内，梁启超编写了《西学书目表》，收录了329本西学汉语著作，其中有119本为傅兰雅所译，还有李提摩太和林乐知的译著，此外还有《外国公报》，这份书目表已经不再是洋务派人士的纯科技学术导向，内容分为"学""政""教"

---

① 康有为：《广译日本书设立京师译书局摺》，载《中国近代出版史料补编》，北京：中华书局，1957年，第47—49页。

三类，梁启超还运用了北京同文馆译著中率先使用的术语，如"公法""富国策""民主""民权""权利"等。

在《论译书》中，梁启超强调了编订中西名目表的重要性，并对术语翻译的规范和统一提出了解决办法，比如对于地名、人名主张用北京方言作为西名音译的依据。尤其值得注意的是梁启超十分重视西方官职的翻译，并阐述了其翻译原则，即如义译可行则义译，"义不可译乃译音"，因为"若徒译音，则无以见其职位若何，及所掌何事"；若用中国官职来对译，则多有许多西方官职在汉语中没有对应术语，若"强为附合者；其为乖谬，益不待言。"[①] 所以，梁启超建议制定西方官职总表，并解释其等级和职能，并与中国官职比较。

译名规范工作需要一个强有力的权力机构，制定译名并向社会发布，并通过其权威强制个体和组织遵从。1900年"庚子事变"之后，清政府重开兴学之议，革新教育成为清末新政的核心内容，译名规范终于列入政府工作的议程。1902年，时任管学大臣张百熙向清廷汇报说，"中国译书近三十年，如外洋地理名物之类，往往不能审为一定之音，书作一定之字"，因此，他建议设译书局制定中外术语对照表，作为国家规范颁行各省，此后无论翻译任何书籍，都参照政府所颁布的术语表，"以归划一，免淆于耳目"。[②] 随后，清政府设立译书局，聘用严复总理一切译名规范事务。

译书局制定了严格的术语翻译规程，严复详细规定了术语翻译的四项宗旨：一是开启民智，不主故常；二是顿崇朴学，以逮贫弱；三是借鉴他山，力求进步；四是正名定义，以杜庞杂。严复还对音译和义译如何运用进行了严格的区分，所有的术语应分"译"和"不译"两种，所谓的"译"就是"译其义"，实质上就是"义译"；"不译"则"但传其音"，实质上就是"音译"。无论是音译还是义译，理应一致，以免纷争。对于当时各地译局所译书籍，应令于翻译之前，通知各地译书局，以免重复翻译浪费人力，"成书之后，咨送一部，以备复核。"[③] 其目的之一便是审查与中央所制定的译

---

① 梁启超：《论译书》，载《翻译研究论文集》（中国翻译工作者协会编），北京：外语教学与研究出版社，1984年，第16页。
② 北京大学校史研究室：《北京大学史料第一卷1898—1911》，北京：北京大学出版社，1993年，第54页。
③ 严复：《严复集》（王栻编），北京：中华书局，1986年，第128-131页。

名是否一致。严复的筹划虽然比较完备,然而译名规范事业却不顺利,严复忙于自己的译书,而此时从日本传来的译名,对严复的译名规范事业构成了重大的挑战,留日学生不断增多,教育体制急遽日本化,大量的西方社会科学新名词充斥于教科书中,"异端"名词使清政府既惊且惧,两广总督岑春煊也表达了对这些新名词和新思想的担忧:"今新学既兴,自由平等之说,方如横流,不可遏抑,少年血气未定,骤闻而若狂,或意气校长,或举动缪妄,老成之士,引为深忧,因而归咎新学,以为后世之变,殆不可知。"① 鉴于此,学部于1909年奏设编订名词馆,聘严复为总纂,编订名词馆所制定的术语规范工作章程基本上采纳了严复的主张:

> 查各种名词,不外名实两科,大致可区六门:一曰算学,凡笔算、几何、代数、三角、割维、微积、簿记之属从之;二曰博物,凡草木、鸟兽、虫鱼、生理、卫生之属从之;……六曰法政,凡宪政、法律、理财之属从之。惟各种名词烦颐,或辨义而识其指归,或因音而通其假借,将欲统一文典,昭示来兹。②

从其章程来看,术语规范不仅具有明确的学科归类意识,而且社科术语与自然科学术语地位已经平分秋色,各占三类,可以说上自宪政、法律和伦理,下逮草木、鸟兽和虫鱼,既全面又系统。学部在1910年《奏本部开办编订名词馆并遴派总纂折》中奏称:编订名词馆自1909年批准设置以来,仅仅算学这一大类学科就已编制了笔算、几何、代数三类术语表;博物这一大类学科已编制生理及草木等术语表;理化、史学、地学、教育、法政等大类学科已编制了物理、化学、历史、地理、心理、宪法等各种术语表。③ 据赫美玲(Karl Hemeling)1916年编纂的中英辞典记载,该辞典

---

① 故宫博物院:《明清档案部清末筹备立宪档案史料》,北京:中华书局,1979年,第975页。
② 严复:《奏本部开办编订名词馆并遴派总纂折》,载《学部官报》,转引自何思源:《清末编订名词馆的历史考察》,载《韩山师范学院学报》,2014年第4期,第52页。
③ 何思源:《严复的东学观与清末统一译名活动》,载《北京社会科学》,2015年第8期,第40页。

收录了编订名词馆20多个学科，约三万条规范的专业术语。[①] 由此可见，编订名词馆当时在术语译介和规范上的成效是非常显著的，但是，由于清末特定的历史环境，名词馆所厘定的译名在学术界和社会的推行效果却大打折扣。

在近代汉语史上，清政府学部设立编订名词馆是标志性的历史事件，是学术界公认由国家设置的"第一个审定学术名词的统一机构"。[②] 张之洞对名词馆的设立发挥了重要的推动作用，主要原因是其对日本译名滔滔入华甚为担忧，1907年9月，作为当时"通晓学务第一人"，张之洞奉命以大学士管理学部事务。学部编订各学科中外名词对照表、编辑各种术语辞典，须获得张之洞首肯方能成事。所以，为了解决中国社会译名混乱问题，严复的"统一文典，昭示来兹"仅仅是规范术语的表层原因。其深层原因是清政府已经意识到术语之于国家治理的作用，其设置是基于"纠士风"和"防邪说"的政治考量，这是"清政府隐性国家控制的一次技术实践"，也是"近代中国语言演变的内在需要"。[③] 非常遗憾的是，名词馆存在时间太短，不久后民国即取代了清政府，名词馆亦随之解体。

作为政府术语管理机构的负责人，严复不仅在译名规范上付出了极大的努力，而且对西学术语译介的理论贡献也是突出的，尤其在社科术语译介上，其理论与实践成就在近代史翻译上都是独一无二的。在西方社科术语翻译方面，严复不仅从理论上强调中西、古今会通的意义，而且提出了一套行之有效的方法。在翻译西学术语时，除了详细考究术语的词源和词义演变之外，严复还认真分析了其汉语译名的基本概念和用法，通过中西学术语境的比较，深入挖掘译名与原文术语的各种相似性，尽可能做到意义和接受效果与原文近似。严复在译介西学术语时，不仅注重借鉴中西传统思想，同时也不忘对西方社会和中国社会所存在的问题加以批判。在为西学术语确定汉语译名时，严复不但查究汉语典籍，对汉语名称也追根索

[①] Hemeling, K. *English-Chinese Dictionary of the Standard Chinese Spoken Language*. New York: Books for Libraries Press, 1973.
[②] 中国大百科全书语言文字编辑委员会：《中国大百科全书·语言文字》，北京：中国大百科全书出版社，1988年，第363页。
[③] 彭雷霆：《张之洞与编订名词馆》，载《湖北大学学报》，2010年第1期，第97–102页。

源，而且将其与西学概念和思想进行详细比较与对照，以此继承和发扬中国传统学术。

当然，严复的译名也有一些缺点，过于古雅，非古文功底深厚的学者，无从索解，比如以"群学"译sociology；以"外籀"译induction；以"民直"译right等。对于西学术语的翻译，严复以"一名之立、旬月踟蹰"的严谨态度，他坚信自己精通中英双语，其译名比日语译名更加准确、更加合理。正是这种自信促使严复能在清末苦心孤诣于译名事业，贯彻自己的术语翻译理念。然而，日本在东亚崛起，使留日学生骤然增加，到1907年时每年达7千至8千人的规模。到民国时期，严复的译名终于在与日语译名的竞争中失败。当然，最根本的原因是清政府的解体导致严复的译名统一事业失去了强大的官方支持。

数千年以来，中国一直居于汉字文化圈的核心地位，始终占据着术语输出国的地位。甲午之后，中日之间的词汇交流方向逐渐发生了逆转，在严复翻译《原强》（1895）、《天演论》（1896）之时，日籍汉译尚未开端，西学东渐主要是凭借西学著作汉译进行的，严复的译名没有受到任何影响，严复所创的译名"物竞""天择"流行于世。到20世纪初日本学者加藤弘之（1836—1916）所著的《国体新论》《人权新说》被译介到中国，其"进化论""生存竞争""优胜劣汰"等译名广为流行，这些译名与严复的译名，互相呼应，共同构成了清末进化论思潮中的"核心话语"。① 后来，日语译名成为西学术语翻译的"二传手"，中国译介西学术语主要是通过日语译名进行的。正如文字学家杨树达所言：日本文化本来源自中华，而近代以来"始又和剂之以西欧文化"。中国语文也受日本的影响，"实则间接受欧洲之影响"。② 日语译名的大量引进为中国知识界吸纳西学提供了现成的语文工具。

甲午之后，中日之间词汇交流方向的改变绝不是一种单纯的语言文字现象，而是中日两国国力转变的语言表征。若以文化而论，清末留日学生构成了后来新文化运动的主力，陈独秀、李大钊、鲁迅、周作人、王国维等在政治、哲学、历史、文学等社会科学领域做出了划时代的贡献，毫

---

① 冯天瑜：《新语探源》，北京：中华书局，2004年，第311页。
② 同上，第424页。

无疑问，这些留日学生也为中国社会引介了大量社科术语的译名。以鲁迅为例，其早期文章《人之历史》《文化偏至论》《摩罗诗力说》等都充斥着日语译名，比如"爱智之士"（philosopher）、"原质"（element）、"圣觉"（enlightenment）等。

除了这些留日学生的推动作用之外，教课书中的日语译名影响深远，其影响之深，传播之广，速度之快，不可忽视。清末十余年间，日籍汉译文献成为中国社会教科书的主要来源。在1902年之前，商务印书馆曾翻译数十种日本教科书，皆销路不畅。但是，由张源济负责对先前汉译本加以润色、增删的"最新小学教科书"，在1902年至1910年间销量却猛然突破30万册。诸宗元、顾燮光在《译书经眼序列》中说：各种日语译本充斥于书肆，推行于学校，"几使一时之学术浸成风尚"，甚至连我国文体亦随其"稍稍变矣"。①

日籍汉译文献之所以占据清末中国图书市场，不仅仅是因为其供应了经过消化和提炼的西学文献，更重要的原因是日语译名与中国语言文字具有极强的兼容性。日语译名多用汉字古典词，即使注入了新的涵义，也容易通过字面意义结合语境来理解。即便是日制汉字，因其遵循汉语造字构词传统，也容易为中国读者所接受。② 所以，当时中国译者对于日语中的汉字术语，基本就是直接照搬、照用。在这种留学东洋、译东洋书之潮流的推动下，日语译名如排山倒海之势涌入，并流行于中国知识分子的笔端，徐珂在《清稗类钞》中提到，自日本借用的新名词流入中华，青年知识分子尤其爱引用日语译名："开口便是，下笔即来，实文章之革命军也。"③

清末西学术语通过日籍汉译的间接翻译而成为汉字术语，其数量难以计数，王力在《汉语史摘》中就列举了很多"来自西洋，路过日本、进入汉语"的新术语，特摘录部分如下：

名词

哲学 philosophy　　科学 science　　物理学 physics

---

① 顾燮光：《译书经眼录·自序》，北京：北京图书馆出版社，2003年，第538页。
② 冯天瑜：《新语探源》，北京：中华书局，2004年，第442-443页。
③ 徐珂：《清稗类钞》，北京：中华书局，1983年，第1724页。

企业 enterprise	历史 history	政策 policy
系统 system	政党 party	独裁 dictatorship
概念 concept	观念 idea	直觉 intuition
主义 doctrine	原则 principle	对象 object

形容词

绝对 absolute	抽象 abstract	肯定 affirmative
积极 positive	消极 negative	否定 negative
直接 direct 间接 indirect		主观 subjective
客观 objective		

动词

改良 improve	解放 liberate	批评 criticize
概括 generalize	制约 condition	调整 adjust

除了丰富汉语词汇之外，日语译名也为汉语构词方式做出了重要贡献，尤其是词缀使用方面成效显著，如～主义（资本主义、社会主义）；～时代（石器时代、史前时代）；～的（独创的，人为的）；～化（工业化、现代化）；～学（社会学、生物学）；～论（方法论、唯物论）等。①

新思想的传播通常离不开新术语，日语译名作为一种思想载体，也为共产主义思想在中国社会的译介和接受奠定了基础。事实上，汉语中的政治术语"社会主义"和"共产主义"皆来自日语译名。在古汉语典籍中，"社会"的意义其实是"社团"和"集会"的意思。比如《宋会要辑本》中提到："男女杂处，所在庙宇之盛，辄以社会为名，百十为群"，横行于乡野。② 在现代汉语中，"社会"与英语的 society 基本对应，而"社会的"与 social 对应。在19至20世纪之交，日语术语"社會"为汉语所吸收。从1896年开始，"社会"这一政治术语便多次出现在《时务报》上，1902年，梁启超在论及马克思时提到：

麦喀士[马克思]谓："今日社会之弊，在多数之弱者为少数之强者所

---

① 冯天瑜：《新语探源》，北京：中华书局，2004年，第444-445页。
② 杨家骆：《宋会要辑本》，台北：世界书局，1964年，第6555页。

压伏。"尼志埃[尼采]谓:"今日社会之弊,在于少数之优者为多数之劣者所钳制。"①

在汉语词汇现代化过程的头几年,"社会"曾经一度与严复所采用的"群""人群"相互竞争,梁启超对这些词不做区分,对于 social evolution 一词,梁启超翻译为"人群之进化论"。

对于当时国人来说,"群"就是"社会",在 1903 年的《新尔雅》中对"社会"的定义即是"群":"二人以上之协同生活体,谓之群,亦谓之社会。研究人群理法之学问,谓之群学,亦谓之社会学。"② 严复拒绝使用日译术语,从中国传统伦理来看,集体责任应该高于个体自由,所以,对于中国社会来说"群"比"社会"更为妥当,这也是他把 sociology 译为"群学"的原因。后来,"社会"这一术语占据明显优势,严复在翻译甄克思(Edward Jenks)的 *A Short History of Politics* 时,也将该书译为《社会通诠》,在译著序言中还叹息说:"异哉,吾中国之社会也。"他还把 types of society 翻译成"社会形式",可见他的译名"群"终于让位于"社会"。1905 年,孙中山同盟会的拥护者朱执信也用"社会运动"来翻译德文的 soziale Bewegung。1906 年,在《万国社会党大会略史》中,宋教仁引用了《共产党宣言》的结尾说,吾人之目的就是"颠覆现时之社会组织"。在此,宋教仁用"社会组织"来表述"社会制度"。到马克思主义原著被译介到中国时,"社会"就已经成为与德语 Gesellschaft 的标准对等术语,并为中国社会所广泛接受。③

除"社会"之外,"经济""革命""民主"等大量社会科学术语在清末被引进到中国,这种术语翻译现象在佛经翻译中亦不鲜见,就是所谓的"缀华文别赋新义";这些词语并非词义演变中的引申现象,意义引申通常是以常规词义为基础进行抽象化或具体化引申,一般是词义延伸或意义转化。但是,日语译名入华成为汉字新语的现象,并被用来对译西方术语,其真实含义与古典意义并不完全吻合,甚至毫不相关,这种术语"误植"现象并非偶然,其中有深层的历史、社会和文化原因,其复杂性有待深入

---

① 梁启超:《进化论革命者颉德之学说》,载《新民丛报》,1902 年 10 月 28 日。
② 汪荣宝、叶澜:《新尔雅》,上海:明权社,1903 年,第 63 页。
③ [德]李博:《汉语中的马克思主义术语的起源与作用》(赵倩等译),北京:中国社会科学出版社,2003 年,第 115—116 页。

探讨和研究。

小结

　　将社科术语与自然科学术语加以区分，一方面是要通过术语译介说明西学在清末中国社会传播的艰难历程，通过概念的变迁揭示清末中国社会对西学概念及其所承载学术话语和价值的接受过程，揭示社会观念与术语译介的相互关系；另一方面是要说明社科术语译介和接受的复杂性，社会科学术语的翻译评价和翻译研究不能局限于自然科学术语翻译的理论视野。由此可以发现，清末社科术语的译介虽然在甲午之后引起了清政府的重视，但从整体来看，清末中国社会在社科术语的译介与规范方面始终处于被动，直到19世纪末才由政府组织相关机构译介和规范术语翻译，相比自然科学术语的译介与规范工作，社科术语的规范工作需要深入检讨，政府的相关工作和组织不但起步很晚，而且时间很短，虽然严复等翻译家也做出了卓有成效的工作，但是，历史留给严复的时间太短，最后，严复那些苦心孤诣的译名也在与日语译名的竞争中，被日语译名的滚滚潮流所淹没。

第三章 民国初期西学术语译介与规范

在民国以前,清政府一些官方机构、传教士、部分学者对西学术语的译介和规范工作进行了一些有益的尝试。在实践工作方面,虽然有官方机构和部分远见卓识的开明知识分子从事译名编订和审查工作,但是,清末西学术语译名工作从总体上来说,成效不够理想,甚至可以说是失败的。① 究其原因是多方面的,当然主要原因是中国传统学术与西方近现代学术接轨需要一个过程,术语与学术语境和学术发展程度是相互影响、相互制约的。民国创立之后,西学著作的翻译和传播更是突飞猛进,据黎难秋粗略统计,清末传入中国的西方学术译著约 2100 种,民国传入的西方学术译著约为 95500 种。②

民国初期,译名的数量当然也随着翻译文献的急遽增加而与日俱增,译名数量的增加也对译名的规范化提出了更高的要求。相关研究的代表性著作有温昌斌的《民国科技译名统一工作实践与理论》(2011)、朱志瑜和黄立波合著的《中国传统译论:译名研究》(2013)等,其他史料性著作有黎难秋的《中国科学翻译史》(2006)以及散见于《中国科技翻译》《中国科技史料》《中国科技术语》等各种学术期刊的论文。民国期间,教育部

---

① 王树槐:《清末翻译名词的统一问题》,载《近代史研究所集刊》(台北),1971年第1期,第72页。
② 黎难秋:《民国时期中国科学翻译活动概况》,载《中国科技翻译》,1999年第4期,第37页。

开始在术语统一和规范方面的权威作用得到了明显的强化,政府、学术机构和学者在术语标准化方面的职能和角色越来越清晰。鉴于此,本章主要叙述民国初期(1911—1919年)政府学术机构、民间学术组织以及辞书编撰机构在西学术语译介和规范方面所做的贡献,并深入分析这一历史阶段西学术语译介和译名规范工作的历史特点。

第一节 官方的术语译介与规范

进入民国之后,术语译介问题仍然是异乱纷呈,按理说,教材中的术语译介应该是规范统一的,但当时也是杂乱无章,1916年,中国船学会在讨论教科书时提到术语问题,全国书店及各学校所用的教科书,除国文教材以及算学、数学等基础教程之外,多数教材为外语原版教材,究其原因:"半由于中国无科学名辞。有时有名辞矣,而歧异庞杂,教者不知所从,学者不知所指。"[①]不仅教科书中的译名混乱,就是辞典里的译名也是前后不一。为此,政府先后成立了医学名词审查委员会、科学名词审查委员会等机构统一译名。

民国初年,对译名译介和规范工作贡献最大的当属医学名词审查委员会,1915年,在俞凤宾等人发起之下于上海成立中华医学会,俞还特别强调中华医学会应该统一思想,对于医学术语的译介和规范"急需筹划,不能作壁上观"。同年,在北京成立了中华民国医药学会,该学会成立的宗旨也强调要注重医学术语的译介及其规范化。[②]当年2月,审查医学名词的交流会首次在江苏召开,会上黄炎培、张元济、高似兰等27位中外学者参加了这次研讨会。研讨会讨论了医学术语审查问题,普遍认为应该集思广益集体完成医学术语的审查和规范工作,并提出四大基本方法:(1)术语规范离不开高水平的学术组织,各地应该成立医学研究会,并报江苏省教育会备案;(2)征集各地医学家关于医学术语的著作和意见书,并报审查委员会;(3)将修订的医学术语表报送江苏省教育会,由该会转送各

---

① 中国船学会:《中国船学会审定之海军名词表》,载《科学》,1916年第4期,第473页。
② 俞凤宾:《医学名词意见书》,载《中华医学杂志》,1916年第1期,第15页。

地医学校和医学会征集意见;(4)完成意见搜集之后,中西医学专家及科学家开会讨论术语,并呈请政府派员参加会议。①

从术语译介及规范来看,医学名词审查委员会此次会议堪称中国近代术语发展史上的里程碑。第一,学术界意识到政府在术语规范中所起的权威作用,因此主动与政府部门联动推动术语译介及译名规范化;第二,知识界认识到教育部门在术语推广和术语普及中发挥最重要作用,术语审查机构和学术组织应以教育部门为依托;第三,术语规范应该广泛征求学术界的意见,必须首先在学术界达成共识方可颁行;第四,术语规范的主要资源和重要依据是学术专著,成员由相关领域专家和学者组成。以上各个方面对于现代术语管理亦有诸多可资借鉴之处。

1916年2月2日,在中华医学会大会召开之际,中华医学会、博医会等医学组织,江苏省教育会、江苏医学专门学校等医学教育机构,以及福建陆军医院等31位代表召开会议,讨论医学术语审查事宜,通过了几项决议:(1)各会员单位分别选举代表5人以内,组成医学名词审查委员会,并吸纳其他团体参与;(2)待第一期名词草案提出之后,定期召开会议审查医学名词;(3)召开术语规范审查会议时,教育部派员参加;(4)以江苏省教育会为各团体通信总机关,审查会议在该会所召开;(5)名词审查会通过后宣布作为全国医学界定稿,呈请教育部审定公布。

1916年8月7日,召开了第一次名词审查大会,教育部审查了医药学会提出的解剖学译名草案,形成了一套行之有效的译名审查办法:

第一,凡是表决通过率达到与会三分之二以上的译名,说明该译名已经基本为医学界所接受,可以作为规范的译名;

第二,凡是表决率不足三分之二的译名,从表决票数较多数的译名中选取两种再行表决。如表决仍不足三分之二,两种译名并行使用;

第三,第二次之公决,如有人主张尚待考察者,得于下一日决之。②

这种审查办法充分体现了学术民主精神,学会按上述办法确定许多解

---

① 温昌斌:《民国科技译名统一工作实践与理论》,北京:商务印书馆,2011年,第14—15页。
② 科学名词审查会:《科学名词审查会第一次化学名词审定本》,载《东方杂志》,1920年第7期,第120页。

剖学译名，比如当时与英语applied anatomy对应的有"应用解剖学""医科体学""医科解剖学"等多个译名，经过大会研讨，最后表决同意用"应用解剖学"作为标准译名。还有vertical的译名有"垂直""铅直"，经过投票赞成"垂直"与赞成"铅直"的代表都有不少，大会无法取舍，故大会决定将两个译名并用，投票最多的排在前面。

1917年1月，医学名词审查委员会召开了第二次审查大会，来自各个团体的30余位代表参加了正式大会。审查大会分为分组审查会议和各组联合会议，分组会议审查会议各科名词，联合会议决定下次会议时间、地点、名词类别、名词草案的负责团体等重大事项，这样就提高了会议的效率，此次分组会议在化学名词审定的主要贡献是确定了元素中文译名，比如说oxygen、nitrogen的译名。

1855年传教士合信在《博物新编》里将oxygen翻译为"养气"，其依据不是"酸制造者"，而是取其"生养"之涵义；将nitrogen译为"淡气"，取其冲淡生气（养气）之涵义：

养气又名生气：养气者中有养物，人畜皆赖以活其命。无味无色，而性甚浓，火藉之而光，血得之而赤，乃生气中之尤物。①

淡气者，淡然无用，所以调淡生气之浓者也。功不足以养生，力不足以烧火。②

译名"养气""淡气"基本上被此后的化学书所采用，《化学鉴原》使用了该译名，傅兰雅和徐寿在江南制造局翻译时还是沿用了"养气"和"淡气"两个译名，到1901年益智书会出版了《协定化学名目》(Chemical Terms and Nomenclature)，给所有的化学元素都加上"气"偏旁，更加符合译名制定的整体性和系统性原则；1915年初，任鸿隽在《科学》杂志中发表《化学元素命名说》，提出将oxygen、nitrogen分别译为"养"和"硝"。当时也有部分学者使用日本译名"酸素"翻译oxygen，用"窒素"翻译nitrogen。当年9月教育部正式公布了元素译名，将oxygen、nitrogen分别

---

① [英]合信：《博物新编》（一集），上海：墨海书馆，1855年，第10页。
② 同上，第11页。

定为"氧"和"氮"。虽然说教育部颁布的译名在当时也引起了一些争议和争论，但是这两个译名最终还是成为现代汉语常规译名。

1917年医学名词审查会召开了第二次和第三次会议，联合会议分为解剖组和化学组，解剖组审定了内脏类和五官类专业术语；化学组审定了化合物、有机化学等所有术语，并讨论通过了《医学名词委员会章程》，该章程的成功之处就是制定了专家会员制，制定了名词术语推举办法，实施名词术语会前讨论制和会议审定制，执行明确的名词术语编订体例、译名标准等，这一切都表明医学名词审查会已经成为比较成熟的术语规范机构，已经具备比较成熟的术语规范理论意识，并形成了行之有效的术语规范制度。

由于医学术语与其他学科术语是紧密关联的，医学术语的译介及规范工作肯定不能与其他学科术语的译介及规范工作分开，所以需要规范的术语还涉及其他学科，因此1918年，医学名词审查委员会改名为科学名词审查委员会，审查范围从医学术语扩大到各学科术语。鉴于当时译名混乱，1915年教育部特设译名处，广泛搜集中西各种医学文献中的专业术语，并慎重选择译名列表宣布，以使译者对术语翻译有所依据，不至于各行其是，并拟聘请严复负责主持译名规范工作。至于编译员，即聘请学术评定委员会委员担任。至于经费一事，则由学术会负责划拨。如"再有不敷，由部自行筹措。"[①]科学名词审查委员会于1918年8月成立后，同年11月，获得教育部正式批准，并制定了《科学名词审查委员会章程》，由政府主导的现代术语管理机构正式形成。

第二节　科学社团的术语译介与规范

民国以来，术语的译介与规范工作实际上是先由科学社团发起，继而引起政府及其教育部门的重视。1915年10月，赴欧留学生赵元任、任鸿隽等发起成立中国科学社。该社组织章程的第三条是："编订科学名词，以

---

① 温昌斌：《民国科技译名统一工作实践与理论》，北京：商务印书馆，2011年，第17页。

期划一而便学者。"中国科学社出版的月刊《科学》,在其《发刊词》中庄重声明:

译述之事,定名为难。而在科学,新名尤多。名词不定,则科学无所依倚而立。本杂志所用名词,其已有旧译者,则由同人审择其至当,其未经翻译者,则由同人详议而新造,将竭鄙陋之思,借基正名之业。①

由此可知,民国初期我国最有影响力的学术团体自成立伊始,便将西学术语译介和规范作为其最重要的事业。到《科学》第12期,中国科学社便发布了《中国科学社现用名词表》,其术语涵盖算学、天文、物理、化学等各学科,其中还有地名、人名、公司名称,编辑部为此还特别阐明,该表中的译名是在搜集现有常用译名的基础上,加以整理汇编而成,"非为有秩序之翻译",因此在各学科之中都有不少重要术语没有录入,故"补完之事,俟诸异日";并声明各种专业术语的译名虽然已经审定,但是仍随时可以修订。如学术界能对该名词表的缺点和遗漏之处,发表真知灼见,甚至批评指正,科学社也"无任欢迎。"② 这一点可以充分说明中国科学社对译名定名之难有深刻的认识,译名要成为定名还必须经过一段时间的应用,必须经得起时间的考验。

1915年,中国科学社进一步设置了书籍译著部,其目的是促进更多的学者开展协同研究,科学社要求书籍译著部选择西方各学科的精品著作,并"分门别类",在翻译时还要求"详加译述",为本国学术界开展相关研究提供资料依据;而对于科技术语要严格审定,以达到规范统一的效果:"使夫学术有统系,名词能划一",以便国内知识界不必在学习西文上花费过多的时间,能在学术上有所收获。③ 由此可见,书籍部译者已经意识到术语的规范和统一有助于中国学术发展,故译名规范也是该部的工作重点。到1916年,中国科学社还正式成立名词讨论会。在讨论会成立之"缘起"作如下描述:

---

① 中国科学社:《科学·例言》,载《科学》,1915年第1期,第1—2页。
② 中国科学社:《中国科学社现用名词表》,载《科学》,1916年第12期,第1369页。
③ 中国科学社:《科学社记事》,载《科学》,1916年第5期,第59页。

名词，传播思想之器也。则居今而言输入科学，舍科学名词未由选。…科学名词非一朝一夕所可成，尤非一人一馆所能定…，我以旦暮之隙，佣不明专学之士，亦欲藏事，窃恐河清难俟而名辞且益庞杂也。同仁殷忧不遑，因有名词讨论会之设，为他日科学界审定名词之预备。①

在此基础上，中国科学社董事会推选赵元任、胡刚复、顾维精、周铭、张准等5人为名词讨论会委员，专门负责名词审定事宜。对于科学术语的译介及其译名的审定，周铭还阐述了其个人学术观点：

盖科学名词者，学说之符号也，名词之相纬相系，即一切学说之枢纽，吾人不能任意命某名词为标准，亦犹吾人之不能任创何说谓之学说。苟反此而行，则立名既杂乱无章，措词自必扞格不明；强人通行，恐科学界中无斯专制淫威，是故欲于此事求一正当解决，非于二说之间设一融通办法恐成效难期也。②

由此可见，中国科学社不仅以非常审慎的态度对待术语译介及译名的审定，其学术思想注重从学科和学理层面深入思考术语定名问题。从现代术语学来看，其思想进步性表现在如下方面：（1）术语是特定专业领域的概念，是学术思想的重要载体，要译介西方先进学术思想，必须做好译名规范工作；（2）术语要求实用性，必须在其学科领域经过一段时间的应用，约定俗成方能成为学术界认可的术语；（3）术语具有很强的专业性特征，因为涉及诸多专业和学科，只有专业人士和学者才能胜任术语定名工作；（4）术语定名需要集思广益，提倡学术民主精神，广泛展开学术讨论，才能商定最合适的译名。以学术刊物《科学》为载体，学者之间开展商榷讨论，并以此确定译名，这是科学社推动中国学术进步的重要手段。据范铁权粗略统计，在《科学》杂志前15卷中，术语研究是重点栏目和主要版块，讨论科技术语的论文达40余篇，而其中一半以上由本社成员撰稿，主要

---

① 中国科学社：《科学社记事》，载《科学》，1916年第5期，第823页。
② 同上，第826页。

发表对术语译介和译名审定的学术观点和建议，在学科分布方面尤以生物学、化学、数学方面的讨论性文章为多。①

《科学》杂志所开展的学术争鸣对术语的译介和规范发挥着重要作用，比如在生物学方面围绕"雄蕊"(stamen)与"雌蕊"(pistil)的争论。1917年，关于"雄蕊""雌蕊"的定名，钱崇澍、邹秉文与吴元涤发生了论争，钱崇澍、邹秉文认为stamen的译名应该定名"大蕊"，pistil的译名应该定名为小蕊：

> 系属于胞子体之器官，胞子体无雌雄之分别，不得谓之为雌为雄。雌雄生殖器官惟精子体有之。高等植物之精子体虽寄生于胞子之内，然与胞子体为截然不同之一植物体，不可以其围于胞子之内而即视为一体。故雌蕊雄蕊之名，名实既乖，且初学者尤易误解。②

钱崇澍、邹秉文主要从术语的命名理据出发，认为雌雄这种表示性别的词语来表述花蕊不妥，蕊属于胞子体，胞子体并无雌雄之别，容易被误解为生殖器官，应当以形态的大小来表示更为妥当；可是，吴元涤认为并不妥当。在他看来：

> 种子植物（spematophyta）之雌雄蕊，其占有空间之形态，异常繁复，断不能笼统以大小二字概括之。雌蕊本意为产出卵子之器官，并非混指雌蕊即为卵子体，雄蕊为产出精子之器官，并非注明雄蕊即为精子体，固彰彰也。③

从现代术语学来看，吴元涤的考虑更为周详，雌蕊、雄蕊中的雌雄作为一种引申意义，用来表述高等植物的生殖器官并无不妥，且两个译名已经沿用甚久，仔细揣摩其涵义，并无谬误，其引申意义超出词源本身的涵义，

---

① 范铁权：《民国时期的科学名词审查活动》，载《科学学研究》，2003年第S1期，第47页。
② 钱崇澍、邹应萱：《植物名词商榷》，载《科学》，1917年第3期，第387页。
③ 吴元涤：《植物名词商榷》，载《科学》，1917年第3期，第875—879页。

这本身就是创新术语的一种手段。此外，就科技术语翻译来看，究竟是沿用固有译名，还是改用新名，确实不能贸然改变，沿用旧名能保证专业知识传承的稳定性。当然，术语如果命名确实不妥时就应该更新译名。

1917年中国科学社修改章程，撤销书籍译著部，由诸分股委员会分别负责完成其任务。1918年8月，中国科学社的化学股讨论了无机化学命名草案、有机化学命名等；电机股翻译了一千余专业术语；年底科学社总部迁回国内。1919年7月，中国科学社派员参加了教育部组织的第5次科学名词审查会，自此成为名词审查委员会的"一支主力军"。[①]《科学》杂志上所刊载的译文质量很高，其原因是大部分译者是政府选拔的外派留学生，都是经层层淘汰和选拔的精英人士，而且又在国外知名高校接受过所学专业的系统教育，中英文基本功非常扎实，并具有很强的专业素养，无论是国学功底抑或是外语水平，堪称一流；再加上《科学杂志》的学术影响，并在名词审查委员会等官方机构支持下，其学术影响和贡献贯穿民国科技术语统一工作之始终。

民国初期，除中国科学社之外，中国工程师学会于1915年出版了《新编华英工学字汇》，收录科技术语8800余条，虽然没有分学科分类，但主要是土木和机械两大学科术语。1916年，铁路协会审定出版了铁路名词会编纂的《华德英法铁路词典》，涉及术语近700条。中国船学会于1916年在《科学》杂志第4期上发表船学术语约300条，每个术语都包含英文术语和中文术语。这些术语在征求意见之后，呈报海军和工商部门，请求颁布，对于这些术语的审定，船学会主张：(1)对于船学术语，如国内已有普遍适用且与原意一致的术语，一律沿用；(2)原则上以义译为主；(3)如船学术语不能音译，义译又过于冗长，又不便使用，对于这类术语则新创术语。

民国初期，科学社团的译介和规范工作都有一个鲜明的特点，即科学社团的成立一般由有影响力的学者发起成立，后来逐步加入官方学术机构的术语译介和规范工作。与清末译名统一工作比较，民国时期官方学术机构能逐步在译名规范和厘定方面发挥其引领和管理作用；其次，民间科学社团对译名审定也有明确的操作规范和章程，章程和规范能在很大程度上

---

① 范铁权：《民国时期的科学名词审查活动》，载《科学学研究》，2003年第S1期，第46页。

保证术语翻译之定名的准确性和科学性；另外，科学社团的主要成员精通国学和外语，而且专业素养高，常就术语的定名发起学术争鸣和商榷，表明译名厘定和统一工作已经成为一种严肃的学术研究。

第三节 辞书编纂的术语译介与规范

民国初期，在术语译介与规范工作方面除了官方学术机构、民间科学社团之外，学者个人所做的辞书编纂工作也发挥着重要作用。辞书编纂为官方学术机构和民间科学社团工作的有益补充，因为辞书可以提供一部分官方和民间科学社团尚无的译名，供译者参考，而且辞书编纂所能提供的术语数据庞大，远非官方机构所能涵盖。与清末相比较，民国初期的译名辞书数量急剧增长，表明学科和学术的进步之快。蔡元培在《植物学大辞典》序言中说："社会学术之消长，观其各种辞典之有无与多寡而知之。"因此，现代国家的专业学科都应该形成其专业辞典，这些辞典或繁或简，可以根据需要编撰。① 民国初期，辞书编纂虽然没能在术语译介和规范工作中占据主导地位，但是大量辞书的编纂和发行为官方的术语译介和规范工作发挥着重要的补充和促进作用。

在化学术语译介与规范方面，郑贞文当属成绩杰出的学者之一。当时化学专业术语庞杂不一，亟待规范和统一命名，否则将影响我国化学科学的发展。郑贞文深感化学术语统一的重要性和紧迫性，1918年受聘于商务印书馆的郑贞文发表了《无机化学命名草案》，并阐述了化学术语的译名规则：根据化学元素的理化属性，属气态的元素则以"气"为部首；属液态的元素则以"氵"为部首；非金属元素则以"石"为部首；而金属元素则以"钅"为部首。此外，考虑到有机化学名词与无机化学名词的特点，主要为结构繁复且音调拖长，郑贞文在其所著的《有机化学命名草案》中，不再坚持前人的音译法，而是根据有机化学名词的理化属性，选择与属性一致的部首，比如"火"字部首、"艹"字部首，再行另造新字。② 通过这

---

① 高平叔：《蔡元培全集》，北京：中华书局，1984年，第113页。
② 王敏：《郑贞文科学文化实践与中国近代科学的传播》，山西大学博士论文，2009年，第33页。

种构词方式，中文化学术语的创造有章可循，无论多么复杂的术语，国外化学术语的中文术语能够对应。

从现代术语学来看，郑贞文能够从理论上把译名与命名分开，他批评当时学术界"知译名而不知命名，知旧译之弊，而不知原名之弊"，这种区分是非常正确的，因为科学和学术是总是在不断发展的，术语的概念也有可能随着学术发展而发生变化，但术语的字面意义仍旧保持原样，因此，术语的翻译应该以概念为根本，而不是简单地以字面意义来确定。科技术语翻译的实质就是把源语言中的科技概念在另一种语言中进行重新命名的过程。① 鉴于此，郑贞文认为要统一庞杂的化学名词，首先是审查原名恰当与否，然后是确立比较经济的命名规则，尽可能涵盖最多的物质，并能推及新发现的物质。

在医学辞典方面，高似兰所编辑的《高氏医学辞汇》（Cousland's English-Chinese Medical Lexicon）是中国近代医学史上重要的医学专业辞典之一。此外，高似兰对医学名词审查会的成立也发挥了重要作用，该辞典为西方医学术语汉译的标准化奠定了坚实的基础。在西医东渐的进程中，中西医学学理差异悬殊，因而西医术语译介及其规范化异常艰难。这不仅影响着中西医学交流，也影响着医学教育的普及。首先，许多西医学术语在中医学里没有对应的词汇，尤为典型的是解剖学、生理学、组织学、病理学术语。有时即便译者能够在中医学里找到字面意义相同的术语，但其专业涵义却有可能不尽相同，比如，中医的"肾"与西医的 kidney 在概念上并不对等。其次，当时从事医学翻译的译者往往各自为政，既无行业标准也无术语规范，译者之间也极少沟通，"一病多名"和"一名多译"可谓司空见惯。因此，高似兰非常重视医学术语的统一和规范，其编辑的《高氏医学辞汇》于1908年首次出版，1915年再版，1916年中国博医会与刚成立的中华医学会组成医学名词和出版委员会，负责修订该辞典，于1917年第三次出版该辞典。高氏的医学辞典的译名方案是：(1)采用本土已经约定俗成术语；(2)根据英文术语的概念和涵义意译；(3)采用音译；(4)按照合成法创制新的专业术语；(5)造新字作为术语；(6)旧词新用。高

---

① 温昌斌：《民国科技译名统一工作实践与理论》，北京：商务印书馆，2011年，第150页。

似兰认为选用中文原有意义相同的医学术语是最佳选择,尽量避免音译。但是,术语作为学术用语不宜使用过于口语化、或过于通俗的词汇,大多数英文医学术语可以采用合成词或短语,但应尽量避免过于冗长的术语,以免文体显得臃肿不堪。①

《高氏医学辞汇》可以说是我国近代医学史上出版时间最长、影响最广泛的医学辞典,而且能与近代医学的发展保持同步。更何况在19世纪以后,西方医学本身也日新月异,随着医学领域里新方法和新技术不断突破,其学科术语也不断翻新,该辞典尤其重视搜集新创的医学名词,如维生素(vitamin,今译维生素、维他命)、电游子疗法(iontophoresis,今译电离子疗法)、心动电流图(electrocardiogram,今译心电图)、核苷酸(nucleotide)、青霉素(penicillin)、三磷酸腺苷(adenosine triphosphate)等术语在出现不久即被词典所收录。②高似兰尽其毕生精力于医学术语翻译事业,在此后的半个世纪里,其医学辞典一直是中国医学界英汉医学辞典的典范,为我国西医东渐做出了杰出贡献。

生理学与医学紧密相关,与疾病相关的医学理论都离不开生理学,因此,近代生理学也随着西方西学被译介到中国社会,我国早期的生理学书籍,有的译自欧美,有的译自日本,译自欧美的生理学书籍采用博医会的译名,译自日本的生理学书籍则采用日语译名,孙祖烈在其《生理学中外名词对照表》序言中提到:

余途译生理学讲义,未尝不叹其中名词之钩辀格磔,令人不易卒读也。考我国所译生理学书,宗欧美者,用博医会新旧二派之名词;翻东籍者,用日本创造之名词。糅杂纷纭,不可殚究。……不佞有鉴于斯,则思荟萃东西洋两派名词及西人原文,列为一表。俾读者开卷了然。③

于是,各种译名混用杂乱无章,令读者无所适从。1914年,孙祖烈编

---

① 张大庆、高似兰:《医学名词翻译标准化的推动者》,载《中国科技史料》,2001年第4期,第326–327页。
② 温昌斌:《民国科技译名统一工作实践与理论》,北京:商务印书馆,2011年,第329页。
③ 孙祖烈:《生理学中外名词对照表》,上海:上海医学书局,1917年。

纂了《生理学中外名词对照表》，收录术语3000余条，该书虽然没有统一译名，但是列出了译自欧美和译自日本这两类译名及外语原文，可以帮助读者进行比对，为今后的译名规范化提供了直接资料依据。

在工程学方面，译名同样存在诸多问题，西文术语翻译成汉语，究竟是用文言还是用俗语，究竟采用北方方言还是用南方方言，究竟是采用中国本土名词还是用日语译名？总而言之，译名纷繁错乱，不利于我国工程科技发展。1888年，詹天佑在北洋铁路工作时就注意到工程术语的翻译命名问题，去粤汉铁路工作时，便搜集各类译名，经过20余年的努力，到1915年，其《新编华英工学字汇》由中华工程师学会出版，书中列出了原文术语和中文术语，据温昌斌统计，该书包含术语8800余条，其学科以土木和机械为主，该书所遵循的基本宗旨是：以实用为宗旨，译名务求明白晓畅；译法准则是所译名词，或根据旧籍，或沿用俗名，尚未有可资借鉴的则广泛征求意见，再厘定译名。①

当时的铁路术语译名也是"俚俗不堪""命名不一"，铁路专业为最复杂的学科，往往一事一物因记载或翻译出于多人，名称分歧，容易致阅读者误会，而且涉及机械、材料、电气等各个专业，均纷乱不一。于是，1913年成立了审订铁路名词会，主要负责编纂铁路行业术语，审订铁路名词会先后召开大小会议上百次，编辑了《华德英法铁路词典》，100余人参与编辑、讨论、校对，1916年3月铁路协会出版了该书，内容主要为铁路相关术语，数量近700条。②

民国初期，我国的植物学研究也取得了较大的进展，其重要标志就是1918年《植物学大辞典》的出版。《植物学大辞典》由上海商务印书馆发行，编辑者主要为孔庆来、杜亚泉、吴德亮、李祥麟等13位农学家和植物学家。《植物学大辞典》涵盖内容非常广泛，可以说荟萃中西植物学之精华；其文献资料也非常丰富，堪称近代中国植物学史和农学史之巨著，甚至在中药史上也有一定的地位。蔡元培在该辞典的序言中给与高度评价：

---

① 温昌斌：《民国科技译名统一工作实践与理论》，北京：商务印书馆，2011年，第160页。
② 同上，第160页。

欧化输入，而始有植物学之名，各学校有博物教科，各杂志有关乎博物学之记载。而植物学之名词及术语，始杂出于吾国之印刷品。于是自学校师生以至普通爱读书报者，始有感于植物学辞典之计划。集十三人之力，历十二年之久，而成此一千七百有余面之巨帙。吾国近出科学辞典，详博无逾于此者。①

我国传统植物学学理浅陋，分类不合理，与药物学区分不明，其科学性远远落后西方，《植物学大辞典》收录各种植物4700余种，附插图1002幅，并详细描述了植物的命名和科属，还对植物的根茎、叶片、花型等特征和属性均作详细描述。值得一提的是，该辞典还注重借鉴中医典籍的资料，比如明代医学家李时珍所编的《本草纲目》。除了经典中医文献之外，该辞典在资料搜集方面甚至对植物、农作物、中药的零散文献也作详细整理。该辞典还首次运用了植物的拉丁文名称和日文名称，其编撰充分体现了洋为中用、古为今用的医学精神，其术语涵盖范畴之广博、资料文献之丰富都是前所未有的，结束了我国历史上农作物、中药、植物的杂乱记载和混乱历史。《植物学大辞典》被选用为当时国民学校和中医学校的学生工具书，由此可见其在国民教育中的地位。

该辞典在收录名词时，制定了如下基本原则：

第一，植物的命名，以我国文字为主，中西文对照，植物名称多为我国通用名称，少数译名采用日语译名，且其术语均作详细考证。

第二，我国植物同物异名现象很多，且有不少别名，为了避免误解，其别名也收入辞典作为注解，其科目和形态作为通用术语的解释内容。

第三，植物名称之下并附西文，主要是拉丁文术语，术语之下所附英语、德语均用斜体表述，以示区别。

第四，植物学术语，除列上西文术语之外，还附有日本假名连缀的普通名词。植物学术语日本一般译为中文,假名连缀的现象极少。比如"沈香"的介绍：

---

① 张建红、赵玉龙：《民国初年的〈植物学大辞典〉》，载《华夏文化》，2004年第4期，第55页。

[沈香]Aquiliaria Agallocha Roxb.（此处省略日文）

瑞香科，沈香属，产于东印度，常绿树，高数十尺。叶批针形，互生，花白色，形花。此植物之木材，供薰香料，最为著名。名见名医别录。一作沉香，又名沈香水。苏松曰：沈香青桂等香。出海南诸国及交广崖州。①

从《植物学大辞典》上述定名来看，植物名称考究非常严谨，不仅提供了中文名称，还有对应的拉丁语、英语、日语名称，明确了植物的科目、属性；对植物的叶、茎、花的形状、颜色、气味等均详细描述；有具体的产地、用途等，并且引经据典作为佐证，兼涉医学和农学，体现了较高程度的学术性和规范性。

民国初期，化学、医药、工程学、植物学等专业辞书对西学术语译介与规范工作的推动做出了重要贡献，与此同时，学术界也开始编纂综合性辞书，以促进译名的厘定。其原因是新名词、新术语大量涌现，异彩纷呈，一方面，普通读者对专业术语的词源和用法不甚了解，另一方面，留学归国的青年知识分子缺乏国学传统知识。因此，陆尔奎等学者着手编纂《辞源》，成员从最初的五人增加到50余人，历时八年始竣，到1915年以五种版式出版。除大量的对术语进行释义之外，对于文艺、曲章、制度、人名、地名、书名以及天文星象、医术、技术、花鸟虫鱼等也兼收并蓄，融词汇、百科于一炉，既体现了工具性和知识性，又兼顾了可读性，具有学科前沿意识，特别注重从社会科学、自然科学、应用技术中广泛搜集和新创术语。虽然《辞源》中术语收录广泛，但是其缺点就是专业性和系统性不够，各科术语及人名、地名等，或因切于实用，或习于见闻，如同故事成语，不涉及专业范围。如：

[化合量]（combining weight）
化学用语，亦称当量。乃元素物质重量之比例。

《辞源》基本按照中文名、英文名、解释的体例进行编排。《辞源》出

---

① 温昌斌：《民国科技译名统一工作实践与理论》，北京：商务印书馆，2011年，第172–173页。

版之后,"十余年中,世界之演进,政局之变革,在科学上名物自有不少新名辞发生。所受各界要求校正增补之函,不下数千通。"① 由此可见《辞源》在当时还是产生了广泛的学术影响力,但是由于学术和学科的发展迅猛,仍需要不断增补和完善以适应时代之需要。

与清末西学术语译介与规范工作比较,民国初期西学术语译介及其规范工作中的重要特色就是辞书编纂。对于术语及其概念的接受,辞书编纂可以发挥重要作用:一方面,术语和概念如果能够为辞书所收录,说明其已经基本融入学科话语体系,在该学科领域已形成一定的言说群体;另一方面,术语作为科学知识和文化传播的重要载体,辞书编纂也带有一定的学术权威性,在某种程度上也有利于术语及其学术思想的传播和普及。② 辞书编辑在民国初期虽然对政府的译介和规范工作发挥着重要的补充作用,此外,与科学社团不同的是,辞书编撰中社科术语占有很大比重。但是,以历史的眼光来看,最重要的缺陷是绝大部分辞书没有充分注意与政府所发布的规范译名保持一致,造成这种问题的原因是:一方面是辞典的主要功能是释义,因此编纂者没有注意与政府发布的译名保持统一,辞书编辑者相关语言政策意识不强;另一方面是政府对术语的管理意识缺乏,对辞典编纂的管理和引导不够,没有对辞书的编纂提出相应的要求,没有出台相应的出版规范,并制定相关出版质量评价体系政策。③

小结

总体来看,将民国初期与清末西学术语译介与规范工作比较,民国时期政府对术语管理逐渐走向成熟,对术语的管理意识、政策意识和专业意识越来越强,其中,教育部的权威作用越来越突出,在一定程度上对术语的厘定和传播可以实施有效管理,还成立了专门的名词审查委员会,科学社团可以保障专业术语的科学性和准确性,此外,辞书编撰对术语的译介

---

① 方毅:《辞源续编说明》,载《辞源续编》(方毅等编),上海:商务印书馆,1931年。
② 余来明:《"文学"译名的诞生》,载《湖北大学学报》,2009年,第5期,第8页。
③ 温昌斌:《民国科技译名统一工作实践与理论》,北京:商务印书馆,2011年,第187页。

和规范也促进了术语传播和普及。对于政府的术语译介及规范工作,科学社团和辞书编撰发挥着重要的辅助作用和催化作用。这一时期译名厘定工作注重学术讨论,广泛收集各界意见,此外,其参与者也以各学科专业人士为主,注重各学科专家的协同努力。但是,民国初年的术语管理体系远不及现代术语管理的科学性和合理性,其术语管理方式、管理理念仍然比较落后。其术语管理主要是学术界由下而上,推动政府译介和规范译名工作,政府的权威作用、管理作用和促进作用仍然发挥不够,任由学术界和学者自主作为,而且术语的理论意识不够,最明显的就是官方所组织的"理论研究很少"。①

---

① 温昌斌:《民国科技译名统一工作实践与理论》,北京:商务印书馆,2011年,第188页。

第二部分
影响西学术语译介的两大学术思潮

第四章 "夷夏话语"与清末西学术语译介

作为西学东渐的思想障碍，夷夏之辨、华夷之辨一直是中国传统民族观的基础，既是古代华夏民族用来区分本土与异域、自我和他者的常用表达，也是中国古代各中央王朝用以确立自身的正统性的思想依据，并奠定了华夏民族处理涉外事务的文化心理。到清末，中国官僚和士人阶层仍然将夷夏之辨、华夷之辨作为应对外来入侵、思考种族问题和对待域外知识的思想基础。在论及中国古代的民族认同或国家认同的时候，夷夏之辨、华夷之辨的核心是华夏中心主义，这种思想通常表现出两种悖论性立场：一方面，中国具有恢弘博大的胸怀和开放气魄，以全人类的天下意识和自信来包容异域民族；另一方面，华夏民族又有民族中心主义心态和自恋心理，鄙视和排斥来自异域的"蛮夷狄戎"。

那么，到了近代华夷地位发生了反转，在华不敌夷的历史语境下，一方面，作为西学东渐的藩篱，夷夏话语对西学术语译介与接受有何影响？清末中国社会又因何原因放弃了华夏中心主义的立场？另一方面，从西学术语译介来看，夷夏话语体系的根本问题是什么？关于夷夏话语与西学翻译的研究不多，刘禾的《帝国的话语政治》（2014）专门讨论过"夷"与外交文书的翻译，蒋骁华（2012）、方维规（2012）等都涉及西方政治术语的翻译，相关研究尤其专题研究不多。冯天瑜（2004）讨论过夷夏话语与西方地理术语的译介。① 故本章首先介绍夷夏话语对涉外翻译的影响，然后分析西学术语译介与接受过程中的夷夏话语实践，即西学术语翻译是如何去维护夷夏话语体系的，最后通过概念演变分析从"夷"到"外"的话语演变过程，并反思夷夏话语的种种局限性。

第一节　涉外翻译中的夷夏之别

夷，先秦时期非华夏民族泛称之一，夷又有诸夷、四夷、东夷、西夷、南夷、九夷等泛称。上古典籍中多用以指环渤海而居，南至江淮的中国东方各地居民，亦称东夷。"夷"字在中国古代典籍中有中性和贬义两种用法。以贬义为主。例如《说文》："夷，东方之人也。"② 郭璞《尔雅注》："九夷在东。"③ 中原华夏族用夷泛指东部各少数民族时，兼用中性意义和贬义。《礼记·王制》："东方曰夷，被发文身，有不火食者也。"④《书·禹贡》："岛夷皮服。"⑤《书·泰誓中》："受有亿兆夷人，离心离德。"⑥ 这些典故都暗示了"夷"的野蛮落后状态。扩展而指华夏族以外的各族时，几乎全是贬义，甚至是蔑称。如《论语·八佾》："夷狄之有君，不如诸夏之亡也。"⑦ 亡即无，也就是说，夷狄作为蛮夷，即使有君主治理，其文明程度甚至远远不及没有君主治理的华夏民族，对蛮夷的鄙视之义溢于言表。

"夷"作为一个涉外专业术语翻译问题，最早见于官方国际事务文书，是在1858年中英联合签署的《天津条约》，该条约的第51款第1条尤其

---

① 参见[美]刘禾：《帝国的话语政治：从近代中西冲突看现代世界秩序的形成》（杨立华等译），北京：三联书店，2014年；蒋骁华：《翻译中的西方主义——以18-19世纪中国的政治、外交文献翻译为例》，载《中国翻译》，2012年第2期；方维规：《"夷""洋""西""外"及相关概念：晚清译ílj从"夷人"到"外国人"的转换》，载《新词语新概念：西学译介与晚清汉语词汇之变迁》（郎宓榭等编，赵兴胜译），济南：山东画报出版社，2012年；冯天瑜：《新语探源——中西日文化互动与近代汉字术语生成》，北京：中华书局，2004年。
② 中文大辞典编纂委员会：《中文大辞典》，台北：中国文华研究所，1963年，第368页。
③ 夏征农：《辞海》，上海：上海辞书出版社，1989年，第713页。
④ 中文大辞典编纂委员会：《中文大辞典》，台北：中国文华研究所，1963年，第392页。
⑤ 《辞源》，北京：商务印书馆，1986年，第713页。
⑥ 罗竹风：《汉语大词典》，上海：汉语大词典出版社，1988年，第1495页。
⑦ 同上：第1496页。

强调禁止使用汉字"夷"作术语翻译涉英事务,其中英文本如下:

第五十一款一:嗣后各式公文,无论京外,内叙大英国官民,自不得提书夷字。

Article 51: It is agreed that, henceforward, the character 'i' 夷 [barbarian], shall not be applied to the Government of subjects of Her Britannic Majesty in any Chinese official document issued by the Chinese Authorities either in the Capital or in the Province.①

在19世纪前叶,英国为实现其远东战略,强迫清政府签订了很多不平等条约,《天津条约》亦在此列,但是《天津条约》的英文版还是把"夷"字的书写体放在罗马拼音"i"和英文"barbarian"之间,为确保"夷"字及其他汉字的英文翻译在中英交流中维持原意,并具备法理权威,《天津条约》第50款第1条中还在"夷"字的禁令前作明确规定:

第五十款——嗣后英国文书俱用英字书写,暂时仍以汉文配送,俟中国选派学生学习英文,英语熟习,即不配送汉文。自今以后,凡有文字辩论之处,总以英文为正义。此次定约,汉英文字详细校对无讹,亦照此例。②

在处理与西方各国的外交事务时,晚清政府无论针对民间还是官方都采用"夷"字指涉西方各国及相关事务,而且都带有明显的鄙夷情绪,"夷"(barbarian)作为外交术语,其思想根源由来已久,早在1793年英国马嘎

---

① 刘禾:《帝国的话语政治:从近代中西冲突看现代世界秩序的形成》,北京:三联书店,2014年,第40页。
② 刘禾:《帝国的话语政治:从近代中西冲突看现代世界秩序的形成》,北京:三联书店,2014年,第42页。该条款的英文为: Article 50: All official communications addressed by the Diplomatic and Consular Agents of Her Majesty the Queen to the Chinese Authorities shall, henceforth, be written in English. They will for the present be accompanied by a Chinese version, but it is understood that, in the event of there being any difference of meaning between the English and Chinese text, the English Government will hold the sense as expressed in the English text to be the correct sense. The provision is to apply to the Treaty now negotiated, the Chinese text of which has been carefully corrected by the English original.

尔尼使团访华时，乾隆皇帝在转达英国国王的"敕谕"中就对其"倾心向化"和"恭顺之诚"表示赞许。① 到了鸦片战争时期，虽然国家已经是积贫积弱，但是在其传统学术的知识体系中仍然视本国为文明教化之典范，将对手作为亟需教化之蛮夷，其居高临下之态不言而喻。林则徐在《密呈夷务不能歇手片》陈述："自结之后，查验他国夷船，皆已绝无鸦片。"② 左宗棠《请拓增船炮大厂疏》描述道："此次法夷犯顺，游弋重洋，不过恃其船坚炮利。"③

在这种夷夏话语体系之下，对外国的国名和地名翻译亦不可避免地流露出华夏中心主义的优越感，在中国近代史上，魏源所编辑的《海国图志》是近代中国第一部"睁开眼睛看世界"的历史巨著，但是，在《海国图志》的地理术语译名中，隐含夷夏之防、斥洋尊中、夷夏之别思想观念的术语仍然不少，比如，对于同属于五大洲的非洲，除用"阿利未加洲"音译 Africa 之外，Africa 还有一个出现频率很高名称：乌鬼国，文中 African countries 的译名是"利未亚乌鬼各国"，甚至还用"卷毛乌鬼国"指称毛里求斯以西的非洲国家，由此还创制了"顺毛乌鬼"这一术语，用以指毛里求斯以东的非洲居民。将南非的 Cape of Good Hope（好望角）也与"乌鬼"联系起来，将其翻译成"乌鬼甲"，这些译名隐含着一种对异域民族的歧视心理。④ 透过特定的历史语篇，这种文化自恋心理则更为明显，比如：

1. 乌鬼国东北，山与阿黎米相联，向西南生出坤申方大洋，……，皆顺毛乌鬼地。⑤
2. 卷毛乌鬼国在妙里士正西，民人愚蠢，色黑如漆，发皆卷生。⑥
3. 《明史》谓之乌鬼，今沿其称呼，西洋为鬼子。然白夷与黑夷各产各地，

---

① 王庆云：《熙朝纪政》（卷6），载《明清史资料》（下册）（郑天挺编），天津：天津人民出版社，1981年，第375页。
② 罗竹凤：《汉语大词典》，上海：汉语大词典出版社，1988年，第1495页。
③ 同上，第1495页。
④ 张景华：《刨棒劈莽，前驱先路论——〈海国图志〉中的地理术语译名》，载《外国语言与文化》，2018年第4期，第76页。
⑤ 魏源：《海国图志》，长沙：岳麓出版社，2011年，第1074页。
⑥ 同上，第1075-1076页。

相去数万里，……。今谓黑奴为乌鬼可也，并谓白夷为白鬼则大不可。①

4. 自亚齐大山绕过东南，为万古屡尽处，与葛剌巴隔洋对峙。红毛回大西洋者，必从此洋出，然后向西南过乌鬼甲，绕西至大西洋。②

在翻译外国地名时，感情色彩上一般常用中性词汇，尽量不用贬义词，但是，《海国图志》中对西方世界地名的翻译也隐含着丑化、矮化和贬低心理。比如，将 Beira Alta（今译上贝拉）译为"卑辣亚尔达"；将 Minho（今译米纽）译为"米虐"；将 France、Francia、Franca（今译法国）等译为"拂朗祭"；将 Oxford（今译牛津）译为（恶斯贺）、将 Hertford（赫里福德）译为"黑疫度"。由卑、虐、祭、恶、疫等贬义词和不吉利的词语组合成一系列术语，这些术语的组合进一步形成独特的夷夏话语。

对西方列强的国名翻译也是一样，晚清中国社会也是极尽丑化、贬低、矮化之能事。比如，《海国图志》将 Holland（荷兰）译为"红毛番"，将 Britain（英国）译为"红毛国"，将 Russia 译为"俄罗斯"和"罗刹"。③其实，把英国翻译成红毛国的传统由来已久，甚至可以追溯到前清鼎盛时期英国国王乔治三世（King George Ⅲ）致乾隆的"国书"：

His Most Sacred Majesty George the Third, by the Grace of God King of Great Britain, France and Ireland, Sovereign of the Seas, Defender of the Faith and so forth, To the Supreme Emperor of China Kien-long worthy to live tens of thousands and tens of thousands thousand years, sendeth Greeting.④

暎咭唎国王热沃尔日敬奏中国大皇帝万万岁。热沃尔日第三世，蒙天主恩，暎咭唎国大红毛及佛朗西依拜尔呢雅国王、海主，恭惟大皇帝万万岁，应该坐殿万万年。⑤

---

① 魏源：《海国图志》，长沙：岳麓出版社，2011年，第1851页。
② 同上，第572页。
③ 赵爱：《近代科技名词内部演变的"五性"》，载《中国科技术语》，2013年第1期，第18页。
④ Morse, H. *The Chronicles of the East India Company: Trading to China* 1635-1834 Vol. 2. Oxford: Clarendon Press, 1926.
⑤ 中国第一历史档案馆：《英使马戛尔尼访华档案史料汇编》，北京：国际文化出版公司，1996年，第162页。

原文是平等外交的"国书",译文却变成了"上表",其中"大皇帝"居于"国王"之上,用"暎咭唎国大红毛"来丑化和矮化英国用意明显。

在夷夏话语体系中,如果提及西方各国及其头领时,翻译命名时一般加上"夷""逆"或"酋"以示鄙视,① 如《清实录》中将美国译为"米夷""咪夷""咪酋";将法国译为"咈囒哂夷""法夷";将俄国译为"俄夷"。因为与"夷"通常对应的是"夏",方维规认为这种"对立表述"很容易形成一种价值判断,"夷"字作为情感上带否定意义的词汇,可以通过前缀和后缀生成一系列的术语来表述西方的野蛮。② 事实上,"夷"字是鸦片战争前后清政府涉外话语中出现频率最高的词汇之一,常见的搭配有"夷商""夷人""夷语""夷囚""夷炮""夷务""英夷""法夷""外夷""师夷""款夷""筹夷事""悉夷情""知夷形""剿夷""以夷制夷""以夷攻夷"等。简而言之,在清政府的外交语境中,"夷"字本身就是一个不折不扣的贬义词,由此而来的术语翻译命名形成了一种价值定位。这种定位一方面有效地构建了丑化和矮化西方的话语系统和知识体系,另一方面也强化了清末中国社会国人盲目的文化自恋,夷夏之别也把中国作为世界的中心,体现了一种自我优越感。

在 1840 年鸦片战争爆发后,清政府在准备签订屈辱条约的情况下,夷夏话语所展示的优越感仍然致使译者在翻译时不得不考虑对文本进行一定的改篡,英国外交大臣巴麦尊爵士(Viscount Palmerston)派人给清政府送来一份要求一系列赔偿的照会,即著名的"巴麦尊子爵致大清皇帝钦命宰相书"(Lord Palmerston to the Minister of the Emperor of China)。其开头一段是:

---

① 杨国强:《中国人的夷夏之辨与西方人的"夷夏之辨"》,2010 年 5 月 30 日《东方早报》。在十九世纪中期之后数十年里,夷夏之辨是中国社会的常谈。在中法战争之际,梁鼎芬作诗说:"东夷北狄事不回,此房穷毒手可埋。"中日战争之际,阎镜珩作诗说:"岛夷倾国至,三韩成战场。六州铁铸错,触眼惊胡氛。"无论是民间社会以白鬼、黑鬼、番鬼、红毛鬼作为西人的专称,还是官方所称的"夷""逆"或"酋",其渊源出自夷夏之辨。

② 方维规:《"夷""洋""西""外"及相关概念:晚清译词从"夷人"到"外国人"的转换》,载《新词语新概念:西学译介与晚清汉语词汇之变迁》(郎宓榭编、赵兴胜译),济南:山东画报出版社,2012,第 99–103 页。

The UNDERSIGNED, Her Britannick Majesty's Principal Secretary of State for Foreign affairs, has the honour to inform the Minister of the Emperor of China, that Her Majesty The Queen of Great Britain has sent a Naval and Military Force to the Coast of China, to demand from the Emperor **satisfaction and redress** for injuries……①

马儒翰译文：兹因官宪[林则徐]抚害本国住在中国之民人，并亵渎大英国家威仪，是以大英国主，调派水陆军师，前往中国海境，求讨皇帝**昭雪伸冤**。②

俄国东正教教士团译文：我大皇后新派水陆兵丁往大清国海边要赔偿，为英吉利国民受大清国官之委屈，及英国受污蔑。③

据史料考证，道光帝曾经御览过上述两种译文，但最终选用了马儒翰（John Morrison）的译文，并在话语策略上将应对英国侵略"由剿为主"改为"由抚为主"，原因是马儒翰的译文不但文体正式、语句通畅，尤其是其中"求皇帝昭雪伸冤"的表述，恰好契合了夷夏话语中"蛮夷小国"乞求华夏"以德怀远"的观念。马儒翰为什么这样译？主要原因是英国侵略者想获得因遭受清政府官员"伤害"所应得的"赔偿"（satisfaction and redress），因此，英国时任驻华商务总监懿律（George Elliot）授意马儒翰，在翻译时尽可能使其译文顺应清政府所习用的夷夏话语。从现代术语学来看，术语的运用关系着话语策略的成功与否，马儒翰在两国外交中把法律专业术语"赔偿"翻译为"昭雪伸冤"实现了话语策略的转变，一方面维护了清政府华夏中心主义的自我优越感，另一方面让清政府道光皇帝满足"西夷"小国的要求合乎情理。④夷夏话语体系在当时所维护的是皇清天下

---

① 清政府：《筹办夷务始末·道光朝》（文庆等编），北京：中华书局，1964年，第382页。
② 季压西等：《来华外国人与近代不平等条约》，北京：学苑出版社，2007，第509–510页。
③ 茅海建：《天朝的崩溃》，北京：三联书店，2005年，第172–173页。
④ 蒋骁华：《翻译中的西方主义——以18-19世纪中国的政治、外交文献翻译为例》，载《中国翻译》，2012年第2期，第32–37页。

大一统，而能够代表天下的，只有一个"奉天承运"的满清王朝。以"华夷之别"为基础的夷夏话语体系没有世界地理知识概念，更缺乏现代国家、民族和主权观念。

第二节　西学术语译介中的夷夏话语实践

在夷夏话语体系中，"夷"作为一个衍指符号，其真实含义往往隐藏在"字面意义"之后，衍指符号一方面表达概念本身，另一方面又使其自身隐藏起来，不具有独立的物质载体。刘禾认为衍指符号是指源语言的概念在被翻译成目的语的过程中获得的表述方式。① "夷 /i/barbarian"就是典型的衍指符号现象，这种语言现象可以让我们更为深刻地理解意义的多重性，深入思考跨语言之间的言说方式，把"夷"翻译成"barbarian"，以"夷"来言说西方的野蛮落后，而以"夷"为基础的术语一旦构成一种话语体系，用以处理涉外关系，"夷"作为一种言说方式必然会影响到国人对西方的整体认知和情感态度，这种认知和情感态度会延伸到政治、经济、文化等各个领域，因为话语具有实践性，话语实践必然影响到当时的文本生产、流通和消费，从而使许多领域的西学术语翻译都或多或少地留下夷夏话语的痕迹，这些痕迹也充分说明：作为一种话语实践，西学术语译介不得不考虑如何构建或维护夷夏话语体系，否则，要在中国社会广为接受是极为艰难的。

夷夏话语的首要表现便是其世界地理概念，中国位于世界的中央，皇帝君临四方，万邦来朝。所以，世界地理概念入华首先为夷夏观念所束缚，要突破数千年以来所形成的集体文化心理绝非易事。西学术语 globe 与"地球"的对译曾在清末中国社会引起过广泛的争论。其实，早在明末《坤舆万国全图》中，传教士利玛窦就将"地球"与拉丁文术语 globus 对译，"地球"就已经进入中国知识界的视野。② 从 15 世纪末到 16 世纪初，南欧航

---

① 刘禾：《帝国的话语政治：从近代中西冲突看现代世界秩序的形成》，北京：三联书店，2014 年，第 45 页。
② 罗其精：《中西大地形状学说考：兼谈"地球"一词进入汉语的历程》，载《吉首大学学报》，2003 年第 2 期，第 113-119 页。

海家哥伦布、达·伽马、麦哲伦以及耶稣会士们都是在"大地球形说"的基础上进行远航探险的,利玛窦也是"地球说"的信奉者和践行者。① 利玛窦在制作地图时,也运用比利时地图学派圆锥投影方法,以赤道为中线将地球分为南半球和北半球,并标出南回归线和北回归线,南极圈和北极圈,还划分了热带、温带以及寒带,并就此厘定了一批近代地理术语,如南极、北极、北极圈、南极圈、五大洲、五带、欧逻巴、利未亚洲、亚细亚、大西洋、红海、加拿大、古巴等。利玛窦还把 the Pacific Ocean 译为"宁海"。② 后来,李之藻也充分意识到"地球"这一译名与"地圆说"的关系,并在《请译西洋历法等疏》中详细论证:"天包地外,地在天中,其体皆圆,皆以三百六十度算之。"③ "地球"所持的学理基础是"地圆说",西方的"地圆说"与中国夷夏话语系统的中"天圆地方"相矛盾。所以,即使到了19世纪后期,中国知识界仍视"地球"这一概念为洪水猛兽,其根源是无法接受构成这一术语的世界地理观念。

从字面意思来看,"天圆地方"就是一个成语而已,但是,这一表述是维系中国夷夏话语系统和封建帝王体制的重要学说。早在先秦儒家经典《周礼》中就提到:"以玉作六器,以礼天地四方。"④ 如果说《周礼》中的天地四方是一种地理概念,那么《易经》中的天圆地方就成为了国家秩序和道德伦理概念。在《系辞·上》中有:"天道圜,地道方,圣王法之,所以立上下"。"天尊地卑,乾坤定矣。卑高以陈,贵贱位矣。"⑤ 由此可见,天圆地方是区别上下、尊卑和贵贱的基础。于是,在中国传统学术中,"天圆地方"说不仅是中国传统地理学说的基础,而且被赋予了特定的政治和伦理内涵,这种伦理政治的内核就是传统的"夷夏观念",即中国是居于世界中央的"泱泱大国",并以此来认知世界和处理对外经济文化交往。

尽管"地球"这一术语及其学说为守旧知识分子所抵制,其思想还是在清末中国社会打开了缺口。鸦片战争迫使清政府不得不了解西方和研究

---

① 冯天瑜:《新语探源——中西日文化互动与近代汉字术语生成》,北京:中华书局,2004年,第144页。
② 同上,第145页。
③ 徐宗泽:《明清间耶稣会士译著提要》,北京:中华书局,1949年,第254页。
④ 阮元[校刻]:《十三经注疏》,北京:中华书局,1980年,第762页。
⑤ 朱熹[注]:《周易本义》,上海:上海古籍出版社,1987年,第56页。

世界地理，这一期间涌现了很多介绍近代地理知识著作，如《四洲志》《海国图志》《海国四说》《瀛寰志略》等，比如1848年刊刻的《瀛寰志略》卷一专文介绍"地球"这一术语："地形如球，以周天度数分经、纬线，纵横画之，每一周得三百六十度，每一度得中国之二百五十公里。海得十之六有奇，土不及十之思。泰西人推算甚详，兹不赘。"①其作者徐继畬不仅借此绘制了两幅的圆形地球平面图，介绍了经度、纬度、赤道、北极、南极、北冰海、南冰海、太平海、大西洋、佛朗西、米利坚、英吉利、西班牙、亚墨利加等许多近代地理术语。

术语与普通词汇有所不同，术语是学术发展和意识形态所积淀而形成的关键词。因此，术语不但承载着一定的价值取向，而且是为特定的话语系统服务的，接受某种术语就意味着接受某种话语系统。对于清末中国知识界来说，接受"地球"这一术语就意味着接受"地圆说"，所以，知识界仍好用"坤舆""乾坤"和"世界"等传统地理术语与 earth 和 globe 对译。与明末相对开放的学术语境比较，冯天瑜认为"地球"与一系列地理术语进入中国社会，其实为近代中国吸收域外知识，为形成正确的世界观念创造了"语文条件"。但是，当时的经济、政治和社会条件限制了这些术语的接受，这些"语文条件"并未得到充分利用。②由此可见，在特定的历史和文化语境下，术语翻译作为知识加工的手段，虽然可以为目的语文化输入先进的科技知识，但是没有适宜的接受环境，其传播力和影响力极其有限。

夷夏话语的另一重要观念就是认为华夏的礼仪教化、社会文明程度远远超过周围的番邦，世界上其他国家和民族都是蛮夷小国、化外之民。这种观念在清末中国社会根深蒂固，西方资本主义国家民选的"总统"对国人来说是非常陌生的概念，因此19世纪针对西方政治术语 president 的翻译也在一定程度上刻下了夷夏话语的痕迹，翻译时采取了矮化或丑化西方的民主制度的手段，以突出西方作为"夷"的野蛮落后，把 president 翻译为"酋""酋长""大酋"；叶钟进在其写于鸦片战争前的《英吉利国夷情记略》

---

① 徐继畬：《瀛寰志略》，上海：上海书店出版社，2001年，第1页。
② 冯天瑜：《新语探源——中西日文化互动与近代汉字术语生成》，北京：中华书局，2004年，第150页。

中说,美利坚"设十二酋长以理事；酋死,复公举之"。①魏源在《海国图志》中也称美国总统为"大酋"：

二十七部酋分东、西二路,而公举**一大酋**总摄之,匪惟不世及（袭）,且不四载即受代,一变古今官家之局,而人心翕然,可不谓公乎？！②

无论是把 president 翻译为"酋",还是"酋长"和"大酋",这些译名都是夷夏话语系统中知识加工的产物,对西方文化和西方知识的表述均带有一定程度的鄙视和贬损色彩,其与当时国人称欧美人为"夷"和"番"是一致的,这种知识体系下的翻译不仅构建了"夷"的卑微,也构建了"夏"的尊荣。

类似涉及西方政治术语翻译还有 democracy, 在麦都思（Walter Medhurst）编译的《英汉词典》（*English and Chinese Dictionary*）(1847) 中, democracy 被翻译成"众人的治理""众人的国统",甚至是"多人乱管""众人的乱管"和"小民弄权"。西方民主政体的褒义词 democracy 被翻译成贬义词,并非麦都思的首创,马礼逊（Robert Morrison）在其《英华字典》（*A Dictionary of the Chinese Dictionary*）(1847) 中, 将 democracy 翻译为"既不可无人统帅亦不可多人乱管"。所以,麦都思将该术语解释性地翻译为"贱民治理",这种解释带有明显的歧视性涵义。罗存德（Wilhelm Lobscheid）在其《英华字典》（*English and Chinese Dictionary*）(1866) 中将 democracy 翻译为"民政",但又用中文将其解释为"众人管辖""百姓弄权"。直至 1902 年商务印书馆出版的《华英音韵字典集成》的解释与罗存德有所不同,除了翻译成"民政"之外,还有"百姓操权""民主之国政"。③ 在这里"弄权"终于被"操权"所替代,中性词"民主"替代了"贱民治理"。

对于欧美近代所推崇的 democracy, 为什么当时的译者采取翻译策略多是解释性翻译,且主要是贬义性的解读和译介呢？主要原因是鸦片战争

---

① 魏源：《海国图志》,长沙：岳麓出版社,2011 年,第 1452 页。
② 同上,第 1452 页。
③ 熊月之：《自由、民主、总统：晚清中国几个政治词汇的翻译》,《新词语新概念：晚清西学译介与晚清汉语词汇之变迁》（郎宓榭编、赵兴胜译）,济南：山东画报出版社,2012,第 79-80 页。

之前的中国社会根本不屑于向野蛮的西方学习，即使到了洋务运动时期，中国知识界还是坚持"论器物我不如人，论教化人不如我"的观点。即使是提倡"君民共主"的改良派思想家王韬，对西方近代资本主义民主政体也是持防范态度的，虽然游历欧美各国，王韬并不接受法国、美国等西方国家的民主制，他批评说："民为主，则法制多纷更，心志难专一。究其极，不无流弊"。① 在《重订法国志略》（1890）中，王韬以极为严厉的口吻贬斥法国革命，说读到法国历史时，不禁掩卷长叹："共和之政，其为祸之烈乃一至于斯欤？叛党恃其凶焰，敢于明目张胆而弑王，国法何在？天理安存？"② 一个"叛"字，一个"弑"字，带着极为强烈的夷夏话语的道德判断。所以，在甲午之前中国知识界都以"贱民治理""多人乱管""小民弄权"等诸多贬义译介和解读西方政治术语 democracy，因为夷夏话语体系的核心是维护清政府的封建君主专制政体。

术语所表征的是特定领域的概念，以及由这些概念构成的话语系统，术语的选择决定着话语系统的选择，晚清知识界将 democracy 译为"贱民治理""多人乱管""小民弄权"，这充分印证了福柯（Michel Foucault）的话语权力说，在每个社会，话语的制造都受到一定程序的选择、控制、组织的，这些程序的目的在于消除话语的危险。也就是说，话语从生成开始就已经不是自由的，社会对话语的生成包含着一种戒备心理，总是需要一定的程序加以改造和调整，以稳定和建构特定的话语系统。③ 所以，在夷夏话语体系掌握话语权的情况下，democracy 所主张的共和政体，其话语实践不得不顺应夷夏话语体系，译者只好将 democracy 贬义化，其目的就是通过翻译的操纵以消除话语的危险。由此可见，翻译活动既受一定话语系统的控制，同时也参与了特定话语系统的构建，话语系统对翻译的影响无处不在，话语系统随时都在影响或左右着译者的思维或行文，这就是术语翻译背后那只"看不见的手"：关于西方之野蛮的话语机制。

从本质上来看，清末西学术语译介过程中的夷夏话语现象根源于中华

---

① 谈火生：《"民主"一词在近代中国的再生》，《清史研究》，2004 年第 2 期，第 41 页。
② 同上，第 41 页。
③ [法] 福柯：《权力与话语》，武汉：华中科技大学出版社，2017 年，第 33-34 页。

文化认同理念,夷夏之辨是封建皇权的产物,是为"天下主义"服务的,可以说夷夏之辨与"天下主义"是硬币的两面,这也铸造了中国传统文化认同的双重性格,这种双重性格在不同的时代侧重点是不同的。汉唐时期侧重天下主义,中原文明具有强大的吸引力,"以夏变夷"即用中原文明改造蛮夷;宋代之后,在外患危机的历史背景下,则侧重夷夏之辨。但是,无论在什么样的历史条件下,两者之中天下主义是绝对的,是首要标准;夷夏之辨是相对的,是次要标准。① 所以,在翻译活动中最重要的责任是构建和维护"天下"的核心和权威,这是夷夏话语体系的底线,维护皇帝的权威也是翻译的底线。

第三节　从"夷"到"外"的话语演变

在清末中国社会,夷夏话语体系中"天下"是世界上唯一的、最高的政治实体,这种"天下"也是物理世界、政治世界和心理世界的三重统一体,要维持"天下"至高无上的政治地位,就必须具有强大的军事实力和强盛的综合国力,汉唐时期中国国力强盛,文治武功,邻国万邦来朝,能够维持"天下主义"的话语霸权。但是,到了鸦片战争时期,夷夏话语体系的天下主义受到前所未有的挑战,1840年6月,英国从印度、南非等各地调来军舰,炮轰珠江沿岸,马儒翰等翻译官在战火硝烟的掩护下,与清政府展开笔战。7月以后英舰北上,8月准备进攻厦门,并向中方递交《宰相书》,《宰相书》是3500余字的檄文,由马儒翰负责翻译,其开头部分是:

大英国住钦命管理外事务大臣巴麦尊,敬次照会大清国皇帝钦命宰相:
兹因官宪扰害本国住在中国之民人,及该官宪亵渎大英国家威仪,是以大英国主吊牌水陆军师,前往中国海境。夫大清、大英(原文大清、大

---

① 许记霖:《天下主义/夷夏之辨及其在近代的变异》,载《思想与方法——近代中国的文化政治与知识建构》(方维规主编),北京:北京大学出版社,2015年,第294页。

英并列）两国通商已历一百余年……大英国主与大清皇帝虽未得互相盟约，然大英国民人，全赖皇帝信实，常时赴到中国，以为经商。①

马儒翰一改英国先前与中国官方进行平等交涉的文风，先前的"英吉利"不见踪影，含有强权霸气的"大英国"理直气壮地向"大清国"发出了挑战，马儒翰精通英汉两种语言，毫无疑问，其话语策略明显经过精心思考，行文格式也是经过字斟句酌。

原文提及英国国名 Great Britain 地方只有8处，但是译文全篇使用"大英国"多达58处，其中译自形容词 British 的地方多达42处，译自 England 的地方5处，译自 Her Britanick Majesty 的地方3处。马儒翰在国名翻译上突出英国之"大"，是通过坚船利炮夺取话语权的象征。这篇译文通篇不见"天朝"这样的术语，仅仅以"大清国"命名，与清政府在"完全平等"的基础上谈判。② 所以，马儒翰将"The Queen of Britain/England""sovereign of England""Her Britanick Majesty"译为"大英国主"，以此类推，英国官员与清政府官员也可以平起平坐，英方官员加上了"钦命"，麦巴尊完全可以自称"大英国主钦命管理外事务大臣"。

道光帝在御览了《宰相书》之后，委派琦善处理双方纠纷，1840年8月至9月，琦善共发了七件照会，通过官方文书的格式和行文术语，通报英方不具"大"国之地位，文件仍然沿用康熙以来的英国译名"𠸄咭唎国"，其地位仍处于天朝之下，以下特照录文件之一部分进行详细话语分析：

天朝大学士直隶总督部堂一等侯琦为照会事。照得前日接据贵统帅回文，业将各条复行待奏，并将贵统帅回文进呈御览。惟天朝与各国通商，本质大皇帝格外施恩，凡外藩之来贸易者，稍有怨抑，务必查明惩办。上年钦差大臣未能仰体大皇帝上意，以致办理不善，现已恩准查办，定当治其重罪，

---

① 庄钦永：《四不像"大英国"：大清天朝体制下钤压下的汉译泰西国名》，载《翻译史研究（2013）》（王宏志编），上海：复旦大学出版社，2013年，第113页。
② 同上，第114页。

……

钦差大臣到彼查办,或贵国乞恩通商。据情具奏,仰邀恩准,亦未可定。贵国自当从长计较所得孰多,为此遵旨照会前去贵统帅等即行返棹南还。听候办理可也。须至照会者右照会英

𠸄咭唎国统帅

道光二十年八月十八日 ①

该照会的道光二十年八月十八日即公元1840年9月13日。如果以术语为焦点进行话语分析,该照会表明清政府虽然在战争失利的情况下仍坚持以"天朝"自居,有如下几点启示:一方面,就其官职术语的使用而言,琦善官职术语是"天朝大学士直隶总督部堂一等侯";"天朝与各国通商";称外国仍"外藩"这一术语;尽管英方懿律给琦善的照会中使用的官职术语为"大英国",但是琦善仍称其官职为"𠸄咭唎国统帅",而且在行文格式低两格,表明无论是"𠸄咭唎国",还是"𠸄咭唎国统帅",天朝是世界唯一的天朝上国。另一方面,就该照会中英双方关系所使用的术语文言,仍使用清政府命令番邦和下级的术语,比如"恩准""格外施恩""体察上意""遵旨照会""听候办理""仰邀恩准""乞恩通商";所使用的均是以上级对下级、以尊对卑的官方行文术语,一种"以德怀远"的语气,意思"𠸄咭唎"仍是"天朝"的番邦和下级。虽然说照会使用了贵国、贵统帅等礼貌性尊称,但行为表现出强烈的天朝意识,天朝仍然是上国,英国仍然是地位低微的"番邦"。

夷夏话语系统所形成的天朝意识,并非琦善作为钦差大臣的个人意志,而是整个清政府官僚体系长期以来的集体无意识。琦善迫于外交压力的情况下,不得不对懿律使用"𠸄咭唎公使大臣"这一官职术语,这一术语把英国大臣与清政府官员并置做法,相当于放弃了天朝主义,放弃了夷夏话语体系,被其他官员视为叛逆,江苏巡抚裕谦知道此事后,上疏指责:"自上年天津浙江报书,擅称'本公使大臣',而琦善等不加详察,辄以'贵

---

① 庄钦永:《四不像"大英国":大清天朝体制下钤压下的汉译泰西国名》,载《翻译史研究(2013)》(王宏志编),上海:复旦大学出版社,2013年,第118-119页。

公使大臣'称之,以致外夷市侩竟与天朝将相平行,事关国体"。① 可是,天朝主义及其夷夏话语体系在英国的坚船利炮之下,还是被攻破了。1842年7月,镇江沦陷,道光帝下诏求和,中英双方开展和谈,英方马儒翰将中文译本交给中方,中方除了要求删去"战费""赎城"等有失体面的表述之外,还要求不使用"大英国",这些要求均被英方否决,清政府只能接受"夷夫妇与大皇帝"并列的事实。

在英国成功冠以"大英"之后,欧美各国纷纷效仿,在之后与清政府签订条约时均冠以"大"字称号,法国称"大佛兰西国",连国土面积不足中国一省的丹麦也自称"大丹国"了。美国的国名在夷夏话语体系中的演变更是有趣,从1602年到1844年这两百多年间,美国由英属殖民地一跃成为全球强国之一,对美国国名的翻译也是异彩纷呈,其中有西方传教士的"亚墨利加""美理哥"和"墨利加";还有闽粤口语体的"咪唎坚""米利坚"和"弥利坚";还有林则徐、魏源等经世派所采用的"育奈士迭国""兼摄邦国"和"合省国"等译名。但是这些名称并没有多少感情色彩。从鸦片战争到《中美望厦条约》期间,美国开始加紧对中国的侵略,官方的文书中出现了与"英夷"并列的"咪夷""咪逆""咪酋"等贬义性术语;1844年《望厦条约》签订之后,the United States of America 的译名变成了"合众国"、甚至是"大合众国",到洋务运动,其译名变成了"美利坚合众国",将"美""利""坚"三个褒义汉字连用。② 这些译名的变化使天朝上国的观念和夷夏话语体系逐渐解体,清政府不得不接受其作为国际大家庭中普通一国之现实。

在晚清夷夏话语系统的关键词中,除了其他国名被冠以"大"的称号之外,至高无上的"天朝"被解构,同样,被贬义化、矮化的"夷"也在军事失败的情况下被剔除。1844年,《中美望厦条约》第30条明确要求中方在与美方的文书交往中废止"禀"字,要求中方与各国交往遵守平等原则,使用"照会"这一术语,"不得欺藐不恭,有伤公谊"。③ 到1858年,《中美

---

① 庄钦永:《四不像"大英国":大清天朝体制下钤压下的汉译泰西国名》,载《翻译史研究(2013)》(王宏志编),上海:复旦大学出版社,2013年,第120页。
② 王剑:《美国国名译法在近代中国的滥觞、嬗变与确立》,载《长安大学学报》,2012年第4期,第120页。
③ 同上,第122页。

天津条约》第 7 款再次申明并作为外交规范。同年同月签订的,《中英天津条约》第 51 款便明确要求此后中方各式外交文书,凡是涉及英国公民的地方自不得使用"夷"字。此后,西方各国列强相继效仿,通过外交途径向清政府施压,要求在涉外文书使用废止"夷""酋""逆"等相关表述。当然,这些关键术语的演变标志着夷夏话语系统的崩溃,迫使清末中国社会从数千年的天朝迷梦中自我觉醒。

概念史研究表明,"夷"字淡出历史舞台之后,逐渐被"洋"所取代,而后,"洋"又先后被"西""外"所取代。术语的演变与社会观念的演变有着不可分割的历史联系,在炮舰外交的背景下,官方和知识界逐渐打破传统,从使用具有贬义的"夷"向更靠近中性词的"洋"转变,当然"洋"字所造的术语也不免有贬义现象,比如"洋鬼子"在一定程度上体现了中国底层百姓憎恨帝国主义掠夺和压迫的社会心理。通过涉外术语翻译的比较,可以更为清晰地从概念史分析近代社会思想的变迁,比如外汉辞典中的相关表述:

表 4-1　英文 alien 和 foreigner、法语 étranger 的翻译 [①]

外文	年代	辞典	中文
foreigner（外国人）	1815—1823	马礼逊《五车韵府》	夷人、番人、番鬼
foreigner（外国人）	1844	卫三畏《英华韵府历阶》	外国人、远人、番人
alien（外籍人）	1866—1869	罗存德《英华字典》	番人、外国人、异邦人、夷人
étranger（外国人）	1891	毕利干《法汉合璧字典》	四夷、番、夷人、夷狄
alien（外籍人）	1910	颜惠庆《英华大辞典》	外国人、异邦人、远方人、不属于本国的人

由上述辞典的翻译可见,从"夷人"到"洋人",再到"外国人",这一过程并不是一个完全的自然过程。但是,无论是"夷人"这一术语的消亡,还是"外国"这一术语的形成,每个术语的使用都蕴含着一定程度的

[①] 方维规:《"夷""洋""西""外"及相关概念:晚清译词从"夷人"到"外国人"的转换》,载《新词语新概念:西学译介与晚清汉语词汇之变迁》(郎宓榭编、赵兴胜译),济南:山东画报出版社,2012 年,第 123-124 页。

价值判断和情感取向,从"夷"到"外"话语转变是不可否认的。近似的翻译还有与 diplomatic 相关的术语翻译,diplomatic 在罗存德《英华字典》(1866—1869)中翻译成"钦差总例""议政规则""朝廷钦差"等,很明显,译为"钦差"是出于夷夏话语系统翻译方式;到颜惠庆的《英华大辞典》(1910)中就变成了"外交策""外交术"和"邦交"。到 1916 年赫美玲《英汉口语官话词典》,diplomacy 被翻译成"外交手段""外交术""外交学"。①

外交文书上"夷"字可以通过战争去掉,但是作为思想观念的夷夏话语是很难在短期内改变的,所以近代世界地理概念入华的过程也是漫长的,是极其艰难的。至于与英文地理术语 globe 所对应的译名"地球"及其近代地理概念,从其开始进入汉语,到逐渐中国社会所接受,再到改变中国社会的思想观念,经历了一个漫长的历史过程。到 19 世纪 70 年代,李圭《环游地球新录》中还对地圆说表示怀疑:"地形如球,环日而行","我中华明此理者固不乏人,而不信是说者十常八九。"② 到戊戌维新时期,清末知识界接受"地圆说"的学者越来越多,夷夏话语系统中的"天圆地方"逐渐被抛弃,康有为、谭嗣同等维新派学者都极力宣扬"地圆说","地圆说"逐渐深入人心,至此,夷夏观念及其建构的话语系统才彻底解体。

到 19 世纪的最后数年中,"西"和"外"字构成的译名逐渐取代了"夷",并生成一系列相关的术语。清末中国社会对西方学术的态度亦是如此,英文 western learning 对应的汉译术语在晚清也经历了从"夷学"到"西学"再到"新学"的转变。如果说"夷学"带有贬义的话,"西学"应该是中性的术语,1896 年梁启超在制作《西学书目表》时还是用"西学"但不久就改成了《新学书目提要》。有学者指出从"夷学"到"西学"再到"新学",这种术语使用的演变体现了社会思潮的演变,所谓的"新"与"维新""新政""新民"等联系在一起,"新"与"旧"形成了对照,"旧"代表落后、腐朽、守旧;从"夷学"到"西学",再到"新学",通行术语的演变,折射了中国近代对西方学术和西方事物的情感演变过程。③ 正如夷夏话

---

① 方维规:《"夷""洋""西""外"及相关概念:晚清译词从"夷人"到"外国人"的转换》,载《新词语新概念:西学译介与晚清汉语词汇之变迁》(郎宓榭编、赵兴胜译),济南:山东画报出版社,2012 年,第 124 页。
② 李圭:《环游地球新录》,长沙:岳麓书社,2008 年,第 313 页。
③ 熊月之:《西学东渐与晚清社会》,北京:中国人民大学出版社,2011 年,第 591 页。

语的解体一样，清末中国社会对西学的接受和借鉴是不可能一蹴而就的。

小结

夷夏话语是西学在清末中国社会传播的主要障碍，也是译介西学及其概念术语所必须突破的壁垒。虽然本章所讨论的都是一些非常浅显的西学术语，但是，这些术语翻译侧面说明中国社会对西方社会及其学术文化的认知之浅薄。在清末中国社会的夷夏话语体系中，西学术语译介不可避免地受华夏中心主义的影响：一方面，术语翻译体现在以"夷"为核心，贬低西方、矮化和丑化西方的现象比较明显；在西学术语汉译时，术语翻译也以维护天朝正统为旨归，既没有现代国家意识、民族意识和主权意识，也没有世界地理概念和平等交往意识；另一方面，通过对西学术语翻译的考察有很多问题值得反思，华夏中心主义的天朝意识，盲目自大并非单纯个体现象，甚至是整个民族的集体意识。从术语翻译理论来看，术语既是构成话语体系和维护话语权的核心概念，也是知识加工和生产的媒介和手段。正是这些"浅显"的术语说明早期中国社会对西学认知之浅薄，这也充分说明中国社会要接受西学及其概念术语必须突破夷夏话语体系。从"夷"到"外"的话语转变，侧面反映了近代夷夏话语体系的崩溃，这种历史变革也为西学及其概念术语在中国社会的翻译和传播打开了缺口，思想观念的形成和演变都必须经历一个漫长的过程，这就是西学术语及其概念在中国社会译介和接受的复杂性。当然，这也是相关研究的必要性和意义之所在。

第五章 "西学中源"与清末西学术语译介

"西学中源",顾名思义,即西方的学术文化发源于中国传统学术文化,西方近代先进文化是因为借鉴了中国传统文化,而在中国文化的基础上发展起来的。在清末中国社会,尤其是19世纪下半叶,"西学中源说"在中国士大夫阶层和正在形成的知识阶层中非常流行,这种精心构思的叙事宣称,西方学术的先进性是因为去过欧洲的中国人给欧洲带去了先进的知识,还有就是西方人剽窃了中国传统学术。①"西学中源说"是中西文化在交流、接触初期产生的一种文化观,虽然这种文化观是国人在文化优越感和民族自尊心的双重作用下产生的一种不尽合理的观点。虽然"西学中源说"是一个本土文化的虚构故事,是在特定的历史条件下发生的文化事实,在中学面对西学的威胁和冲击的情况下,形成了所谓"知识源于东方"的学术思潮。②

对于"西学中源"这种学术思潮,思想界的研究可谓汗牛充栋,然而翻译界的研究却很少。在现有研究成果中,莱特（David Wright）的《翻译科学：西方化学在清末中国社会的传播》(2000)、德国汉学家朗宓榭的《新词语新概念：西学译介与晚清汉语词汇之变迁》(2012)和方维规的《思想

---

① [德]朗宓榭:《朗宓榭汉学文集》,上海:复旦大学出版社,2013年,第18页。
② 同上,第18页。

与方法》(2015)都涉及"西学中源"思潮对西学翻译的影响，①尤其是朗宓榭（2012）专题研究这种思潮对西学术语翻译的影响。有趣的是译学界对相关术语的翻译研究，主要是从翻译策略和方法来讨论翻译比附现象，并不涉及学术思潮。但是，本课题认为术语作为概念的载体，西学术语的译介必然涉及概念史，概念的存在必然有学术史、文化史和思想史价值，因此本章一方面探讨"西学中源说"的缘起和历史语境，并重点思考其对西学术语的译介和接受产生了哪些影响；另一方面将当时的西学术语译介与接受置于特定的历史语境，思考"西学中源说"对于西学的传播和中国学术近代化究竟有何积极作用，这种近代化的知识建构又有何历史局限性。

第一节 "西学中源说"的缘起与发展

当代学术研究要深入探讨"西学中源说"，就必须回顾西学东渐的历史语境，西方文化自明代大量传入时起，以徐光启和李之藻等为代表的一批明朝官员，对西学产生了浓厚的学习兴趣。徐光启具有世界意识和敏锐的科学洞察能力，在接触西方文化过程中，他意识到西方学术和学科的优势，其中有一种"格物穷理"之学，举凡世间万事万物，各种自然现象，都能通过这种学问做出充分解释。②在西学之中，数学极其重要，他认为西方象数之学，"大者为历法,为律吕"；至有形有质之物，有度有数之事，"无不赖以为用"，若不懂数学，则"诸事未可易论"。此外，西方几何学有"三至"与"三能"：其一是似"至晦"，实则"至明"，故能以其"至明"来阐明其他事物之"至晦"；其二是似"至繁"，实则"至简"，故能以其"至简"来简化其他事物之"至繁"；其三是似"至难"，实则"至易"，故能以其"至易"来化解其他事物之"至难"。如果能精通西方的几何学，则没有什么专业

---

① Wright, D. *Translating Science: the Transmission of Western Chemistry into Late Imperial China (1840-1900)*. Boston: Brill, 2000. [德]朗宓榭等编：《新词语新概念：西学译介与晚清汉语词汇之变迁》（赵兴胜译），济南：山东画报出版社，2012年；方维规：《思想与方法——近代中国的文化政治与知识建构》，北京：北京大学出版社，2015年。
② 徐光启：《徐光启集》，北京：中华书局，1963年，第66-67页。

不能精通。对于那些在几何方面有兴趣的人,则没有什么不能学好的课程。①这些论述表明,徐光启对西方科学技术优异之处已经具有充分的认知,实际上比较明确地承认"西法优于中法"。

正是基于这种认知,徐光启在上呈崇祯的《历书总目标》中提出:"欲求超胜,必先会通;会通之前,必须翻译。"②徐光启希望能通过翻译西学来借鉴西学,通过会通中西来超越西学,所以,徐光启利用各种机会推动西学在中国的传播,努力开拓西学中传的通道,为中西学术交流架构桥梁。他与利玛窦等西方传教士合作先后翻译了《同文算指》《泰西水法》《测量法义》《几何原本》等,还在借鉴西学的基础上,撰写了《农政全书》《崇祯历书》《测量异同》《勾股义》《定法平方算数》等著作。除了大量翻译科技著作之外,徐光启也注意到西方社会科学的优点,1624年,徐光启与意大利传教士毕方济合译的哲学著作《灵言蠡勺》出版,徐宗泽在其《重刊》的序言中评价道:"是书是哲学之一部分思想,非常玄奥,有有其意而未能以言达之者矣。乃徐子竟能以其玄妙之笔,清晰之思,将种种非常抽象之理,达之于书。"③徐光启、李之藻等知识分子对中学展示出强烈的反省意识,并且能以客观科学的态度认识西学、接受西学和传播西学,尤其是西方科学技术,而且身体力行,通过大量的翻译努力译介西学,遗憾的是由于各种历史因素其影响甚微。虽然他们所译介的西方先进的科学技术知识也为一些民众所接受,但对于如何看西学的先进性和中学的不足这一关键问题,当时的知识界仍然缺乏深入的反省和思考。④

明末清初的思想家黄宗羲、方以智等亦曾致力于西学传播,但是,他们对于中学和西学的关系认识存在诸多问题,仍然局限于所谓的"礼失求野",这种说法在当时学术界非常流行。黄宗羲虽然在中西天文历法造诣深厚,并有《授时历法假如》《西洋历法假如》等多部天文学巨著传世。可是,他还是坚持所谓的勾股定理乃西周数学家商高所创,勾三股四弦五

---

① 徐光启:《徐光启集》,北京:中华书局,1963年,第87页。
② 陈福康:《中国译学史》,上海:上海外语教育出版社,2011年,第43页。
③ 同上,第44页。
④ 陈卫星:《"西学中源说"与中国接受西学的初始心态》,载《兰州学刊》,2012年第11期,第12-13页。

中国早已有之，后人没有很好地继承和发扬致使"西人得以窃其传"。① 方以智在《游子六〈天径或问〉序》中认为万历年间，中西学术交流日增，以至于"脬豆合图，其理顿显。胶常见者骇以为异，不知其皆圣人之所已言也。"他还引用孔子的格言："天子失官，学在四夷。"② "礼失求野"并非黄宗羲、方以智等少数学者的观点，而是当时学术共同体的一种影响力极大的学术思潮，明末清初数学家王锡阐则从非常专业的角度深入阐释了"西学中源说"的合理性。

> 今者西历所矜胜者不过数端，畴人子弟骇于创闻，学士大夫喜其瑰异，互相夸耀，**以为古所未有，孰知此数端者悉具旧法之中而非彼所独得乎！**一曰平气定气以步中节也，旧法不有分至以授人时，四正以定日躔乎？……大约古人立一法必有一理，详于法而不著其理，理具法中，好学深思者自能力索而得之也。**西人窃取其意，岂能越其范围？**③

对于西历所论述的日月运动、交食、定节气、行星运动和授时等，在王锡阐看来都是明末清初中国历法的主要内容。虽然说当时知识界有不少学者认为西方历法在很多方面优于中方历法。但是，据王锡阐系统比较，西方历法所拥有的各种优势"悉具旧法之中"，其实在中国历法中可谓古已有之。王锡阐甚至还坚持西方历法起源于中国历法的观点，中西历法始终相互借鉴、相互影响，两者并非毫不相干、独立发展，实质上，西方历法的精髓皆是西人从中学"剽窃"而来。

在清初，这种"礼失求野"思想成为阐述中学和西学关系的主流学术思潮。康熙想通过对西学的掌握，来证明自己圣明天纵、学问日新，文治武功超越秦皇汉武，正是由于康熙的支持，使"西学中源说"从庙堂之说成为知识界的一种主流学术思潮。之后，以梅文鼎为代表的诸多文人的迎合响应，使之成为影响清初学术界的重要论说，以至于在清末中国社会有

---

① 全祖望：《梨洲先生神道碑文》，载《鲒琦亭集》卷十一，第222页。
② 方以智：《浮山文集后编（卷二）》，载《清史资料》（第6辑），北京：中华书局，1985年，第38页。
③ 王锡阐：《历策》，载《畴人传》（卷三十五）（阮元编），上海：商务印书馆，1935年，第438页。

很大影响力。由康熙颁令编写的《数理精蕴》，以官方的权威对"西学中源说"给予了肯定：

> 我朝定鼎以来，远人慕化，至者渐多，有汤若望、南怀仁、安多、闵明我，相继治理历法，间明数学，而度数之理渐加详备，然询其所自，**皆云本中土所流传**。……至于三代盛时，声教四讫，重译向风，则**书籍流传于海外者殆不一矣**？周末畴人子弟失官分散，肆经秦火，**中原之典章既多缺佚，而海外之支流反得真传，此西学之所以有本也**。①

这段文字论述观点非常明确，而且似乎有理有据，对于"西学中源说"，既有汤若望等多名传教士所构成的人证，又有天文、数学等学科知识佐证。凭借"西学中源说"，康熙及其御用文人建构了中国学术文化的宏伟蓝图，在这个新的历史阶段，"西学中源说"完善了清王朝实现皇清一统的世界观，自此中西学术交流中的重点发生了历史性转折，中国知识界从学习西学而转为捍卫中学宗源地位，这种论说确实为中国文化优越感提供了貌似"合理"的依据，而且曾经一度被乾嘉学者奉为圭臬，可以说，直至清末"西学中源说"仍然是保持民族自信和凝聚力的一种重要学术范式。

作为清代的"历算第一名家"，梅文鼎为"西学中源说"学术化以及这种学术范式的创立发挥着重要作用，他认为西方历法、代数、几何实际上起源于中国。梅文鼎认为，西方代数中的借根方法其实源于中国传统算术中的"天元一术"，其理由就是西方就将此方法命名为"东来法"。这种学术观点也得到了《四库全书总目·测圆海镜提要》的支持：

> 欧逻巴人始以借根方法进呈，圣祖仁皇帝授蒙养斋诸臣习之。梅瑴成乃悟即古立天元一法，於《赤水遗珍》中详解之。且载西名阿尔热巴拉，即华言东来法。知即冶之遗书流入西域，又转而还入中原也。今用以勘验西法，一一吻合，瑴成所说，信而有徵。②

---

① 玄烨：《数理精蕴》，台北：商务印书馆，1968年，第8页。
② 李冶：《测圆海镜》，载《四库全书》（第798册），台北：商务印书馆，1986年，第2页。

但是，英文 algebra 即上文中的"阿尔热巴达"，何以成为梅文鼎所谓"东来法"呢？英文的 algebra 起源于拉丁文的 al-jabr，该术语最早出自 9 世纪阿拉伯数学家阿尔花拉子模（Al-Khwarizmi）的代数著作，其本意就是"还原"（restoration）的意思，比如，可以将等式 $3x+5=8-3x$ "还原"为等式 $6x+5=8$。这种代数式既不涉及符号规则，也没有引进文字系数；同时方程式的两端也像天平一样平衡，不等于零。譬如，二次方程就表述成如 $x^2+6x=22$ 这样的等式；此外，求解程序也都以文字叙述。后来，再经过意大利数学家卡丹（Girolamo Cardano）接受和运用，因此，对西欧学术界而言，才形成所谓的"东来法"。可是梅文鼎将这里所指的"东方"误解为中国，从而得出西方代数知识源自东方的结论。①

进入乾嘉时代之后，知识界治学注重客观资料，即通过"兴复古学"以"昌明中法"。"西学中源说"因此成为一种主流学术范式，其地位可谓盛极一时。当时，中国知识界若论西学必须以"中源"为旨归，研究西学也必须"祖述中学"，否则会被批评为"崇西太过"，甚至为知识界主流话语所排斥。② 从黄宗羲、方以智到梅文鼎，只是针对算术和历法而言。然而，更有学者将其内容无限拓展，认为所有西学先进学科和学术思想皆出自中国，阮元就是构建"西学中源说"的代表人物之一：

元尝博观史志，综览天文算术家言，而知新法亦集合古今之长而为之，非彼中人所能独创也。如地为圆体，即曾子十篇已言之；太阳高卑，与考灵曜地有四游之说合；蒙气有差，即姜岌地有游气之论；诸曜异天，即郤萌不附天体之说。凡此之等，安知非出于中国，如借根方之本为东来法乎？③

阮元虽然承认西学的先进性，但是他始终坚持其民族文化本位的立场，因而反复强调西学源于中学，这当然是出于实用主义目的。在阮元看来，

---
① 汪晓勤：《伟烈亚力所介绍的外国数学知识》，载《中国科技史料》，2010 年第 2 期，第 165 页。
② 陈卫星：《"西学中源说"与中国接受西学的初始心态》，载《兰州学刊》2012 年第 11 期，第 15 页。
③ 阮元：《汤若望》，载《畴人传》（卷四十五）（阮元编），上海：商务印书馆，1935 年，第 588 页。

西学不过是某些方面暂时处于优势的地位，但是那些优势也是因为剽窃了中国古典学术的精华，对中学精髓加以改进并发扬光大而已。为了发扬这种学术观点，阮元还身体力行编纂了著名的《畴人传》，该书可谓索隐钩沉，极力将古代历算史料以及各学科精华荟萃于一书，并加以史料考据和详细论证，力图"客观地"展示中学对于西学的巨大贡献。在阮元看来，既然西学源自中国古典学术，那么学习西学事实上就是恢复和发扬中国古典学术。虽然说阮元的"考据"中有很多内容牵强附会，甚至违背实事求是的原则，但是其实用主义方法使"西学中源说"逐渐成为一种较为成熟的学术范式，推动了学术界主动接触和了解西学。

第二节 "西学中源"与术语的翻译比附

"西学中源说"是清末中国社会的一种重要学术范式，翻译实践作为一种学术活动，也必然受当时学术思潮和历史语境的影响，必然涉及学术范式的取向，要么服务于这种学术范式的构建，要么打破这种学术范式，重构一种新的学术范式。英语 science 之译为"格致"是清末民初学术界争议较多的术语翻译问题，也是当今学术界讨论较为关注的翻译现象。

较早将 science 翻译为"格致"的是傅兰雅，1876 年，为了传播西方科技知识，傅兰雅在上海创办了科技杂志《格致汇编》，其英文名称为 The Chinese Scientific Magazine，其办刊的主要宗旨是译介西方基础性科学知识，尤其偏重于工艺技术，并自此将"格致"与英语的 science 对译，因此"格致"一词形成了更为明确的定义。在方法上，所谓的格致之学即通过各种测试和辩论得出"绳束万物之条理"，因此强调通过观看和试验"以求物理"。[①]在内容上，知识学习的目的不仅仅是识别名物，"必深究夫物之始终"，以求掌握其规律："若何其变也，若何其合也，若何其离也"，要求能够洞察事物及其本质规律，然后在实践中加以详细分析、推演、归纳，此之谓格，

---

① 王扬宗：《赫胥黎〈科学导论〉的两个中译本：兼论清末科学译著的准确性》，载《中国科技史料》，2000 年第 3 期，第 211 页。

此之谓致,"非然者能识物,而不能用物,纵夸博学,无补于事"。① 傅兰雅对格致的界定不仅包含了科学知识,还包含了现代科学方法,即运用实验、逻辑分析,揭示自然规律,并付诸实用,其概念基本具备西方近代科学的基本特征,当然带有明显的科学实验特点,也有一定的实用主义倾向。

"格致"本为"格物致知"之简化性术语,该术语出自《大学》,程朱理学将"格致"与《易经》的"穷理尽性"嫁接,并就此提出"格物穷理"的认识论。其实质就是企图通过对外在事物的探索来发现和认识其中的"理",亦即中国文化所说的"天道"。于是,明末耶稣会士以"格物穷理"为桥梁,借鉴"西学中源"范式,将西学嫁接在中国古典学术之上,逐渐发展形成一种融合西学、附属经学的学术:格致学。事实上,由于中学在"格物穷理"方面的局限性,徐光启等人早就提出了用西洋科学补充中国科技的论点。他们认为中国上古科学曾经非常发达,但是由于秦始皇焚书坑儒而失传,后人任意揣摩,不得其法,因此明末中国历算等格物之学不及西学,而西方"格物穷理"之学恰好可补中学之不足。徐光启明言其翻译《几何原本》(1607)是为了"补缀唐虞三代之阙典疑义"②。通过"西学中源"这种学术范式,这种巧妙的"嫁接"将近代西学与中学整合,傅兰雅等也继承和发扬了这种学术范式的优点,通过翻译比附而形成近代格致学。近代格致学可以理解为对于世界万物之规律的发现、考证和研究,并由此而形成系统的知识体系。格致学的研究范畴极其广泛,可以说凡天地间之万物,性、命、心、事、器、天地,乃至家国天下皆是其所研究对象。③

将 science 翻译为"格致"并非傅兰雅的首创,傅兰雅不过是在先前的翻译基础上,将这一概念进一步系统化为"格致学"。其实,王韬与艾

---

① 林乐知:《记上海创设格致书院》,载《万国公报》,1874-10-10,(306)。
② 王扬宗:《"西学中源"说在明清之际的由来及其演变》,载《大陆杂志》,1995年第6期。关于借鉴西学之"格物穷理"的优点,明末有很多学者持徐光启类似的观点,熊明遇在《表度说》序言中提到:"西域欧逻巴人四泛大海,周遭地轮,上窥玄象,下采风谣,汇合成书,确然理解。仲尼问官于郯子曰'天子失官,学在四夷',其语犹信。"许胥臣为《西学凡》作"小引"时也认为:"礼失而求于野,读《西学凡》,而学先格致,教黜空虚。吾亦取其有合于古圣之教而已。"熊明遇和许胥臣都以"西学中源"为依据,坚持认为"格物穷理"的学术精神在中国其实古已有之,因此,借鉴西学的"格物穷理"的精神不过是将中学优秀传统学术发扬光大而已。
③ 张帆:《近代"格致学"的传播与辨义》,载《学术研究》,2017年第10期,第100页。

约瑟（Joseph Edkins）在1853年至1858年间合作翻译西学时就使用"格致"译science，并提到其所译格致新学，凡涉及象纬、历数、格致、机器，如果能得出新的理论，或者有新的发现，必加以详细记录，"其始既成一卷，分附于《中西通书》之后"。①1866年，丁韪良出版了其译著《格物入门》，该书名对应的英文术语是"natural philosophy"，内容仅涉及化学、算学、水学、火学、电学、气学、力学等7卷。当然，王韬和丁韪良的翻译还没有达到傅兰雅的格致学之高度，其"格致"仍局限于自然科学。到1886年艾约瑟译《格致总学启蒙》时，书中的"格致"，上卷论哲学、中卷论自然之物、下卷论心理学，其"格致"与西方的science的概念基本对应，成为"学术总和"。

当然，依据"西学中源说"所形成的译名，其翻译比附通常牵强附会，不免为后人所诟病和批判。1903年，章太炎撰文表达其学术观点，认为近代术语翻译多名不符实，概念极不准确，其中"最可嗤鄙者，则有格致二字。"格致实质上就是日本的物理学，中国知识界以《礼记·大学》中"格物致知"一词，去"附会西方声光电化有机无机诸学"，不过是"一孔小儒"而已。②自以为西学之精华中国古已有之，而其实偏离事实真相。从现代术语学来看，章太炎虽然已经认识到该术语翻译的准确性问题，但是他缺少术语史、概念史和思想史的深度考查，不过他至少意识到"格致"一词已经无法适应当时学术发展的需要了。1905年，清政府取消了科举制，采纳西方近代学制，"格致"这一传统术语更是迅速地走向消亡，其概念流变无疑是近代中国学术转型中的一个缩影。

在晚清翻译史上，知识界把mechanics翻译"重学"，而不是更为准确的力学，是因为"重学"是当时知识界通用的标准术语，这种翻译也是"西学中源说"的产物。1859年，李善兰在其所译的《重学》序言中，将mechanics这一机械学科术语译为"重学"：

原文：Mechanics is a science which treats of the motion and rest of bodies

---

① 王冰：《明清时代(1610–1910)物理学译著书目考》，载《中国科技史料》，1986年第5期，第3–20页。
② 张帆：《近代"格致学"的传播与辨义》，载《学术研究》，2017年第10期，第9页。

as produced by Force. The science of Mechanics is divided into two parts: Statics and Dynamics. Statics, which treats of forces in equilibrium; Dynamics, which treats of forces producing motion.①

译文：重学者，权衡之学也，重学分二科：一曰静重学，凡以小重测大重，如衡之类，静重也；凡以小力引大重，如盘车、辘轳之类，静重学也。一曰动重学，推其暂，如飞炮击敌，动重学也；推其久，如五星绕太阳，月绕地，动重学也。②

李善兰采用本土话语对"重学"重新定义和解释，这种话语策略当然便于中国读者理解和接受，其原文为胡威立（William Whewell）所著的《初等力学教程》，英文书名为 An Elementary Treatise on Mechanics。李善兰的翻译巧妙地结合中国传统学术的"度量概念"，将"重学"与中国古典的"权衡之学"嫁接，于是进一步将 statics 译为"静重学"，将 dynamics 译为"动重学"，从而形成具有鲜明本土特色的学术话语和术语体系。1857 年，伦敦会传教士在上海墨海书馆出版的《六合丛谈》在很大程度上极力译介西方力学，并且称 mechanics 为"穷竭其力，善其事理"之学，③但还是把 mechanics 翻译成"重学"。

为什么李善兰和当时的传教士用"重学"来翻译 mechanics 呢？李善兰在《重学》的序言中提到：西士艾曰瑟语余：君知重学否？余曰：何谓重学？曰：几何者，度量值学也；重学者，权衡之学也。④李善兰翻译的"重学"与《远西奇器图说》中的"重心"这一术语有密切的联系，"重心"是《奇器图说》的重要组成部分，也是《重学》的核心术语之一。《奇器图说》涉及一些简易的机械学科术语的翻译，如用"斜面"翻译 inclined plane；用"杠杆"翻译 lever 等，这些术语的翻译都涉及"重心"。《奇器图说》由德国传教士邓玉函（Jean Terrenz）口译、王徵笔述绘图，发行于 1627 年。

---

① Whewell, W. *An Elementary Treatise on Mechanics*. Cambridge: Deighton's, 1847. P5.
② 聂馥玲：《晚清经典力学的传入》，济南：山东教育出版社，2013 年，第 49 页。
③ [英]伟烈亚力：《六合丛谈小引》，载《六合丛谈》，1857 年，转引自阿梅龙：《重与力：晚清对西方力学的接纳》，载《新词语新概念：西学译介与晚清汉语词汇之变迁》（郎宓榭编，赵兴胜译），济南：山东画报出版社，2011 年，第 207 页。
④ 李善兰、艾约瑟译：《重学·序言》，上海：墨海书馆，1867 年，第 1 页。

该书是第一部系统地以中文介绍西方力学的专著。在该书的开头就说:"《奇器图说》译自西洋文字而作者也,西洋凡学各有本名,此学本命原是力艺。"在此基础上,还进一步阐述了力学的性质:

> 力是气力、力量,如人力、马力、水力、风力之类;又用力,如力之谓,如用人力、用马力、用水风之力类。艺则用力之巧法巧器,所以善其用力、轻省其力之总名也。重学者,学乃公称,重则私号,盖文学、理学、算学之类,俱以学称,故曰公;而此力艺之学,其取义本专属重,故独私号之曰重学。①

从以上论述可以看出,邓玉函和王徵在给 mechanics 翻译命名时,其实是非常矛盾的,从学理来看命名为与"力"相关的术语应该更为准确,作者首先阐明这一学科本来的名称是"力艺",然后以"力"为核心术语阐明力学现象、力学原理,并总结说"力"是"总名"。但是,邓玉函和王徵最后给这一学科进行命名时还是确定为"重学",而不是"力学"。

德国学者阿梅龙(Iwo Amelung)发现,在19世纪80年代之前,中国科技界普遍以"重学"与 mechanics 对译,而没有使用概念更为准确的"力学",是因为这一译名更契合中国传统知识体系。② 当时"西学中源"作为一种主流学术范式,除了被应用于天文、数学等领域之外,也被广泛应用于力学领域,这也是《奇器图说》在当时被广为接受的重要原因之一。阮元(1764—1849)用自鸣钟原理解释了力学原理,而这也是 mechanics 译为"重学"的原因:

> 自鸣钟来自西洋,其制出于古之刻漏……**西洋之制器也,其精者曰重学。重学者,以轻重为学术,凡琪琪皆出乎此。**而其作重学以为用者,曰输,曰螺。是以自鸣钟之理则重学也,其用则轮也螺也。古漏壶盛水,因漏滴水,水乃暂减,遂以为轮之转,是水由重而减为轻也……**综其理,皆由重以减轻,**

---

① 邓玉函、王徵:《远西奇器图说录最》,载《中国科学技术典籍同汇·技术卷》(任继愈编),郑州:河南教育出版社,1993年,第610页。
② [德]阿梅龙:《重与力:晚清对西方力学的接纳》,载《新词语新概念:西学译介与晚清汉语词汇之变迁》(郎宓榭等编,赵兴胜译),济南:山东画报出版社,2011年,第220页。

故曰重学也。此乃古刻漏之遗，非西洋所能创也。①

此处阮元使用了"重学"这一术语，阮元简单地将"重学"理解为由重至轻削减的原理，所以他认为用"重学"表述西方的科技术语 mechanics 是合适的，而且阮元也使用了"力艺"一词，其文章后来也被认为是西方力学源于中国的依据。作为"中国力学编纂史的奠基人"，邹伯奇在论述力学起源时，也将《墨子》的《经》《经说》和《奇器图说》作为中国早期力学的明证。②

由此可见，西方科技术语 mechanics 在中国翻译为"重学"，其涵义远远脱离了西学语境的原始含义，甚至远远超出了汉语语素的本义。这种超越和偏离从翻译本身来看，是不忠实的翻译，但是从译介学来看，术语翻译过程中的"西学中源"现象使术语翻译问题更加复杂化、问题化，我们至少可以说，术语翻译者参与了中国学术思想近代化过程，译者既是学术思想的传承者，也是学术进步的推动者。

"西学中源说"除了影响西学术语翻译，使其概念发生变形之外，也促使术语翻译参与本土学术的构建。近代政治家谭嗣同把西方化学术语 ether（乙醚）翻译成"以太"就可以充分说明术语翻译的功用。谭嗣同把古代中国社会的规则视为西方科学的先驱和西方的政治典范，"以太"的特点是"无形、无维、至大、至精微"，是与其他 64 种"原质"不同的化学物质：

就其本原而言，固然其无性，明矣；彼动植物之异性，为自性尔乎？抑无质点之位置与分剂有不同耳。质点不出乎六十四种之原质，某原质与原质化合则成某物之性；析而与他原质化合，或增某原质，减某原质，则

---

① 阮元：《研经室集》，台北：世界书局，1964 年，649–650 页。
② 墨子学派对于力学研究，达到了当时世界较高的水平。《经上》说："力，形之所以奋也"，就是说力是物体运动变化的原因，其实质就是牛顿第二定律。墨子学派对于加速度也有论述，实际上，所谓"奋"就是变速运动。《经下》在论述船车时，说"上者愈得，下者愈亡"，"上者愈丧，下者愈得"，这些论述都含有加速度原理。《经说上》："力，重之谓下，举重奋也。"这论述的是物体下降的引力现象，所以有不少学者认为墨子是早期引力学说者。

又成一某物之性；既同数原质化合，而多寡主佐之少殊，又成一某物之性。①

这一段文字基本上还是从化学属性去论述ether的特征，谭嗣同论述了ether与其他化学"原质"的不同属性，即其无色、易挥发的特异性，还论述了原子数量、化学反应、化合物等，这些论述基本符合西方近代化学原理。

但是，谭嗣同对西学术语的译介，其主要目标并不是为了传播西方近代化学思想，而是通过译介西方科技比附其《仁学》所主张"民权""民治"和"自治"的政治理念。对于ether易挥发的特点，谭嗣同引用王夫之对《易经》的评述来解释："有无者，聚散也，非生灭也。王船山之说《易》，谓：一卦有十二爻，半隐半显。故《大易》不言有无，隐显也。"② 此外，谭嗣同还用中国传统的道德和宗教术语来比附ether的特性，最关键的是"以太"与"仁"的联系，因为"仁"既是儒家学说的核心术语，也是谭嗣同的"仁学"的关键词。所以，ether其实是与佛教中的"慈悲"、墨家的"兼爱"、基督教的"爱人如己"相联系的，谭嗣同将ether解释为"遍法界、虚空界、众生界"的原始建筑材料：

是普遍法界、虚空界、众生界，有至大指精微，无所不胶黏、不贯洽、不筦络而充满之一物焉。目不得而色，耳不得而声，口鼻不得而臭味，无以名之，名之曰："以太"其显于用也，为浪、为力、为质点、为脑气。法界由是生，虚空由是立，众生由是出。无形焉，而为万物之所丽；无心焉，而为万物之所感，精而言之，夫曰"仁"。③

通过"以太"这一翻译术语，谭嗣同不仅把中国传统学术与西方近代学术联系起来，还把自然科学话语与哲学社科话语联系起来，甚至儒家

---

① 谭嗣同：《仁学》，载《谭嗣同全集》（蔡尚思等编），北京：中华书局，1981年，第306页。
② 同上，第307–308页。
③ 同上，第306页。

话语、佛教话语以及基督教话语融合一体。① 从现代学术来看，谭嗣同对 ether 的译介，用的是唯物论的方法，解释的目标是唯心论的观念，显然是自相矛盾的。这种学术观点与其所主张的"西学中源"不无关系，在"论今日西学与中国古学"演讲中特别强调："盖举近来所谓新学新理者，无一不萌芽于是，以此见吾圣教之精微博大，为中外所不能越。"还说，不将西学"取而还之中国"，可谓"数典忘祖矣"。② 这可以足见其受"西学中学说"的影响之深。③

谭嗣同在其《仁学》的论述中，涉及原子、重力、向心力、光波、化学元素等很多西学术语，在对这些术语的解释中，参考了物理学、化学等方面的知识理论，还涉及解剖学知识，如神经、大脑等；甚至还涉及天文学问题，如地球轨道、宇宙结构等，④ 他杂糅儒、释、道、墨各家和西方资产阶级自然科学、社会政治经济学说等各种话语和术语，从而形成了其"仁学"的哲学思想体系，其主张的自由和平等思想，在一定程度上为戊戌变法奠定了思想基础。

第三节 "西学中源"与术语译介的话语策略

翻译研究的文化转向之后，翻译研究尤其是后现代翻译理论不再把翻译作为单纯的语言转换，而是把翻译与语言、阶层和民族等各种价值取向

---

① 谭嗣同用佛学解读西学，并持西学源于佛学的观点，与其所处的学术背景和历史背景有不可分割的联系。面对西方世界的国富民强，学术发达，包括谭嗣同等新学倡导者深感华夏"百事不如人"，这冲击着他们对传统文化的自信心，但在内心深处又对于这个传统颇为依恋。于是希望从传统文化中寻找资源以迎合西学之冲击，从而取得学理和心理上的优势。佛学比如说华严宗注重哲学思辨，当时不少知识分子觉得，佛学传统与西方的哲学、科学相比较，不仅在方法论上毫无逊色，世界观上更为西学所不及。所以，谭嗣同《仁学》中"西学源于佛学"的观点，也是这种文化心态的反应。
② 谭嗣同：《论今日西学与中国古学》，载《谭嗣同全集》（蔡尚思等编），北京：中华书局，1981年，第306页。
③ 对于谭嗣同的"西学中源论"，马克锋（1988）、汤奇学（1988）、陶飞亚（1987）等论者在论述中源西流思潮时都认为谭嗣同早年受"西学中源说"影响很深。
④ [德]谢弗：《谭嗣同思想中的自然科学、物理学与形而上学》，载《新词语新概念：西学译介与晚清汉语词汇之变迁》（郎宓榭编，赵兴胜译），济南：山东画报出版社，2011年，第278页。

联系起来,美国当代翻译理论家劳伦斯·韦努蒂(Lawrence Venuti)发现,翻译对于文化身份构建可以发挥极其重要的作用,因为翻译不仅可以在本土文化中构建异域文化的形象,同时也参与了本土文化身份的塑造。① 此外,翻译史也揭示了一些本土文化项目,这些项目凭借翻译文本旨在促成本土身份的构建,所以翻译有助于本土话语的建构,就不可避免地"被用来支持雄心勃勃的文化建设",尤其有助于本土语言和文化的发展,而这些文化项目总是促成了"与特定社会集团、阶级与民族一致的文化身份的塑造。"②

对于"西学中源"影响下的各种西学术语汉译现象,如果用韦努蒂的文化身份构建论来解释,近代术语翻译不仅构建了西学和西方文化,也参与了中学和中国文化的构建。术语翻译之所以在近代社会进程中非常重要,是因为翻译有助于中国本土学术话语的建构,并促进了中国近代学术思想演进。于是,术语翻译被近代知识界用来支持"西学中源"等各种学术思潮,这些学术思潮在当时中国社会阶层和民族的文化身份塑造中发挥着重要作用,这也是术语翻译价值之所在,这种认识对于我们重新认识和反思"西学中源说"有许多非常重要的启示,"西学中源"不再是一个贬义术语,"西学中源"思潮至少可以说是中国近代学术思想演进的一个必然阶段,那么,在中国近代学术史上,这种学术思潮对术语翻译的影响是不可低估的。

在"西学中源说"的学术范式下,清末中国在学习西方科学时,依然以西方科学是否符合中学传统价值作为标准。这种"西学中源"的心态必然影响晚清知识界术语翻译的心态。面对新的科技的术语,到了洋务运动时期,清末中国知识界将"西学中源"作为一种话语策略,以中国社会普通大众乐于接受的方式来翻译和解读西学,这种话语策略不仅历史悠久,而且影响深远,甚至到洋务运动后期仍颇有影响力。1890年,李鸿章在上海的格致书院出了一个有关化学元素术语的考题:诸生宣究化学有年,能确指化学之某质即中国之某物,并详陈其中西之体用欤?其目的是为了考查考生对西方化学术语及其概念的了解程度,并借此观察考生对中西学术

---

① 韦努蒂:《翻译与文化身份的塑造》,载《语言与翻译的政治》(许宝强、袁伟编),北京:中央编译出版社,2001年,第370页。
② 同上,第372页。

关系的理解：

> **其实化学中之质，中国虽不能尽有而究之，有为中国显有者，有为中国隐有者**，其隐与显虽殊，而其有则一也。故化学中国常有之物也。请详陈之。曷言乎，化学之质有为中国显有者也，西人译书定名之始，凡中国古有之物皆仍之，无则始创为新名。故化学中之硫即中国之硫黄也。……绿气即所谓黄绿之气；弗气即所谓毒恶之气，此数质人人知其为化学之质，**即人人知其为中国之物，初无所隐晦，初无所难知也，此皆中国显有之物也。**①

从获奖考生的解答即可以看出晚清社会学习西方科学的心态，"西学中源"的心态在文中不言而喻，将西方近代化学元素分为两类，"中国显有"和"中国隐有"，其实，西方近代化学中的"弗气"（fluorine）与"毒气"不能划等号。至于"绿气"（chlorine）的制作，1851年英国科学家瓦特用直流电通过氯化钠水溶液电解产生，这种制作氯气的制作过程，及其近代化学反应原理：$2NaCl+2H_2O = 2NaOH+H_2\uparrow +Cl_2\uparrow$，岂能用"黄绿之气"就能说明这是"中国隐有"？

在当时国人对西学化学认知比较肤浅的情况下，译者在术语翻译的话语策略上倾向于用中文已有的术语翻译西方化学元素术语，用中学传统知识比附西方近代学术思想。由此可见，很多自然科学术语都来自于中文典籍，在这种学术范式之下，国人便会误以为西方自然科学知识在中文典籍中古已有之。这充分印证了韦努蒂关于翻译与学术范式的认识，翻译可以维护各学科专业中的主流概念范式，也可以修正这些概念范式，无论这些概念属于何种学科专业，主流概念范式对翻译的影响不仅体现在译文、译文的话语策略方面，还体现在译文的出版、评论、讲授方式等方面。所有这些因素都使得翻译成为一种文化政治活动，使翻译打上意识形态的烙印，

---

① 王韬：《格致书院课艺》，上海：图书集成印书局，1898年，转引自张澔：《傅兰雅的化学翻译的原则和理念》，载《中国科技史料》，2000年第4期，第302页。

要么支持或逾越目的语文化的价值观和学术范式。① 在韦努蒂看来，作为学术活动的翻译，译者只有两种选择：要么顺从学术范式，或者打破学术范式的限制，要么顺从目的语话语和学术体制，要么逾越目的语话语和学术体制。学术范式具有一种无形的强大力量，任何学科都无法避免学术范式的影响，学术范式可以通过著作出版、学术评论、课程教学等多种手段来实施，所以学术范式会影响译者的选材、话语策略、读者的接受，这种学术翻译也是一种文化政治活动，甚至可以说打上了意识形态的烙印。

由此来看，"西学中源"作为一种学术范式，具备一种强大的学术力量，甚至可以是一种文化政治力量，这种力量也体现在学科体制、学术评论、教学活动等微观层面，清末中国社会政治精英如李鸿章，学术界精英如格致书院的考生和译者，都无法避免其影响，因此，至于oxygen翻译成"养气"、hydrogen翻译成"轻气"、fluorine翻译成"弗气"等现象，甚至化学元素术语翻译附会"西学中源"实在不足为奇，毕竟在当时的清末中国社会这是能有效推进西学东渐的手段，甚至可以说是具有高度实用性和可行性的"话语策略"。

首先，在西学东渐初期，从西学术语翻译的接受来看，"西学中源"作为话语策略，明确了中西学术的关系，在理论上使西学成为中学的一部分，使中学与异质文化的西学接触和交流成为可能，事实上有利于异质的西方文化在中国的传播和接受。"西学中源说"使近代中国社会意识到中学与西学是可以相互交流、相互融合以及相互发展的。从其话语策略来看，既然西学和中学同宗同源，那么中学与西学不应该相互排斥，中国传统学术既能传到西方，为西方学术所吸收，成为西学的历史和文化渊源之所在，那么中学汲取西学精华以发展中学，这无疑是合乎情理的事情。为了证明学习西学的必要性，李鸿章曾这样写道：

中术四元之学，阐明于道光十年前后，而西人代数之新法，近日译出于上海，显然脱胎四元，竭其智慧不出中国之范围，已可概见。特其制造之巧，得于西方金行之性，又专精推算，发为新奇，遂几于不可及。中国

---

① Venuti, L. Translator's Invisibility: A *History of Translation*. London: Routledge, 2008. P19.

亦务求实用,焉往不学?①

在论述学习西学的重要性时,对于algebra的这一术语李鸿章采用了梅文鼎的"东方法"作为译名,说明西方所谓"代数术"其实来自中学。这种话语策略可以用"西学中源"来避免统治阶级中顽固派对"采西学"进行攻击,这确实具有一定的现实意义。此外,需要强调的是,"西学中源"的学理虽然牵强附会,然而作为一种话语策略,可以排除顽固势力对借鉴西学的阻力,促使中国知识界把眼光投向西学,并借鉴其精华和优势。

其次,作为话语策略,"西学中源说"迎合了近代中国知识界的文化复古心理,有利于促进清末中国社会对西学的接受,术语翻译采用比附的手段可以使国人在学习西方学术的同时,引导国人认识到传统文化的优越性,也有利于激活中华传统学术的科学精神和增强中华民族自信。在话语策略上,"西学中源"将西学与中学相比附,就必须找出中学与西学的相通点,从而促使传统文化遗产再次成为知识界的焦点。诸如《易经》《周髀算经》《淮南子》等文化典籍,因其包含有较多的科技思想,在清末中国社会也自然而然成为知识界用以论证西学中源的依据。近代力学先驱邹伯奇也把"重学"作为mechanics的译名,为了解释西方力学原理,邹伯奇以墨子《经说》介绍中国早期的力学思想,并以邓玉函的《奇器图说》和南怀仁的《灵台仪象图志》依据,以西方传教士的著作为佐证,并以滑轮和杠杆等力学现象的案例,说明西方力学在中国古已有之,其结论就是重学的实质就是"举重若轻","然其大旨,亦见墨子"。②

毋庸置疑,"西学中源"作为话语策略,成功地推动了西学术语及其概念在晚清中国社会的接受,使久被冷落的《墨子》《易经》等中华经典重新风行一时,中国传统学术虽然重人文和道德价值,但事实上其学术传统也一直没有脱离科学,清代中国知识界兴起的考证学思潮,讲究博文强学、求真致用,注重引证文献资料、数据搜集,这种传统也使中国知识界在天文学、数学和光学领域取得一些重要成就,早期的西学翻译与其说是

---

① 李鸿章:《同治四年四月八日奏总理各国事务衙门函》,载《海防档·机器局》(中央研究院近代史研究所编),台北:台北艺文印书馆,1957年,第14页。
② 徐世昌:《清儒学案画》,北京:中国书店,1990年,第42页。

为了"从整体上引进西方新思想,毋宁说是为复兴和激活中国的科学传统"。[①] 中学的传统经典尤其是科技经典在民族文化危机面前再一次复兴,中学传统的科学精神在西方学术的刺激下被充分地激活。尽管"西学中源"说的比附不符合现代科学精神,其中许多内容甚至或凭空臆测,或随意杜撰。但是,通过西学术语的翻译比附,把知识界的关注焦点转向中国古代文化经典,对于处于文化危机语境下的近代知识分子来说,这无疑是一种精神鼓舞,客观上也有利于继承和复活传统学术的科学精神。当然,"西学中源"作为话语策略是一把双刃剑,以"中源"为价值取向的术语翻译,用中学传统经典附会西方近代学术,也助长了国人骄狂自大的文化心理,其复兴中学传统的初衷在客观上也束缚着西学在近代中国的传播。

小结

翻译不可能在真空中产生,西学术语的译介与接受更是无法脱离学术语境的影响。"西学中源说"曾经一度成为清末中国社会的主流学术思潮,当时的西学翻译不可避免地受这种学术思潮的影响,西学术语汉译也在很大程度上留下了这种学术思潮的历史痕迹。术语既是承载科学知识的语言媒介,也是知识生产和知识加工的手段。对于近代术语译介与接受过程中的"西学中源"现象,如果从知识加工的角度来审视,当时中国学术远远落后于西方近代学术,知识界在话语策略上以中国古代学术比附西方学术,促进了西学术语及其学术思潮在中国的接受,此外,这种比附也在一定程度上有助于复兴中国古典学术,有助于中国社会在西学的冲击下保持对中学传统的文化自信。对于术语翻译研究本身而言,晚清西学术语汉译中的"西学中源"现象说明术语翻译也受学术取向的影响,近代译者在西学术语汉译时必须面对价值取向的冲突,究竟是认同现代学术,还是认同传统学术?究竟是认同中国学术,还是认同西方学术?术语翻译中的比附与"西学中源"说都是这种冲突和矛盾的产物。无论是从历史主义的角度来看,还是从实用主义的角度来看,"西学中源"作为话语策略在中西学术接触

[①] Wright, D. *Translating Science: the Transmission of Western Chemistry into Late Imperial China*. Boston: Brill, 2000. P24.

的早期有其必然性和积极的一面。当然,"西学中源"的历史局限性也是非常明显的,这也注定了"西学中源"将被新的进步学术思潮所淹没。

第三部分
西学术语译介的两大杰出翻译家

第六章　中西交流与傅兰雅科技术语翻译观

傅兰雅（John Fryer，1839—1928），为清末来华英国传教士，是继利玛窦之后西学东渐的代表性人物。1860年，傅兰雅从伦敦海伯雷师范学院毕业之后，来到中国执教英语。1868年，傅兰雅赴江南制造局，担任翻译馆译员，从此开启了其翻译生涯。1875年，傅兰雅参与了上海格致书院的创办，此后，又创办了中国第一份近代科技期刊《格致汇编》。该刊以通俗的语言译介西方近代科技知识，是清末中国社会最有影响的杂志之一。1885年，傅兰雅还创办了中国近代史上第一家科技书店——格致书室，所推销的科技译著达百种之多。傅兰雅一生致力于近代中国的西学东渐事业，先后翻译了126种西学书籍，其中《决疑数学》是第一部译介概率论的著作，《电学》是介绍声学和电学知识的最早译著，《化学鉴原》是最早的无机化学译著之一，《化学鉴原续编》是第一部介绍有机化学的中译本，傅兰雅还翻译了《医药大成》《法律医学》等医药学著作。

傅兰雅是洋务运动时期的杰出科技翻译家，也是当时翻译思想界的杰出代表，其译书之多，涉及学科领域之广，堪称中外学者中的第一人，被誉为西学传播大师。近年来，关于傅兰雅的研究越来越多，尤其是出现了多部博士论文，如王红霞的《傅兰雅的西书中译事业》（2006）、夏晶的《晚清科技术语翻译——以傅兰雅为中心》（2012）、龚昊的《传科学的传教士——傅兰雅与中西文化交流》(2013)等,① 论文有孙邦华(2006)、文月娥(2017/2018)、黎昌抱(2019)等,② 这些现象都表明傅兰雅翻译思想的研究也越来越多。傅兰雅研究之所以能成为热点,仅仅是因为其西籍汉译的杰出成就吗?作为一位外来翻译家,其翻译思想究竟有何与众不同之处?其术语翻译思想究竟有何当代价值?

第一节 傅兰雅的汉语语言观

"术语学"通常指"特定领域的词汇研究",因此,科技术语研究与科技词汇学的研究对象和范畴大致相同。无论是在自然科学领域,还是在社会科学领域,每个领域都无法避免学术偏见和学术争论,汉语术语研究也不例外。在清末中国社会,中外科技史学界就汉语术语问题曾经展开过广泛的论争,亦不乏学术偏见。中国近代科技为什么落后于西方?李约瑟等学者认为语言可能影响中国社会的科技发展,但不是决定因素。在李约瑟看来,中国封闭的特殊地理环境是造成中国科技落后于西方的主要原因,因为地理因素决定着经济和社会形式,因而决定着科技的发展。但是,近代以来一直有不少学者认为"汉语及其书写系统阻碍了对外语词汇的翻译",外语科技术语承载着现代概念和思想,汉语先天的缺陷致使其无法表达现代科技概念。③

1995年,澳大利亚科技史学者史家洛(Morris Low)在论述东亚科学技术近代化时,是这样评论中日术语差异与国家近代化的关系:

---

① 参见王红霞:《傅兰雅的西书中译事业》,复旦大学博士论文,2006年;夏晶:《晚清科技术语翻译——以傅兰雅为中心》,武汉大学博士论文,2011年;龚昊:《传科学的传教士——傅兰雅与中西文化交流》,中国社会科学院博士论文,2013年。
② 参见孙邦华:《论傅兰雅在西学汉译中的杰出贡献》,载《语言学研究》,2006年第4期;文月娥:《傅兰雅的汉语语言观及其当代价值》,载《国际汉学》,2017年第3期;文月娥:《傅兰雅的科技术语音译观探析》,载《东方翻译》,2018年第1期;黎昌抱、杨利芳:《试析傅兰雅科技翻译对近代科学术语译名规范化的贡献》,载《上海翻译》,2018年第3期。
③ [法]艾乐桐:《汉语术语:论偏见》,载《新词语新概念:西学译介与晚清汉语词汇之变迁》(郎宓榭编,赵兴胜译),济南:山东画报出版社,2011年,第207页。

里尔顿·安德森（J. Reardon-Anderson）所著的《变化的研究：化学在中国》(*The Study of Change: Chemistry in China*)，考察了语言障碍与科学概念化的相关问题不仅延缓化学学科的普及，也延缓了其他学科的传播。安德森表示，日语术语使得汉语开始顺应西方科技的发展……语言的作用让人们明白日本为什么成功，而中国为什么失败。①

里尔顿·安德森把近代中国学术上落后于日本，中国化学以及其他学科传播和普及程度速度缓慢的原因归结为中国语言文字的问题。这种"语言决定论"的形成主要基于当时西学翻译的两大难题：首先，当时西方汉学家和传教士要读懂汉语已经殊非易事，而要熟练运用汉语更是难上加难；其次，清末中国社会没有凭借本身诞生出具有原创性的近代科学，知识界认为其原因与中国语言文字有很大的关系。② 中国学术文化系统里根本没有形成能够表述西方近代科学思想及其概念的术语系统。于是，不少西方学者认为即使西方译员掌握了汉语，克服了自身在语言能力上的问题，汉语本身也无法表达出"西学之精奥"。对于汉语的认知，当时西方学术界和来华传教士译者普遍持这种观点，傅兰雅是这样描述的：

> 西人尝云："中国语言文字最难为西人所懂，即通之亦难将西书之精奥译的中国。盖中国文字最古、最生、而最硬，若以之译泰西格致与制造等事，几成笑谈。然中国自古以来，最讲求教门与国政，若译泰西教门与国政，则不甚难。况近来西国所有格致，门类甚多，名目尤繁；而中国无其学与其名，焉能译妥，诚属不能越之难也。"③

对于知识界这种偏见，傅兰雅极力反驳。他认为汉语确实难学，但并非不能表达西方近代科学之精奥。首先，傅兰雅以中国古代翻译史为证，

---

① [法]艾乐桐：《汉语术语：论偏见》，载《新词语新概念：西学译介与晚清汉语词汇之变迁》（郎宓榭编，赵兴胜译），济南：山东画报出版社，2011年，第20页。
② 孙邦华：《论傅兰雅在西学汉译中的杰出贡献》，载《语言学研究》，2006年第4期，第133页。
③ 傅兰雅：《论译书之法》，载《术语翻译研究导引》（魏向清等编），南京：南京大学出版社，2012年，第119页。

指出汉语不仅能成功翻译佛教典籍，也能成功翻译基督教和伊斯兰教典籍。① 而且，自明代耶稣会士起，西学汉译事业已历经数百年的实践，"并未遇有甚大之难，以致中止"。用汉语翻译近代科学知识，"上可供官绅阅读，下可教育青年"。② 其次，尽管汉语缺少与西学对应的专业术语，但是他认为中国语言文字具有和西方语言文字一样的优势："俱为随时逐渐生新，非一旦忽然俱有。"既然汉语在历史上具有术语创新能力，那么汉语在今后仍具有"以至无穷"的术语创新能力。③ 换言之，汉语和世界上其他语言一样，具有与时俱进的适应能力和创新能力，中西学术交流的时间越长，则彼此对应的术语就越多。此外，傅兰雅认为汉语具有非常灵活、很强的表达力和极为简练易懂的特点，尤其是汉语书面用语，与世界上其他任何一种语言比较，汉语术语更容易表达现代科学思想和概念。在傅兰雅看来，中国语言文字根本不存在表述西方科学概念之问题，与此相反，就术语翻译而言汉语具有独特的适应能力。他认为汉语不仅有其独特的灵活性和简洁性，也具有极强的表达力。这使得汉语可以表述、接受和适应外来概念，"尤其是域外新生的，且极具智慧的科学术语。"④ 所以，至于西学翻译过程，汉语不仅可以命名西方科技术语，而且还能保持科学的精确性和术语的特性。

对于汉语独特的优势，傅兰雅在长期翻译实践的基础上，通过系统的语言文字分析，总结出如下几个方面：第一，汉字具有图示性、表意性，把原始的汉字进行组合仍能表达现代意义，此一优势为汉语所独有。第二，虽然汉语在词形变化上存在缺陷，但是，汉语具有很强的组合能力，这可以使中文具有欧洲语言所没有的表达能力。汉语无论造字还是造词都简洁方便，使其比欧洲语言更容易进行思想交流。第三，与其他语言比较，汉语有量词较多的优势。第四，汉语已经形成较为完善的数字体系，可以精

---

① [美]戴吉礼编：《傅兰雅档案》（第2卷）（弘陕译），桂林：广西师范大学出版社，2010年，第592页。
② 王树槐：《清末翻译名词的统一问题》，载《中央研究院近代史研究所集刊》，1969年第1期，第47页。
③ [英]傅兰雅：《论译书之法》，载《术语翻译研究导引》（魏向清等编），南京：南京大学出版社，2012年，第119页。
④ Fryer, J. *The Present Outlook for Chinese Scientific Nomenclature*. Shanghai: American Presbyterian Mission Press, 1896. P159.

确表达数学概念。第五，汉语有词格、词形、时态等方面的局限，但是可以通过行文变化、位置调整与词语搭配来弥补。① 汉语并非真的难学、难读、难写，只要能掌握四五千个左右的汉字，就具备了基本的汉语阅读能力和表达能力。

在傅兰雅看来，汉语历史悠久，经过数千年的传承与发展，已经形成了数量庞大的词汇库和术语系统，此外，就语言使用群体而言中国人口众多，甚至具备作为"世界通用语"的潜力。基于这一系列的优势，傅兰雅认为用汉语术语把西方近代科学知识传播给大众，推进中国学术近代化，这是毋庸置疑的，主要基于以下三点原因。

第一，可能性。傅兰雅认为，到清末时中国社会所使用的汉语语汇已经远远超出了《康熙字典》的字词，汉语和其他现存语言一样，也是在不断发展的。自从《康熙字典》编成以来，有些字词意义和用法发生了变化，有些字词被历史淘汰了，与此同时，又创制了许多新的字词，当今的中文与两三百年前已有显著差异。事实上，早在明末的西学东渐过程中，中文就已经积累了大量天文、地理、算学、几何、宗教、测算等方面的术语。研究中国典籍即可以发现这些术语的存在，傅兰雅认为将新术语引入中文通常采用两种方式：即描述式和音译式，如"火轮船"（steam-boat）是对蒸汽轮船的描述，类似的术语还有"鸵鸟"（ostrich），而"金鸡纳"（cinchona）则是音译。②

第二，成功性。在傅兰雅看来，如果查阅中国宗教典籍，就会发现佛教和伊斯兰教、天主教、基督教一样都有一系列经典，这些经典著作主要是翻译著作，且包含各宗教的主要教义，普通学者读懂这些经典并不难。此外，只要仔细考查一下世俗著作，就能发现，天文、数学曾经在中国社会非常流行，这些学科中最有价值的著作是两三百年前由耶稣会士编译的。近代以来，由政府主导在传教士及中国译者的共同努力下，翻译出版了200多部西学著作，涉及西方艺术、科技、制造、政治以及日常生活的著作。

---

① 文月娥：《傅兰雅的汉语语言观及其当代价值》，载《国际汉学》，2017年第3期，第99页。
② [美]戴吉礼编：《傅兰雅档案》（第2卷）（弘陕译），桂林：广西师范大学出版社，2010年，第361页。

多年来，各大报刊和杂志致力于传播西方知识，中国社会渴求能出版西学著作以获得更多的实用信息。① 既然历史上外籍汉译取得过辉煌的文化成就，翻译著作能成为中国本土经典，那么，西学翻译亦有成功的范例在先。②

第三，必要性。傅兰雅很重视语言文字在国家治理中的作用，语言文字是国家的基础，关系着中国社会的进步和发展。他认为如果不发挥语言文字的作用，中国社会就很难取得进步，此外，当时中国知识界的主要问题是儒家学者自高自大，外语教育在中国知识界中不受重视，士大夫阶层不屑于学习"蛮夷"（barbarian）的语言，所以，唯一办法就是充分利用汉语进行翻译。③ 在傅兰雅看来，当时的中国社会仍然落后，从出版成本的角度考虑，翻译是比较经济的办法。另外，清末中国社会开放程度不够，所以翻译是传播西学的必要途径。

傅兰雅对西学术语汉译的信心，主要来自其对汉语的信心，而其对汉语的信心又基于其多年来学习汉语和从事外汉互译的经历。经过制造局翻译馆等机构多年的翻译实践和中文学习，到19世纪90年代傅兰雅的汉语语言观渐趋成熟，并就汉语和西学术语汉译问题通过学术讲座阐发其学术观点。1890年，在新教传教士会议上，傅兰雅宣读了题为《科学术语：当前分歧与保证统一的措施》的学术文章；1896年，在中华教育会会议上宣读了题为《中文科学术语》的学术文章。1899年，在太平洋语言学会上宣读了题为《汉语语言学》的文章。

作为一名外国传教士，在中国饱受西方列强侵略的情况下，傅兰雅能够站在中国的立场上，摒弃狭隘的民族主义偏见，以汉语为出发点引领中国的术语民族化方向，这种超民族的学术精神和文化精神难能可贵。傅兰雅还系统批判了西方文化殖民主义语言观，并坚持继承和发扬中国语言文字的优势，其对汉语研究的前瞻性、批判性和系统性，为中国语言文字树立自信，为中国语言文字的历史传承和持续发展奠定坚实的理论和实践基础，他甚至坚信汉语完全有可能成为世界通用语。无论是对晚清中国的西

---

① ［美］戴吉礼编：《傅兰雅档案》（第2卷）（弘陕译），桂林：广西师范大学出版社，2010年，第362页。
② 同上，第362页。
③ 同上，第362–363页。

学科技术语译介，还是对汉语言文字的传承与发展，傅兰雅的学术观点在中国近代学术史上都具有举足轻重的作用。无论是对当今中国的术语翻译、语言政策制定，还是对维护中国语言的纯洁性，增强对中国语言文字的文化自信，傅兰雅的思想仍具有重要的借鉴价值。①

第二节 傅兰雅对传播西方近代科学的认识

在19世纪下半叶，新教传教士大多受到目的论史观和进化论的影响，对西方基督教文明抱有强烈的自我优越感，因而主张采用"纯洁"路线传播基督教，消除地方文化的影响，或者将中国文化西方化，以免歪曲或改变福音的信息。因此，这一时期来华传教士的西学传播事业，其性质与16世纪的耶稣会士有本质性差异。傅兰雅对待中国文化的态度也不免受到这些因素的影响，认为中国文化需要西方化，西方基督教文明才是全世界各民族寻求进步与发展的学习榜样，但是，傅兰雅认同中国文化及其内在价值，认为中国的西化应该是可以保留中国传统文化的西化。傅兰雅从少年时代起就好读中国书籍，学校作文也常以中国为主题，以至在同学中获得了"亲中傅"的绰号。②

对于"知识秩序"与"社会秩序"，傅兰雅能够敏感地意识到两者之间的紧密互动关系，因此他始终致力于在中国普及和推广科学技术知识，并借此来推进中国社会的近代化。在傅兰雅看来，"科学可以照亮无知"，这就是"上帝的救恩"，因此，传播科学知识是传播基督教的有效手段，那么，如何在中国普及科学知识呢？最为紧要的事情莫过于促进中国知识体系的近代化转型，即借鉴西方近代科学体系的分类方法，以揭示事物之间的本质联系和客观规律为旨归。③这种分类方法建立在形式逻辑之上，也是近

---

① 文月娥：《傅兰雅的汉语语言观及其当代价值》，载《国际汉学》，2017年第3期，第102页。
② [美]戴吉礼编：《傅兰雅档案》（第1卷）（弘陕译），桂林：广西师范大学出版社，2010年，第4页。
③ 龚昊：《传科学的传教士——傅兰雅与中西文化交流》，中国社会科学院博士论文，2013年，第49页。

代学科的思维基础。按照西方的标准，文学是中国知识体系的主体，傅兰雅将中国传统知识几乎都划归到文学学科之下，中国社会尚未形成像西方那样完备和系统的科学知识体系。①

1879 年，在与驻英公使郭嵩焘返回中国途中，傅兰雅提出了将各西方各学科知识系统地介绍到中国的想法，但又发觉其实践极为艰难，他说在上海翻译各种西学著作，已完成刊刻 42 种，还有很多著作虽已经完成翻译，但没有付诸刊印。计划"分别各种学问，辑为丛书百种"，其后发现翻译和刊印非常复杂，比如电学类著作竟然"无一译成者"，当初准备系统翻译和编印西学丛书的规划"竟不可得"。② 因此，傅兰雅只能从最基础的事情做起，必须先让中国社会对西方科学知识体系有个初步的了解。于是，傅兰雅通过与益智书会合作，先编译了入门性质的教材《格物须知》，该书可以较为系统地反映西方知识体系。到 1903 年，清政府实施学制改革时，该书已经成为通用的教科书。傅兰雅还在他所主编的《格致汇编》杂志中连载了《格致略论》，《格致略论》就是以英国钱伯斯公司所出版的《科学入门》为基础编译而成。《科学入门》前言中就提到："本书所展示的知识并非对某些现象的肤浅理解，而是一系列清晰的、综合性的观念和定律，这些观念和定律都是深思熟虑而形成的。"③ 这些事实都表明傅兰雅意图通过知识体系改革来改造中国社会。

由于傅兰雅意识到中国传统学术知识体系上的缺陷，在江南制造局翻译馆刚设置时，傅兰雅就设想从翻译《大英百科全书》开始，逐步加深中国社会对西方科学技术知识体系的了解，最后形成较为系统和全面的认知，这其实是比较合理的译介途径。但正如傅兰雅所说：

初译书时，本欲作《大类编书》，而英国所已有者虽印八次，然内有数卷太略，且近古所有新理新法多未列入，故必察更大更新者始可翻译。后经中国大宪谕下，欲馆内特译紧用之书，故作《类编》之意渐废，而所

---

① 龚昊：《传科学的传教士——傅兰雅与中西文化交流》，中国社会科学院博士论文，2013 年，第 46 页。
② 郭嵩焘：《伦敦与巴黎日记》，长沙：岳麓书社，2008 年，第 922 页。
③ Chambers, R. *Introduction to the Sciences*. London: W. and R. Chambers, 1861. Preface.

译者多零件新书，不以西国门类分列。①

傅兰雅翻译所谓的"紧用之书"，就是李鸿章所要求翻译的：算学、汽机、火药、炮法、化学等方面的书籍，还有与机械制造相关的书籍，如航海、采矿、军事等方面的书籍，"现译出四十余种"，做到"皆有裨实用"。② 因此，在翻译文本选择上，当时的翻译政策宏观上由洋务派官员掌握，而至于具体翻译哪一部著作，则由译员根据实际情况自行选择所谓"经世致用"的书籍，而不用考虑其科学系统性和整体性，于是，其翻译事业基本局限于"中学为体、西学为用"的思想格局，以下是曾国藩对江南制造局翻译馆初办时的情形描述：

盖翻译一事，系制造之根本，洋人制器出于算学，其中奥妙皆有图可说寻，特以文义捍格不通，故虽日习其器，究不明夫用器与制器之所以然。本年局中委员于翻译甚为究心，先后订请英国伟烈亚力、美国[实为英国]傅兰雅、玛高温三名，专择有裨制造之书，详细翻出，……拟俟学馆建成，即选聪颖子弟随同学习，妥立课程，先从图说入手，切实研究，庶几物理融贯，不必假手洋人，亦可引申其说，另勒成书。③

洋务派的官员既非学者，亦非真正意义上思想家，曾国藩之所以重视翻译，是因为翻译是"制造之根本"，洋务派的官员重视的是物理、算学等实用学科知识，并不是傅兰雅所设想的西方近代科学知识体系，傅兰雅还希望能够统筹规划，使翻译馆的译书能够系统地译介西方各学科书籍，但在这种"中体西用"的思想格局之下最终难能实现。

由于对中学和西学认识的格局不同，使得洋务派官员对"中体西用"理解也有所不同，对采纳西学的认知也有所差异。例如，曾国藩虽然只注重西方科技，但还是主张在中学的义理、考据、词章基础上，借鉴西方"经济"

---

① [美]戴吉礼编：《傅兰雅档案》(第2卷)(弘陕译)，桂林：广西师范大学出版社，2010年，第545页。
② 孙毓棠：《中国近代工业史资料》，北京：科学出版社，1957年，第296页。
③ 中国史学会：《洋务运动》(四)，上海：上海人民出版社，1961年，第18页。

形成"孔门四科"。于是，为其"无限采纳"西学奠定了基础。郭嵩焘对西学的认知更为深刻，他已经意识到"西洋立国有本有末"，制度乃西学之本，科技乃西学之末，但是，必须以"文化根本"为中体，可以从器物到制度接受西学知识体系，但是"文化根本"绝不能动摇。张之洞等多数洋务派官员则将制度作为"中体"，将科技视为"西用"。① 所以，总体来看西学译介注定只能以科技为主，这种思想格局与傅兰雅的设想差之甚远。总而言之，"中体西用"必须以维护中国文化为旨归，西学译介也绝不能冲击中学之文化根本。②

就知识结构来看，洋务派官员愿意去了解的西方知识其范围非常有限。从1880年到1890年间，江南制造局翻译馆出版发行西学译著总计78种，其中自然科学类译著43种，占55%；应用技术类译著19种，占26%；历史与社会科学类译著7种，占8%，陆海军类译著4种，占5%；其他类型译著5种。③1896年之前，傅兰雅在江南制造局的译书主要集中于自然科学类和应用技术类，涉及算学、医学、地质学、天文学、矿学、军事学、矿务工程学、造船学、药学、化学等诸多学科。对江南制造局这一时期的翻译选材，梁启超曾作过总结性评价：

> 中国官局所译者，兵政类为最多。盖昔人之论，以为中国一切皆胜西人，所不如者，兵而已，西人教会所译者，医学类为多，由教士多业医也。制造局首重工艺，而工艺必本格致，故格致诸书，虽非大备，而崖略可见。惟西政各籍，译者寥寥，官制、学制、农政诸门，竟无完帙。④

所以，在《西学书目表》中，梁启超收录了江南制造局1896年前出版的120种西学译著，其中学制、官制、商政、农政方面的译著几乎没有，仅有法律和史志等共7种，而兵政、船政、矿政、工政等应用技术类译著

---

① 龚昊：《传科学的传教士——傅兰雅与中西文化交流》，北京：中国社会科学院博士论文，2013年，第92页。
② 夏晶：《晚清科技术语翻译——以傅兰雅为中心》，武汉大学博士论文，2011年，第92页。
③ 邹振环：《傅兰雅与江南制造局的译书》，载《历史教学》，1986年第10期，第11页。
④ 同上。

却有74种，自然科学类也有32种。由此可见，即便是西方科技著作，即洋务派所重视的"器物"类著作，也仍然局限于技术层面，可以说是略微向基础科学类著作做了一些扩展，至于社会科学的著作的翻译，则极为罕见。

即使到了洋务运动时期，洋务官员虽然得到政府的支持，但是保守派仍然会对译介西学和引进西学发起攻击，因此，洋务派学者也只能借助"中体西用"说和"西学中源"说，以此证明开展西学翻译和引进西式教育的合法性，可以说，这些学说在西学传播之初确实能起到一定的积极作用。所以，从事西学翻译的传教士也不得不在一定程度上接受"中体西用"思想，傅兰雅当然亦不例外，并曾多次在其主编的《格致汇编》中申明学术立场，他认为科学讲究实事求是，形而上为"治平之本"，形而下为"富强之术"。但是，考虑中国知识界长期沉溺于诗文传统，用科学足以"开其风气，辟其谬妄"。① 傅兰雅不得不舍弃形而上的"治平之本"，而选择形而下的"富强之术"，说明其在翻译实践中只能妥协，只能在"中体西用"的知识体系中从事其翻译活动。

当西学译介突破了"器"和"用"的樊篱，当其危及"中体"的根本地位时，洋务派的"中体西用"说就可能成为西学传播的障碍。在这种情况下傅兰雅提出"科学时代"说：世界正处于"科学时代"，科学在西方飞速发展，科学研究和实践使人类受益无穷。中国也必须加入学习西方科学的行列。可以庆幸的是，中国不必经历西方科学进步过程中所经历的艰辛；不需为了发现新的理论，去一次次推翻旧的假说，不用浪费时间和金钱去探索自然界的奥秘；不用发明新的中文术语来精确描述科学发现。② 事实上，科学知识属于人类共同财富，既无中西之分，也无夷夏之别。中国不仅要借鉴西方科学知识，而且还应当通过融合西学而超越西学。所有的发明都是现成的，是人类共同的财产。中国社会可以毫不费力地享用和验证其价值。

从术语角度来看，傅兰雅认为西方术语的累赘是必要的，因其必须经

---

① 孙邦华：《论傅兰雅在西学汉译中的杰出贡献》，载《语言学研究》，2006年第4期，第135页。
② [美]戴吉礼编：《傅兰雅档案》（第2卷）（弘陕译），桂林：广西师范大学出版社，2010年，第377页。

历科学发展过程中的生硬和矛盾,但是,在知识传播过程中,去粗存精不仅有利,而且必要,这可以从术语的发展看出来,有些术语成为常用的规范性术语,而有些术语逐渐消失,这是知识生产过程中的术语现象。但是,中国术语有必要经历这一过程吗?傅兰雅认为对中国来说,近代科学几乎都是全新的知识体系,所以,在构建中国的术语系统时,"新的术语根本不必经历太多的修正,除非发生科学革命或普遍性的科学演变"。[①]中国需要建立起一套术语系统,使之不仅能表述西方科学知识的最新成就,还必须使这套术语系统既能继承其学术传统,又能适应未来的发展。

傅兰雅认为通过术语译介,中国社会不仅可以有效地传播西方近代科学知识,而且中文的术语系统也可以不必像西方术语系统经历漫长的发展和完善过程。傅兰雅意识到术语厘定在知识生产过程中的重要性,先进的术语系统有助于更好地理解和把握现代科学知识,西方近代科学与其术语系统都经历了一个漫长的不断发展和完善的过程,有的术语成为规范术语,有的术语发生了演变,而有的术语消失了。傅兰雅认为中文术语系统的发展可以不必经历这一过程,很显然,这种学术观点低估了术语译介的难度和复杂性,因为术语翻译如同原文术语的厘定一样,在目的语中有些术语成为规范译名,有些译名在历史进程发生了演变,还有些译名消失在历史长河之中。

第三节 傅兰雅科技术语翻译原则与方法

对于术语翻译原则和方法,傅兰雅于1890年在新教传教士第二次全国大会上发表了长篇学术报告:《科技术语:当前分歧与保证统一的措施》(Scientific Terminology: Present Discrepancies and Means of Securing Uniformity),该报告为其术语翻译理论的代表作,共分为四个部分:(1)如何认识中文与科技术语之关系;(2)科技术语汉译的主要特点;(3)分析现有译名的分歧及其产生原因;(4)解决译名不规范问题的办法。此后,傅兰

---

① [美]戴吉礼编:《傅兰雅档案》(第2卷)(弘陕译),桂林:广西师范大学出版社,2010年,第379页。

雅于 1896 年另一篇有关术语翻译的学术报告《论中国科技术语》(Chinese Scientific Nomenclature)，进一步强调术语翻译以及建立汉语术语体系的重要性。不过，傅兰雅最早讨论科技术语翻译的文献是《江南制造总局译书事略》(An Account of the Department for the Translation of Foreign Books at the Kiangnan Arsenal Shanghai)。

在《译书事略》中，傅兰雅将术语翻译，即西书翻译的"名目"问题，作为"译西书第一要事"，并提出了著名的译名厘定原则，首先是针对现有译名的处理办法：

华文已有之名。设拟一名目为华文已有者，而字典内无处可察，则有二法：可察中国已有之格致或工艺等书，并前在中国之天竺教师及近来耶稣教师诸人所著格致、工艺等书。可访问中国客商或制造等应知此名目等人。①

在傅兰雅的术语翻译理论中，其对"华文中已有之名"的重视，即对旧名之尊重，从现代术语学来看就是重视术语翻译的约定俗成原则，这是对前人学术成果的继承，所以在厘定新名时应该首先考虑约定俗成的译名。傅兰雅坚持凡是先前所使用的术语，若无不合则可仍使用。因为他发现西方学者在术语命名时也是如此，比如说植物学和动物学方面如果创设了新的术语，那么其他各国的学者可以沿用其名，而无需更改。②

在傅兰雅看来，翻译的译名厘定和原文术语的厘定都应该遵守约定俗成的原则。前人所创制的术语如果准确合适则沿用已有的命名，这是西方科学界的惯例。因此，对汉语中约定俗成的术语，如果合适就应该沿用，比如，在其所编译的《西药大成》和《儒门医学》中，傅兰雅都强调尽可能沿用中土约定俗成之术语；在元素术语命名中，仍沿用中国传统的金、银等命名，而不采用形声字规范。傅兰雅非常重视借鉴明末清初耶稣会士

---

① [英]傅兰雅：《论译书之法》，载《术语翻译研究导引》(魏向清等编)，南京：南京大学出版社，2012 年，第 120 页。
② 夏晶：《晚清科技术语翻译——以傅兰雅为中心》，武汉：武汉大学博士论文，2011 年，第 92 页。

创制的术语，这也是傅兰雅所译西书备受中国人推崇的重要原因之一。伟烈亚力创制的天文学和数学术语、艾约瑟创制的重学术语、韦廉臣创制的植物学术语、合信创制的医学术语、慕维廉创制的自然地理学术语，这些术语资源都是其厘定术语的基础。傅兰雅尽量借鉴前人已有的译名，因为如果创译术语过多的话，会影响译文读者的理解。

采用"华文已有之名"是比较简便的方法，译者只需查询约定俗成的通用术语即可。如果汉语中没有可资借鉴的术语，则只能创译新的术语，傅兰雅制定了三种基本方法：

> 设立新名。若华文果无此名，必须另设新者，则有三法：一，以平常字外加偏旁而为新名，仍读其本音，如镁、砷、铈、矽等；或以字典内不常用之字释以新义而为新名，如铂、钾、钴、锌等是也。二，用数字解释其物，即以此解释为新名，而字数以少为妙，如养气、轻气、火轮船、风雨表等是也。三，用华字写其西名，以官音为主，华人可一见而知为西名；所已设之新名，不过暂时为试用，若后能察的中国已有古名，或见所设者不妥，则可更易。①

在术语创译的问题上，傅兰雅认为创译术语应该尽可能顺应中国语文习惯，并在此基础上提出三种创译术语方法：第一，"以常用字加偏旁"的形式构成新术语，如镁、砷、铈、矽等常用字加偏旁的化学元素术语创译比较成功。此外，他还提出通过"旧字赋新义"以创制新术语，这种方法既考虑汉语的传统，又符合汉语术语创新的实际。此方法与李善兰的观点可谓所见略同，对"已立之名"，可以"变意"以"广其用"，也就是在其原意的基础上加以引申，这种方法不仅适用于术语翻译，也适用于新创术语的命名。所以，"欲为新物立名"，可以"借旧物之略似者名之"。② 第二，所谓以"数字解释其物"的方法其实就是当代的意译法，对原文术语进行解释，当然这种解释要遵循术语的简介性原则，如汉语中的"养气""轻气"。

---

① [英]傅兰雅：《论译书之法》，载《术语翻译研究导引》（魏向清等编），南京：南京大学出版社，2012年，第120页。
② 李善兰译：《代数学》（卷二），日本：静冈集学所训点本，1872年，第8页。

第三，音译，最可贵的是傅兰雅已经意识到中国方言众多的问题，其对标准官音的重视说明傅兰雅已经具备很强的语言政策意识。当然，傅兰雅对于术语创新也持非常开放的学术态度，因为新译术语也必须与时俱进，译名的演进和语言的发展是必然的，这一点对于"以古为尊"的中国学术界来说可谓"开创了新的学术风气"。①

除了上述两种术语翻译原则之外，傅兰雅对于术语翻译具有很强的学术意识，尤其重视术语翻译的学术性和严谨性，为此提出了规范术语的原则和方法：

作中西名目字汇。凡译书时所设新名，无论为事物人地名等名，皆宜随时录于华英小簿，后刊书时可附书末，以便阅者核查西书或问诸西人。而各书内所有之名，宜汇成总数，制成大部，则以后译书者有所核查，可免混名之弊。②

即使是以现代术语学视角来看，傅兰雅将术语翻译作为知识加工和知识传承的重要途径，其术语表制作方法仍然有很多可资借鉴之处：其一，术语表的学术功能，将事物、人名、地名等各类术语附于书末，方便读者查阅，这种模式已经成为当今学术翻译的通行规范；其二，术语表的参考作用，译者在翻译时应该将各种术语进行汇编，既可以作为今后翻译的参考，又可以发挥规范译名的作用，避免译名混乱。

在化学元素术语方面，傅兰雅形声字创制的术语颇为成功，而且傅兰雅本人也对此颇为自得，但是，对于其他科技术语的翻译，傅兰雅并没有采用形声字的方式，在其《译书事略》和《科技术语》中，还是坚持意译优先的原则，而描述法则是意译的最佳途径，1871年的《化学鉴原》将element译为"原质"、将compound译为"杂质"，将organic material译为"生物质"，将inorganic material译为"死物质"；1874年的《声学》将acoustic

---

① 朱志瑜、黄立波：《中国传统译论：译名研究》，长沙：湖南人民出版社，2013年，第23页。
② [英]傅兰雅：《论译书之法》，载《术语翻译研究导引》（魏向清等编），南京：南京大学出版社，2012年，第120页。

wave 译为"声浪",将 noise 译为"响";1879 年《电学》将 conductor 译为"传质"、将 insulator 译为"阻质"。① 从上述译例来看,傅兰雅的术语翻译命名具有较强的系统性,现代术语学认为在特定专业领域的术语,术语的命名尽量体现其系统性,对于属于同一系列的概念术语,其命名应该具有一定的逻辑相关性。

相对于约定俗成法和意译法,傅兰雅不太赞成采用音译法。尽管如此,傅兰雅对音译术语的使用还是持非常谨慎的态度。首先,从汉语语言文字发展历程来看,翻译在很大程度上促进了汉语语言文字的发展,但傅兰雅认为音译对汉语词汇系统的贡献并不明显。其原因是清末很多译者在音译命名时,只图命名的方便和简捷,既不考虑所译术语的原意,也不管术语的译名是否简洁易懂。比如,有汉学家将 granite(花岗岩)译为"合拉尼脱",将 gypsum(石膏)译为"绝不斯恩"。② 而这样的术语会割裂中文的历史传统,损害其"表意功能",并造成不必要的负担。③ 当然,傅兰雅也并非完全排斥音译,一方面他坚持音译要尽量避免方言,使用标准的官音;另一方面基于其对中西语言史的考查,他指出中文具有吸收外来语的能力,音译"比例适当,方有裨益"。④ 特别值得一提的是,即使是音译,傅兰雅也以非常审慎和科学的态度处理好音译的细则问题,比如《西药大成中西名目表》序言中关于动植物术语和医药术语的论述:

凡植物动物分类所有之拉丁名目,平常译其音。尚有分种之名,则译其义,而列于类名之前,如园叶金鸡哪,其金鸡哪为类名,园叶为种名之名也。如其种名原为人名或地名,或因他故无法释其义,则仍译其音。……反药变成之名目,比存其原音之根,或原音之要分。⑤

---

① 冯志伟:《现代术语学引论》,北京:商务印书馆,2011 年,第 40 页。
② [美]戴吉礼编:《傅兰雅档案》(第 2 卷)(弘陕译),桂林:广西师范大学出版社,2010 年,第 390 页。
③ 同上,第 387 页。
④ 同上,第 390 页。
⑤ [英]傅兰雅:《西药大成中西名目表》小序,转引自朱志瑜、黄立波:《中国传统译论:译名研究》,长沙:湖南人民出版社,2013 年,第 24 页。

因为涉及医药术语，准确性要求很高，所以傅兰雅采用音译法，从上述论文可以看出傅兰雅倾向于描述性音译，比如"园叶金鸡哪"这一术语，种名"园叶"采用描述方法，而类名"金鸡哪"采用音译，种名与类名合并形成合成术语。此外，傅兰雅对音译的认识也考虑到各种音译术语之"音"的关联性，植物术语与医药术语之间共有的"音根"，如鸡哪哇尼（Quinone）、鸡哪以西尼（Quinicine）、鸡哪以尼（Quinine）、鸡哪以第亚（Quinidia）等，译者在翻译时应注意转译其"音根"。于是，无论是译文术语系统还是原文术语系统，术语之间都能保持高度的关联性，术语系统作为一种系统其系统性也更强。

傅兰雅对于音译的重要理论贡献是其对音译术语之可接受性的认识，在傅兰雅看来，术语的生命力也符合达尔文的生物进化论，只有"适者才能生存"（Only the fittest terms will survive.），被淘汰的术语或者是概念错误的、或者是容易引起误解的、或者是命名不当。[①] 此外，音译术语和其他新译术语一样必须"简短扼要"，只有"短者生存"，无论是西文还是中文，简洁性是术语翻译的基本原则之一，西方社会嫌弃复杂的多音节术语，在中国社会累赘冗长的术语也难以长久生存。术语"越令人费解，问题就越多"，可以说简洁性是术语的"总体倾向"，因此建议把术语简化为"最容易理解的形式"。[②] 比如，international 曾经被翻译成"英特耐雄纳尔"，democracy 曾经被翻译成"德莫克拉西"，现在这两个术语分别被"国际"和"民主"取代了，而音译的"咖啡""沙发"等简洁的译名则广为流传。傅兰雅术语认为音译术语遵循"适者生存"与"短者生存"的规则，这也充分证明了其正确性。[③] 从现代术语学来看，傅兰雅把经济律作为衡量术语命名是否妥当的标准，不仅注意到术语翻译在概念上的准确性，而且把可接受性作为评价术语的重要因素，对术语翻译学的理论贡献亦不可低估。

---

① [美]戴吉礼编：《傅兰雅档案》（第2卷）（弘陕译），桂林：广西师范大学出版社，2010年，第405页。
② 同上，第397页。
③ 文月娥：《傅兰雅的科技术语音译观探析》，载《东方翻译》，2018年第1期，第17页。

第四节 傅兰雅对科技术语译名规范化的贡献

在译名规范化方面,傅兰雅推动这一工作的主要途径是其主编的《格致汇编》(The Chinese Scientific Magazine)。《格致汇编》创刊于1876年,该刊前后办刊16年,始终致力于近代西学中国化。《格致汇编》不仅为科技术语的规范化发挥着模范引领作用,也为近代中国科学知识的普及做出了巨大贡献。该杂志与当时传教士所办其他杂志最大的区别是,其服务目的不是为了传播基督教,而是为了在中国社会推介和普及近代科学知识。杂志中所刊文章也以介绍和解释西方科学理论和方法为主,这也是《格致汇编》被誉为"近代中国第一部科学杂志"的重要原因。①

此外,《格致汇编》的大多数文章是从西方科学杂志编译而成,少数文章则参考西方近代科学杂志的栏目和内容编写,不管是编者还是译者对文章的学术体例及术语的规范化都极为重视。1890年,洋务运动的倡导者薛福成在出使欧洲途中,为《格致汇编》改定序言,对该杂志给予高度评价,认为格致之学对中国而言为"治平之始基",对西方而言为"富强之先导",其实二者同出一源。他对该杂志寄予厚望:"蕲使古今中西之学,会而为一,是则余之所默企也夫!"②对傅兰雅在译名规范方面的贡献,当代学者也给予了充分肯定,认为其是晚清寓华西人中对科技术语的规范化"关注最多、用力最深、影响最大"的翻译家。③

凭借《格致汇编》这一杂志,傅兰雅从译介基础科学知识开始,对学科发展史及其关键术语进行系统地译介,于是,学科术语集才逐渐得以传播和普及,并形成影响。④比如,1876年所连载的《格致略论》,是由英国

---

① 黎昌抱、杨利芳:《试析傅兰雅科技翻译对近代科学术语译名规范化的贡献》,载《上海翻译》,2018年第3期,第17页。
② 薛福成:《出使英法义比四国日记》,长沙:岳麓书社,1985年,第71-73页。
③ 余望:《论傅兰雅在近代中国的科技传播实践》,载《中国科技期刊研究》,2008年第2期,第313页。
④ 夏晶:《晚清科技术语翻译——以傅兰雅为中心》,武汉大学博士论文,2011年,第50页。

初级科学教程编译而成，简明扼要地介绍了天文学、重学、电学、化学、植物学、动物学等近代科学常识，涵盖静重学、动重学、四大洋、五大洲、原质和杂质等近代科学的核心术语。从1878年到1892年，这些术语被连续刊登在《格致释器》上，并配以实物图介绍水学器、气学器、重学器、化学器、显微镜、望远镜、照像器、测绘器等的形态及功用，还介绍了风雨表、寒暑表、玻璃试管、天平等科学仪器术语。从1890年至1892年，《西国名菜嘉花论》《泰西本草撮要》也以实物图的形式系统介绍了西方常用农作物术语和植物术语。①

除了傅兰雅发表自己编译的文章之外，《格致汇编》还连续刊登文章介绍有新学科和学科关键术语。比如，同文馆科学教师欧礼斐的《论电》，介绍了电的正负极、摩擦起电、雷电等电学基础知识和核心术语；而芜湖同文书馆教师华约翰的《虫学略论》，首次介绍了昆虫学及其核心术语，涉及昆虫分类、虫体部位等术语。② 这些科普性文章不仅推动了各学科核心术语的传播，也促进了近代科学知识在中国社会的普及。当然，其中绝大多数术语并非《格致汇编》首创，可是，毋庸置疑《格致汇编》作为传播媒介，推动了西方近代科学知识及其核心术语在中国的译介和接受。③

就近代西方各学科术语而言，傅兰雅在化学学科领域为译名规范做出了突出贡献，且影响至今。傅兰雅主持翻译的《化学鉴原》（1871）奠定了近代化学元素译名基础，堪称"我国最早的一部普通化学译著"，④《化学鉴原》全书六卷，共410节，由傅兰雅口译，徐寿笔述而成，系统地介绍了64种原质（元素），而这64种元素又可继续划分金属和非金属两类；64种原质中气质五种，流质两种，其余俱为定质。傅兰雅把元素分为金属类和非金属类，其中金属类50种，非金属类14种，气质五种，流质两种，其他都属于定质。在这些化学术语中，首先，对于中国古已有之的元素术语，可以继续沿用，如金、银、铁、铜、铅。其次，对于约定俗成且比较合适

---

① 夏晶：《晚清科技术语翻译——以傅兰雅为中心》，武汉大学博士论文，2011年，第50页。
② 同上，第51页。
③ 同上，第51页。
④ 李丽、李国英：《近代化学著作之译介》(1855—1896)，载《兰台世界》，2015年第1期，第41页。

的术语可以沿用,如轻气(今译氢气)、淡气(今译氮气)、养气(今译氧气)、绿气(今译氯气);再次,就是新造术语,傅兰雅与徐寿所创译的元素术语达50种,由表述元素属性的汉字偏旁,与该元素英文单词的第一个或第二个音节组合而成,偏旁如金、石和水,这些术语有"锰"(manganese)、"锌"(zinc)、"镁"(magnesium)等。① 在这50种新创术语中,有38种元素术语沿用至今,如钡、镁、铝、钠、锰。凭借这种系统命名法,傅兰雅成功厘定了大量化学元素译名。这也说明在术语命名方面,汉语不仅有其独特的灵活性,也可以发挥其创造性。比如,通过偏旁读者可以掌握元素的基本性质,也易于让读者接受和记忆,这种命名法为汉语此后的化学元素命名树立了典范。②

为解决译名混乱现象和规范译名,傅兰雅还通过汇编专业术语表作出了重要贡献,尤其是其在"益智书会"的术语汇编工作。1877年,传教士在上海成立了"学校教科书委员会"(School and Textbook Series Committee),1879年正式更名为"益智书会",益智书会成立之初,其主要目的正如它的英文名称,就是为教会学校编写教科书。③ 教科书分初级和高级两套,傅兰雅负责初级编纂工作。考虑到教科书中术语必须一致,所以要求委员们收集术语,以编辑一个有利于西书译者使用的《翻译手册》(*Translator's Vade Mecum*)。科学教科书和初级读物的编写首先要求术语保持一致,因此,传教士从编写科普性教科书的需要出发,开始有意识地寻求术语统一,而最直接的办法莫过于对现有的科技术语进行汇编和整理。

从1883年到1889年,傅兰雅在江南制造局先后厘定并出版了《金石中西名目表》《化学材料中西名目表》等多部术语对照表。这些术语表的制作均按英文字母顺序有序排列,并有对照的中文译名或相关解释。这些术语表构成了益智书会所编订之《翻译手册》的分册,有论者甚至认为其编订"开制造局双语科学辞典汇编之先河"④。这四种术语表在近代术语史

---

① 黎昌抱、杨利芳:《试析傅兰雅科技翻译对近代科学术语译名规范化的贡献》,载《上海翻译》,2018年第3期,第18页。
② 同上,第18页。
③ 夏晶:《晚清科技术语翻译——以傅兰雅为中心》,武汉大学博士论文,2011年,第66页。
④ 黎难秋:《中国科学翻译史》,安徽:中国科技大学出版社,2006年,第386-387页。

上堪称语言政策的范例，其术语规范模式亦有可资借鉴之处：首先是术语汇编发布由官方执行，具有高度的权威性，这些术语由益智书会这样的学术机构所促成，但都必须由官方审定通过后才付梓刻印；其次是保证了术语汇编的学术性，这些术语汇编是由傅兰雅这样具有较高学术水平的译者倡议和主导，其术语的厘定均出自制造局翻译馆的翻译实践和生产实践，并都提交书会集体研讨。傅兰雅身兼制造局首席翻译《格致汇编》总编辑、格致书室负责人数职，在短短7年内完成了术语汇编，该汇编涵盖多个学科和许多专业领域，其成绩当然受益于在制造局翻译馆的翻译经历。其实，傅兰雅在《科技术语》的报告中也坦承术语汇编主要依赖于中国译者，能够短期内完成如此繁重的学术工作，这与制造局翻译馆所采用的中西合作翻译模式是密不可分的。

在四种术语汇编中，《金石中西名目表》（1883），以玛高温和华蘅芳合译的《金石识别》为基础，其原文为美国矿物学家代那所著的 Manual of Mineralogy，是现存史料中最早的矿物学译著。其术语的厘定除了"有名者则用中土之名"之外，以矿物学术语为基础，傅兰雅重新编辑、整理，并补充了新的术语，共收录术语约1600条，该术语表也成为中国近代"最早的矿物学中英对照工具书"。[①] 该术语汇编最大的特色是术语对照有三行：左行为西文名称，中行为《金石识别》的译名，右行为后来的新译名，以便使用者比照和借鉴。由此可见，傅兰雅对术语译名的厘定采取非常审慎的态度，既借鉴和继承前人，又能博采众长、超越前人。

《化学材料中西名目表》（1885）以《化学鉴原》（1871）所厘定的化学术语为基础，加上《化学鉴原补编》（1875）和《化学鉴原续编》（1882）的术语，构成了较为系统的化学术语汇编，涵盖了当时主要的无机和有机化学术语，该术语汇编单独刊行，使其使用范围极广，共收录化学术语约4000条。[②] 其中，元素术语命名采用形声字形式，无机化合物的命名采用"将其原质之名与数并而成之"之法，如 cinnabar（硫化汞）译为"汞硫矿"，又注为"朱砂"；copperas（硫酸亚铁）译为"铁养硫养三"（应为

---

① 夏晶：《晚清科技术语翻译——以傅兰雅为中心》，武汉大学博士论文，2011年，第68页。
② 同上，第68—69页。

FeSO₄），又注为"青矾"。有机物术语则多采用音译，有些术语虽然中国已经有约定俗成的命名，但还是列出基于西文发音提供音译名作为参照，如chrysoprase译为"可里苏伯拉司石"，即中文的翡翠玉，其他则采用描述性意译，如resists（防蚀涂料）译为"令布不收染色之料"。

《西药大成药品中西名目表》（1887）主要来自《西药大成》，为傅兰雅和赵元益合译，翻译历时12年，《西药大成》是西方近代医药转型的标志性本草著作，也是19世纪后期中国所译介的"最大型域外药学巨著"。[①] 该书汇编了各种药品术语、化学材料术语和动植物名称，并以中英文对照形式呈现，还附有人名、地名中英对照表，共收录术语6800余条。[②] 术语表因涵盖西药学、化学、动植物学等多个专业领域，所以术语翻译在理论和方法上尤为审慎。该术语汇编在化学和化学药品术语翻译上借鉴了《化学材料中西名目表》的经验，在动植物术语命名方面，主要采用"意译+音译"的方法，通过意译来描述动植物的形态特征，采用音译来区分其类别，并以意译位置在前，音译位置在后。[③]

《汽机中西名目表》（1889）的术语主要出自《汽机发轫》（1871）。《汽机发轫》的译者为伟烈亚力和徐寿，是该术语汇编的主要来源，辅以后来《汽机必以》《汽机新制》等汽机类译著中新厘定的术语，此外，还收录了蒸汽机工程类中英对照术语5500余条。在19世纪70年代，其中的术语"汽机"也成为与英文steam engine对译的规范术语。这部术语汇编为傅兰雅后来翻译《兵船汽机》奠定了基础，他还将先前所有汽机类术语汇编整理，沿用这些约定俗成的术语，也避免了术语翻译前后不一的问题。鉴于音译存在理解和接受问题，除人名和地名采用音译之外，术语翻译命名主要还是采取意译法。[④] 从傅兰雅的序言和体例来看，其术语翻译基本上保持前后一致。考虑中国语文的特点，其术语翻译也坚持意译优先的原则，此外，音译也形成了较为系统的规则，其术语翻译理论与实践，也是基本一致的。

---

① 陈新谦：《19世纪80年代我国最著名的一部西药书》，载《中国药学杂志》，1992年第11期，第694-697页。
② 夏晶：《晚清科技术语翻译——以傅兰雅为中心》，武汉大学博士论文，2011年，第69页。
③ 同上，70页。
④ 同上，71页。

对于译名厘定和规范，傅兰雅付出了毕生精力，在清末的科技翻译史上，傅兰雅不仅是西籍汉译数量最多的译者，也是最热心于为中国知识界构建一套近代术语体系的学者。① 诚然，傅兰雅的术语翻译理论和实践也无法避免其学科知识的局限性和历史的局限性。傅兰雅和徐建寅翻译的化学术语，按照化学材料和化学概念予以区分，其中化学概念的术语命名大多数存在问题。② 其一，术语翻译的准确性不够，如以"杂质"译compound，不能表述化合物之为化合物的属性，而且翻译的概念也与其本义相差甚远，当然，他们意识到organic matter之译为"生杂质"，确实不妥，于是后来又译为"生物质"，还是与其英文本义差异悬殊；其二，术语的专业性程度不够，如生物质、死物质等术语，其专业内涵和深度与普通词汇无异。比如，在《化学鉴原》原著中的名词术语表中，有机物是这样定义的：

Organic matter: matter of which the organic parts of juices of plants and animals are composed, or which is derived from such parts by the action of chemical agents, is called organic.

有机物：组成植物有机成分或其汁液和动物有机成分的物质，或者是从这些成分中提取出的化学制剂，称为有机物。③

傅兰雅翻译成"生物质"不能准确反映"有机物"这一概念，"有机物"与动植物的生死并没有必然的关系，其原因可能是译者考虑中西学术语境的差异悬殊，为了让中国读者对西方近代化学有所启蒙，而采用这种比较不太准确但易于接受的概念，也有可能是译者的化学素养仍然有限，传教士出身的傅兰雅并非化学家，不能完全准确地理解专业程度较高的化学术语及其概念，这两种原因如果从西学启蒙的角度来审视术语翻译均在情理之中，不宜对译者有过分完美的苛求。

---

① 王红霞：《晚清的科学术语翻译——以傅兰雅为视点》，载《福建论坛》，2009年第2期，第106页。
② 吴又进、柯资能：《晚清—民国化学书籍中化学名词术语的比较分析》，载《广西民族大学学报》，2014年第1期，第20页。
③ 同上，第19页。

小结

在近代西学翻译史上，傅兰雅敢于批判西方学术界的文化中心主义，坚信汉语能够精确表达西学近代学术概念，坚持系统地将西方近代学术及其知识体系译入中国社会。傅兰雅所提出的西学术语翻译原则及策略，可以说从一定程度上为中国术语学的形成和发展奠定了一定的理论基础，其学术成就堪称近代术语翻译理论的里程碑。傅兰雅不仅是近代翻译西学书籍最多的外来翻译家，也是把西学译名的规范化作为语言政策进行探讨的标志性人物，其术语观蕴含着现代术语学思想。无论是从术语翻译理论来看，还是从术语翻译实践和术语规范来看，傅兰雅既重视对中国历史文化传统的继承，也重视西方学科的学术规范，其所译术语和所厘定的很多术语融入了中国社会文化，提高了中华民族的学术话语意识，促进了中国术语体系的近代化，对近代科学知识的普及起到积极的推动作用。傅兰雅对汉语的文化自信，对术语规范化的贡献，对术语翻译理论的论述等对我国当今的学术翻译和中西学术交流仍有重要的借鉴意义。

第七章　中西会通与严复的西学术语翻译

作为近代西学翻译第一人，严复是中国社会在戊戌维新前后崛起的思想界代表人物之一。严复（1854—1921）先后翻译了许多西方著名学者的著作，包括赫胥黎的《天演论》（*Evolution and Ethics*）、耶方斯的《名学浅说》（*Primer of Logic*）、斯宾塞的《群学肄言》（*The Principles of Sociology*）、亚当·斯密的《原富》（*An Inquiry into the Nature and Causes of the Wealth of Nations*）、《穆勒名学》（*A System of Logic*）、孟德斯鸠的《法意》（*The Spirit of Laws*）、约翰·穆勒的《群己权界论》（*On Liberty*）、甄克斯的《社会通诠》（*A History of Politics*）等，这些译著涉及进化论、经济学、逻辑学、法学、社会学、政治学，可以说涵盖西方近代社会科学各个方面。其翻译极其严谨，详细考究，与林纾同获"译才并世数严林"之美誉。就严复的翻译理论而言，学术界关于其"信达雅"的论述可谓卷帙浩繁，达到了"译必称严复"的地步。

严复将翻译作为"治异国语言之至乐"，对于西学术语译介更是留下了"一名之立，旬月踟蹰"的格言。[①] 对于其术语翻译研究，早期的研究有高中理（1999）、陆道夫（2006）、韩江洪（2006）、张德让（2010）等，[②]

[①] 严复：《〈天演论〉·译例言》，载《翻译研究论文集》（中国翻译工作者协会编），北京：外语教学与研究出版社，1984，第7页。
[②] 高中理：《〈天演论〉与原著比较研究》，北京大学博士论文，1999年；陆道夫：《试论严复的译名创新》，载《河南大学学报》，1996年第1期；韩江洪：《严复的话语体系与近代中国文化转型》，上海：上海译文出版社，2006年；张德让：《翻译会通研究》，上海：华东师范大学博士论文，2010年。

这些研究涉及严复的术语翻译思想，但专题研究很少。随着严复翻译思想研究的深入，近年来其术语翻译思想越来越引起译学界的重视，张景华（2013）、蒋骁华（2015）、何思源（2015）、刘松（2016）、廖七一（2017）等，①尤其沈国威还出版了其术语翻译研究专著《严复译词研究》（2019），②这些研究越来越倾向于将严复的术语翻译思想与其学术思想联系起来，本章主要聚焦其术语翻译的学术会通思想，那么，严复的术语翻译的会通思想究竟在什么样的学术背景下产生？其术语翻译的会通思想对借鉴西方学术和继承传统有何启发？严译术语为什么独领风骚十余年后逐渐式微，最终被来自日本的汉字术语所取代？

第一节 会通法对"格义法"的借鉴

对于翻译在会通中西学术中的作用，早在明朝末期，为推动西学翻译并借此实现国家富强，徐光启就上书万历皇帝，并提出："欲求超胜，必须会通，会通之前，先须翻译。"③这是徐光启为学习西方学术所描绘的三个阶段，在这循序渐进的三个阶段里，先要透彻了解西方学术，然后去伪存精，加以消化吸收，最后才能融合中西学术，形成一种超越东西方的新文化。到清朝末年，求富求强的文化心态使"翻译—会通—超胜"这一理念更加深入人心，其理念在中国知识界形成了一股强大的学术思潮。但是，要达到会通中西学术的目的，首先碰到的障碍就是中西学术差异所造成的术语翻译问题，甲午之后，清政府设置译学馆，并聘严复为总纂筹划西学术语翻译的厘定和统一，着力编制中外术语对照表，并通过国家权力厘定

---

① 参见张景华：《论严复的译名思想与翻译会通》，载《湖南科技大学学报》，2013年第5期；蒋骁华：《大声不入里耳——严译新词未流行原因研究》，载《外语与翻译》，2015年第3期；何思源：《严复的东学观与清末译名统一活动》，载《北京社会科学》，2015年第8期；刘松：《论严复的译名观》，载《中国科技术语》，2016年第2期；廖七一：《严译术语为何被日语译名所取代？》，《中国翻译》，2017年第4期。

② 沈国威：《一名之立，旬月踟蹰：严复译词研究》，北京：社会科学文献出版社，2019年。

③ 陈福康：《中国译学史》，上海：上海外语教育出版社，2011年，第44页。

和规范各科术语。与洋务运动时期比较，当时中国学术风气虽有很大变化，但是"中学为体、西学为用"思想根深蒂固。为救亡图存，严复把西学翻译的重点转向社会科学著作。严复对西方人文社科术语的厘定始终一丝不苟、极为重视。凡是重要译著，均有"译例言""译凡例"或"案语"论述其厘定缘由。以《天演论》为例，案语部分字数共17704，译文部分文字数共33814，对原作的解释和论述总字数近4万字，案语约占整个译著的35.7%。严复用如此之多的案语来解释术语，其主要原因之一是当时的西学术语汉译命名之难：

新理踵出，名目纷繁，索之中文，渺不可得，即有牵合，终嫌参差。译者遇此，独有自具衡量，即义定名。顾其事有甚难者！即如此书上卷导言十余篇，乃因正论理深，先敷浅说；仆始翻卮言，而钱唐夏穗卿曾佑，病其滥恶，谓内典原有此种，可名"悬谈"。①

在清末中国，西学术语汉译最大的障碍是中国学术思想远远落后于西方近代学术，再加上整个中国社会对西学的认知甚为肤浅。此外，西学近代学术发展迅猛，承载着近代学术的西学术语及其概念也在不断翻新，译者在汉译时既没有约定俗成的术语可资借鉴，也无法从汉语中找到对等术语来表述，多数译名都难以避免穿凿附会的毛病，比如《天演论》"译例言"提到：prolegomena 始译为"卮言"，但是，夏曾佑认为既不准确，又不典雅，而且这是佛经已有的术语，建议译为"悬谈"，"悬谈"指佛教讲经者于讲经前先对篇章要义进行概述，由此来看，与 prolegomena 相吻合，但是"悬谈"还有"空谈"之意，故与 prolegomena 相差甚远，也不妥当。最后，严复不得不自创"导言"作为译名，并在译文注中进行解释以便读者理解。

严复在译介西学和厘定译名时，所采取的学术范式便是中西会通，他很少孤立地介绍西学之理念，而是通过中学与西学的相互比较和诠释，从而达到会通的目的，这种治学范式在很大程度上借鉴了佛经汉译的"格义法"。道安较早采用"格义法"作为佛经翻译策略的高僧，但是，"格义"

---

① 严复：《〈天演论〉·译例言》，载《翻译研究论文集》（中国翻译工作者协会编），北京：外语教学与研究出版社，1984年，第7页。

作为术语，最早见于梁代《高僧传》："时依雅门徒，并世典有功，未善佛理。雅乃与康法郎等，以经中事数，拟配外书，为生解之例，谓之格义。"①由此看来，"格义"就是以中土所熟知的儒道经典中的义理、术语，去比拟或解释佛教经典中的"事数"，使佛经中深奥的宗教义理得以理解。佛教能够传入中土，并为中国文化所接受，"格义"作为话语策略对于佛学中国化具有重要作用，因为"格义"在面对本土文化和异质文化的二元选择时，以中国传统哲学为本位，用儒道哲学去比附佛学精义。如援引《庄子》注释佛学的"实相"，以儒家"五常"配"五戒"，以"无为"释"涅槃木"，以"仁义礼智信"比附"五禁"等。最初接触和研究佛学的中土人士，意识到佛学中有很多观念与中国传统思想类似，对佛学观念发生了浓厚的兴趣，进而深入钻研其中深奥的思想，故"格义"在佛学中国化的初期确实起过一定的积极作用。

严复《天演论》的序言中也借鉴佛经翻译的"格义法"用以译介西学术语，由于清末中国学术界对西方的逻辑学术语还非常陌生，将 deduction（演绎）翻译为"外籀"，将 induction（归纳）翻译为"内籀"，并用司马迁对《易经》和《春秋》的评述予以解释：

> 及观西人名学，则见其于格物致知之事，有内籀之术焉，有外籀之术焉。内籀云者，察其曲而知其全者也，执其微以会其通者也。外籀者云，据公理以断众事者也。……迁所谓本隐之显者，外籀也；所谓推见至隐者，内籀也。其言若诏之矣。二者皆即物穷理之最要涂术也。②

为了帮助清末中国读者理解 deduction，严复用《易经》的"本隐之显者"来解释，并用《春秋》的"推见至隐者"来解释 induction；这种方法论上的比附是"格义"，严复解释为什么《周易》是"外籀"之书时说："《大易》所言之时，德、位皆品也，而八卦、六爻所画、所重皆数也。其品之变依乎其数，故即数推品，而有以通神明之德，类万物之情。此易道所以

---

① 慧皎：《高僧传（卷41）》，北京：中华书局，1992年，第32页。
② 严复：《严复集》（王栻编），北京：中华书局，1986年，第1319页。

为外籀之学也。"① 当然，严复对"格义法"的借鉴，与"西学中源"那种"礼失而求诸野"有截然不同的区别，严复的目的不是为了证明西方近代学术在中国"古已有之"，其"会通"的重要目的是为了比附帮助国人理解和接受，从这一点来看，"会通"与"格义"是一脉相承的。除此以外，严复更重要的目标是活跃中国文化固有之生机，如《天演论》开篇对the state of nature（自然状态）和assume（假设）等术语的翻译：

原文：It may be safely assumed that, two thousand years ago, before Caesar set foot in Southern Britain, the whole country-side visible from the windows of the room in which I write, was in what is called "the state of nature".

译文：赫胥黎独处一室之中，在英伦之南，背山而面野。槛外诸境，历历如在几下。乃**悬想**两千年前，当罗马大将恺切未到此时，此间有何景物，计唯有**天造草昧**，人功未施。②

"天造草昧"最早可以从《易经》中找到相关说法："雷雨之动满盈，天造草昧。"《易经》第三卦更是作了详细解释："有天地然后万物生焉。盈天地之间者唯万物,故受之以屯。屯者盈也。屯者物之始生也。"③ 屯在《易经》中是乾坤产生的第一卦，象征万物初生，充塞于天地之间。所以，"天造草昧"即《易经》中的"屯"，指的是天地之始、万物初生的状态。此外，道家的"天"与赫胥黎的"自然"是相通的，严复这种会通法借鉴了道家的"天人合一"和"道法自然"思想，用道家术语"天造草昧"比附进化论的the state of nature，所以，有论者认为这充分显示了严复"兼顾先秦经典与西文原著的追求"。④ 另外，严复对assume这一西方逻辑术语的翻译，译为"悬想"，具有庄子"逍遥游"的特征，这样的想象纵横驰骋，其思维方式和论辩风格成为当时士人阶层所喜爱的庄子话语，其中西方哲

---

① 严复：《严复集》（王栻编），北京：中华书局，1986年，第1048页。
② 严复[译]：《天演论》，载《严复集》（王栻编），北京：中华书局，1986年，第1323页。
③ 黄寿祺、张善文：《周易集注》，上海：上海古籍出版社，2001年，第740页。
④ 高中理：《〈天演论〉与原著比较研究》，北京：北京大学博士论文，1999年，第13页。

学的逻辑概念虽有所损失，但通过这样的"会通"，读者可以从喜闻乐见的先秦诸子话语语境去领会和接受西方进化论。① 从术语的接受来看，严复这种西方概念中国化的方式是非常成功的，尽管在赫胥黎的原文中，"人"与"自然"是二元价值体系，而严复以"悬想""天造草昧""人工"等术语构建了一个"天人合一"的中国话语体系，所以，严复在术语翻译处理上，其会通策略明显以西学中国化为依归。

严复在术语翻译上所采取的是会通法，会通法展示了译者充分的文化自觉，译者可以借此达到双重超越之目的：一方面是开放地接受西学的他山之石，中西比照，以西学观照中学，从而达到超越中学传统观念之目的；另一方面基于中国的学术文化现状，对西方学术予以借鉴和扬弃，从而实现超越西学之目的。所以，严复对西学的态度绝非全盘接受，而是采取非常理性的态度进行批判性借鉴，比如严复所译《国富论》，原著的书名按其字面意义应该翻译为《国民财富的性质和原因研究》(*An Inquiry into the Nature and Causes of the Wealth*)，顾名思义，严复意图将亚当·斯密的近代资本主义经济学原理译介到中国，其目的就是要实现国富民强，但是严复对西方自由主义经济弊端的认识同样深刻，比如其对 monopoly 这一经济学术语的翻译和分析：

原文：A monopoly granted either to an individual or to a trading company, has the same effect as a secret in trade or manufactures. The monopolists, by keeping the market constantly under-stocked by never fully supplying the effectual demand, sell their commodities much above natural price, and raise their emoluments, whether they consist in wages or profit, greatly above their natural rate.

译文：国家许工商以**辜榷**之权，其效与商秘市情，工私方诀等。盖**辜榷**之家所以得利，在常使供不副求，供不副求，价乃逾经，而其业之庸息并进。②

---

① 高中理：《〈天演论〉与原著比较研究》，北京：北京大学博士论文，1999年，第14页。
② 严复[译]：《原富》，北京：商务印书馆，1981年，第82页。

严复把 monopoly 翻译为"辜榷",即当今所谓的"垄断","垄断"源于孟子的:"必求垄断而登之,以左右望而网市利",① 充分体现了市场价格与生产之间的动态关系,从而会通了亚当·斯密的自由主义经济思想。严复也使用了"垄断"会通西方的 monopoly,估计严复翻译讲究"雅驯",且在他看来"辜榷"更为妥当,所以他还是以"辜榷"为译名。在原文中亚当·斯密对 monopoly 操控市场、操纵价格的现象深恶痛绝,严复也认同其对 monopoly 弊端的批评。但是,严复能"超胜"亚当·斯密之处在于,严复不仅注意到"辜榷"的弊端,也注意到国家如何利用和掌握好"辜榷",如何发挥"辜榷"之长处。比如盐业等关系国计民生的产业应该实行国家垄断,高额的利润可以作为国家赋税收入,而邮政这种产业需要大量的投入,这样必不可少的公益事业也必须由国家承担,可以减轻百姓的负担。

由此看来,严复在西学术语译介时所采取的会通法虽然受格义法的影响,但是会通法在思想和方法上都远远超越了格义法,格义的主要目的是为了解释原文术语之概念。会通法则是通过概念的比较和对照,融会贯通中西学术,这种贯通可以超越"体用之争"的局限性,达到充分借鉴西学和发扬传统之目的。因此,会通法的可资借鉴之处也是多方面的:其一是会通法通过西学译介可以激发中国传统学术的活力;其二是会通法可以通过西学反思中学,或以西学的先进性来批判中国本土的学术和文化思想;②其三是会通法以翻译为突破口,借翻译抒发个人学术观点,从而超越作者的学术思想。从其翻译行为来看,严复的翻译绝非单纯的语言转换行为,所以,对严复的评价不能单纯从语言本身来讨论,而必须将其翻译融入近代中国学术史和思想史的大语境之中来反思。

第二节　会通法与严译术语的厘定原则

在翻译西学术语时,严复不仅从理论上强调了术语翻译对会通中西学术的作用,而且在其术语翻译实践中也形成了一套比较成熟的翻译原则。

---

① 孟子:《孟子》,北京:中华书局,2006 年,第 27 页。
② 张德让:《翻译会通研究》,上海:华东师范大学博士论文,2010 年,第 132–139 页。

在论述术语翻译对学术的重要性时，严复认为"今夫名词，译事之权舆也，而亦为之归宿。言之必有物，术之必有涂也，非是且靡所托始焉，故曰权舆。识之其必有兆也，指之必有櫽也，否则随之亡焉，故曰归宿。"①在严复看来，术语翻译是整个翻译事业的关键，术语翻译必须力求准确，从现代符号学来看，就是术语的能指与所指必须一致，术语的命名要做到"识之有兆"，要有学理依据，做到"指之有櫽"，方能推进学术研究的进步，这才是术语翻译的"归宿"和终极目标。严复也深刻认识到术语适者生存的特点，不符合术语命名原理，概念不准、名不符实、违背学理的译名最终会走向消亡。严复认为合适的译名，有利于学术发展，反之，则可能"稗贩传讹，遂成故实，生心害政"。②换言之，术语翻译不当会导致以讹传讹、流弊丛生，甚至妨碍学术进步和国家治理。由此观之，严复对当时术语翻译概念不准确的现象是深恶痛绝的，而且针砭学界时弊，言辞恳切，发人深省。

西学术语汉译要做到会通中西学术，首先要详细考证所译术语在其原文中的概念和内涵。在严复看来，如果要确立准确的译名，就必须对该术语的词源详细探究，对其含义透彻了解，对其内涵和外延界限明确。在《界说五例》中就为给新名词定义提出了五条原则：

一、界说必尽其物之德，违此者失其混。
二、界说不得用所界之字，违此者其失环。
三、界说必括取名之物，违此者其失漏。
四、界说不得用诂训不明之字，犯此者其失荧。
五、界说不用"非""不""无"等字，犯此者其失负。③

在上述五条原则中，第一条是关于术语的内涵，即任何界定必须能说明事物的内涵；第三条是关于术语的外延，任何界定都要囊括界定对象的全部内容，不能有所疏漏。其他几条则不能使用被界定的词汇，不能使用涵义不明确的词汇，也不能使用否定句来界定。比如，严复考虑 organism

---

① 严复：《严复集》(王栻编)，北京：中华书局，1986年，第277页。
② 同上，第277页。
③ 同上，97–98页。

源自希腊语，其本义为"器"，又有"机关"含义。近代以后该词成为科技术语，指有生命的物质。严复之所以命名"有机体"是因为界定明确，即"其物有生，又有机关，以司各种生理之功用者"。① 再如，英文 constitution 其义本为"建立"和"合成"的意思，因此不仅可以用于指涉国家，也可以用于指动植物，乃至政府机构和社会组织，"凡有体段形干可言者，皆有 constitution 之义。"② 在严复看来，名词 constitution 是由动词 constitute 转化而来，在原文中指的是国家制度、政府机关，也可以指生理器官，"宪法"二字可用于指国家法律制度，而且政府机构也尚可用该词来表达，但是如果指的是人身草木，涉及形状和躯干，翻译为"宪法"则尤为不妥。由此可见，从现代翻译学的词汇对等概念来看，严复在术语翻译上尽可能做到英汉语最大程度的对等，所以他认为 organism 之译为"有机"比 constitution 之译为"宪法"界定更为准确，也更符合原义。

对于术语翻译，严复始终将其作为一种比较严肃的学术翻译，其术语意识是非常显著的，除了认真界定术语内涵之外，还将术语置于特定的语境考查其用法，并予以充分的解释和阐发，严复对这些术语的解读之深入，甚至可以与以英语为母语的古典学者媲美，其目的就是为了准确把握所译术语的概念。对于 liberty 这一近代政治术语的翻译，当时有学者认为宜译为"公道"，严复对该词内涵做了非常翔实的考证，证明其翻译不妥：

谨案：里勃而特，原古文作 libertas 里勃而达，乃自繇之神号，其字与常用之 freedom 伏利当同义。伏利当者，无挂碍也，又与 slavery 奴隶、subjection 臣服、bondage 约束、necessity 必须等字为对义。人被囚，英语曰 To lose his liberty 失其自繇，不云失其公道也。释系狗，曰 Set the dog at liberty 使狗自由，不得言使狗公道也。③

对于 liberty 的翻译，严复的翻译考究了其英文古词 libertas，以现代语

---

① 严复：《严复集》（王栻编），北京：中华书局，1986年，第277页。
② 陆道夫：《试论严复的译名创新》，载《河南大学学报》，1996年第1期，第38-39页。
③ 严复：《〈群己权界论〉·译凡例》，载《翻译论集》（罗新璋编），北京：商务印书馆，2009年，第208页。

言学来看，其学术思辨涉及词源学原理，涉及自由之神的文化内涵；并仔细对照其同义词 freedom，以及 slavery、subjection、bondage、necessity 等诸多反义词，可以说涉及语义学原理；还将其置于特定语境，说明译名"自繇"比"公道"更为妥当，涉及语用学原理。① 当然，这种学问方法在很大程度上受中学传统的"训诂"和"正名"的影响，在严复的时代，"西学中源"思潮虽然已经式微，但是影响力仍然存在，文化保守主义可谓根深蒂固，所以，严复所采取的翻译路线至少在一定程度上有助于其译介的学术思想为守旧文人所接受，并且严复英汉语文修养以及其译书的学术态度，均非一般学者可以企及。

其次，对于术语翻译，严复也极其重视所译术语在目标文化中的接受以及可能产生何种影响。除了努力分析该术语的文化内涵，明确其辞典意义、引申意义和词义演变之外，严复常引经据典比较译名与原文术语的文化差异，并以此为基础阐发和反思中西文化的优势和缺陷。比如 liberty 之译为"自繇"，严复指出古文中的"自繇"含有一定的贬义，贬义是"放诞无拘"和"肆无忌惮"，但是他认为这不是西学中 liberty 的本义。严复担心中国社会滥用西方"自由"，还特别指出如果要争取个人自由，就必须尊重他人的自由，不得侵犯他人的自由，这就是先秦经典《大学》中所说的"絜矩之道"，"君子所持以平天下者矣"。② 在严复看来，西方近代的自由平等思想与儒家的修身齐家治国之道有相通之处。③ 但是，在西方主张个人之自由绝对不能侵犯他人之自由，要具备鉴别什么为自由，什么不是自由的能力。

严复把约翰·穆勒的 On Liberty 翻译为《群己权界论》，而不是《自繇论》，其目的就是希望通过其译介让国人知道如何去把握自由的界限。何谓自繇？严复引用佛典说："佛言：'一切众生，皆转于物，若能转物，即同如来'。能转物者，真自由也。"严复还引用佛学中的"自在"来解释"自繇"："乃言实践一切六如，变幻起灭，独有一物，不增不减，不生不灭，以其

---

① 张景华：《论严复的译名思想与翻译会通》，载《湖南科技大学学报》，2013年第5期，第136页。
② 严复：《〈群己权界论〉·译凡例》，载《翻译论集》（罗新璋编），北京：商务印书馆，2009年，第209页。
③ 同上，第209页。

长存,故称自在。"① 根据佛学理念,严复认为自由就是超脱现实世界的心境,修身养性,勿用为现实所烦恼。严复认为这也与道学中的"造化真宰、无极太极"之意相对应,为此,严复还用了柳宗元的诗句:"破额山前碧玉流,骚人遥驻木兰舟,东风无限潇湘意,欲采苹花不自繇",借此说明"自繇"有"自由自在"的涵义,与西文中的 self-existence 相似。因担心中国社会滥用和曲解"自繇",严复还严厉批判了卢梭的《民约》中的"斯民生而自繇"之说,"初生小儿,法同禽兽,生死饥饱,权非己操,断断乎不得以自繇论也。"② 严复认为初生的小孩和禽兽一样,生死、饥饿、温饱都无法自己做主,谈何自由,也就是说人类的自由并不是天赋的,不是无条件的。严复还指出西方虽然标榜言论自由,其实也没有绝对的言论自由,西方言论最难自由的莫若宗教。

再次,术语翻译要注意统一译名,以免概念混乱。为了厘定译名,同文馆编制了大量的中西术语对照表以规范译名。到庚子事变之后,清政府重开兴学之议,1902 年,时任管学大臣张百熙指出:中国虽然大规模翻译西书近三十年,但是译名厘定工作成效很不理想,即使是外国地名之类的译名,也不能"审为一定之音,书作一定之字"。于是,主张京师大学堂下设译书局,制定中外术语对照表,"颁行各省",以后无论翻译和出版任何书籍,都可以采用表中所厘定的术语,"以归划一,免淆耳目"。③ 作为译书局的总办,严复在《京师大学堂译书章程》中规定,西学术语的翻译分为"译"和"不译"两种:

译者谓译其义,不译者但传其音;然二者均须一律。法于开译一书时,分译一人另具一册,将一切专名按西国字母次序开列,……呈请奏准颁行,以期划一。译书遇有专名要义,无论译传其意,如议院、航路、金准等语,抑但写其音,……理宜订定一律,以免纷纭。法于所译各书之后对照表,以备学者检阅,庶新学风行之后沿用同义,不生歧异。④

---

① 严复:《〈群己权界论〉·译凡例》,载《翻译论集》(罗新璋编),北京:商务印书馆,2009 年,第 209 页。
② 同上,第 209-211 页。
③ 北京大学校史研究室:《北京大学史料》,北京:北京大学出版社,1993 年,第 54 页。
④ 严复:《严复集》(王栻编),北京:中华书局,1986 年,第 128 页。

对于译名统一，严复首先从翻译方法上予以明确，不管是义译，还是音译，都应该统一，学术界比较关注义译的译名统一，而严复明确指出，伯理玺天德（president），哀的美敦（ultimatum）等音译术语也应该统一。在学术规范层面，严复对统一译名也积累了较为丰富的经验，首先是译者在翻译时就要有统一译名的意识，制定术语表为译书的附件，术语表按字母顺序排列，这种方法已经成为当今翻译外文学术著作的惯例。在译名统一的管理上，严复也提出了很好的建议，即译者负责初步规范译名，然后"总译"负责初步审定译名，再由学术组织负责审定形成术语汇编，最后由政府颁行。

另外，严复认为术语翻译作为一种学术活动，为了学术进步应该敢于创新译名。为此，严复提出了"树新译、不因循"的术语翻译思想，[①]从现代术语学来看，严复已经认识到新术语是新概念的载体，术语的创新对于学术创新和知识传播的作用是不可低估的。有论者认为其重要原因是严复在翻译《穆勒名学》时，受穆勒逻辑学思想的影响。[②]严复特别指出"今物之同名者，不必有同德，而同德者，又不必有同名"，于是，就引发了界说之争。对于学者来说，应该"弃置利俗之名，别立新称，以求言思不离于轨辙。"[③]

严复之所以提出术语翻译要敢于"弃置利俗之名，别立新称"，是因为他认识到术语作为学术思想的载体，需要不断更新，学术思想才能不断创新，不断超越。换言之，如果旧的译名无法承载新概念和新思想，那么译者在翻译过程中要做到既"同名"又"同德"，就不得不创新译名，由此可见，创译是术语翻译中一种"诚有所不得已"的选择。于是，严复非常重视新译名能否为读者所理解的问题，为此他对一些新术语和新概念以大量的按语予以详细阐释，甚至不惜以长篇大论介绍新创译名的学术理据。张嘉森曾高度评价严复在术语翻译方面的学术创新精神，认为严复用中国"古文家"所使用之词语译西方学术著作，所译术语"皆出独创"，比如物竞、

[①] 刘松：《论严复的译名观》，载《中国科技术语》，2016年第2期，第36-37页。
[②] 同上，第36页。
[③] 严复：《严复集》（王栻编），北京：中华书局，1986年，第1031页。

天择、名学、逻辑等，已经成为中国语言文字所不可或缺之术语，对于中国知识界"有不刊之功，无俟深论"。① 从严复的学术影响来看，无论是胡适、梁启超等近代学者，还是当今学术界，都肯定严复为近代"介绍近世思想第一人"，这主要是从学术思想的角度予以评价，但是，对于其术语翻译尤其在创新术语方面给与的肯定却少之又少。其实，严复对西方学术先进性之认知是非常深刻的，他不仅重视西方学术思想本身的译介，也深刻认识到术语创新对于近代中国学术进步的意义。

第三节 会通法与严译术语的"达旨"

梁启超高度评价严复为中学和西学"皆第一人物"，这不仅是因为严复深谙西方著作的学术思想，并能将中西学术融会贯通，互证互鉴；更重要的原因在于严复译介和传播西学的成就。严复首倡"信达雅"的翻译标准，他对于翻译标准的表述可谓言简意赅，在翻译界的学术影响可谓继往开来。无论在中国还是在西方，翻译界普遍将"信"作为翻译的首要标准，"信"即忠于原文，这是翻译的最重要目标，既是一种衡量和评价翻译的标准，也是译者所坚守的职业伦理和所追求的理想，可谓虽不能至，心向往之。然而，如果认真审视严复的译本和相关评述，"达"虽然说"词达而已"，做到文辞"达意"，但是，"达意"从另一种角度来看也是"达旨"。从严复翻译实践来看，"达旨"实质上甚至比"信"更为重要，严复在《天演论》序言中就申明为了"达旨"，译文要传达原文的深层汉译，必须调整词语和句子顺序。只要没有背离原文的意义，就不必纠结于字词的顺序，"题曰达旨，不云笔译，取便发挥，实非正法"②。

对于严复术语翻译中的"达旨"和"取便发挥"，如果单纯从语言层面来评价，就难以解释其翻译标准和翻译实践之间矛盾，也就难以理解严复的良苦用心。其实，晚清学术界也很少有学者质疑严复翻译的语言水平

---

① 贺麟：《严复的翻译》，载《翻译论集》（罗新璋编），北京：商务印书馆，2009年，第226—227页。
② 严复：《〈天演论〉·译例言》，载《翻译研究论文集》（中国翻译工作者协会编），北京：外语教学与研究出版社，1984年，第7页。

和翻译能力,更何况连不懂外语的林纾,甚至被推崇为旷世"译才"。① 事实上,严复对中外文涵养之深厚,对中西学术思想认识之深刻,远远超出当时引领社会风潮的维新人士。有学者认为,严复对西方学术的认识,不仅远非郭嵩焘、张之洞、李鸿章等洋务派人物可比,甚至康有为、梁启超、王韬、郑观应等"也都不能望其项背"。② 无论是从翻译工作的态度来看,还是从外语素养来看,严复还是比较自负的。严复说自己的翻译每一字都颇费斟酌,"字字由戥子称出"。这也是他翻译《天演论》时所感叹的"一名之立,旬月踟蹰"的专业精神。严复还非常自信地说:"有数部书,非朴为之,可决三十年中无人为此者。"③ 他自信地认为如果把中西学术水平和中西文字修养结合起来的话,自己应该是当时学术界中难以比肩的。

事实上,严复承认自己的翻译实践"实非正法",这与其所倡导的翻译标准或多或少有些矛盾,产生这种矛盾是因为严复为了"达旨",而对其译文进行取便发挥,这对于以会通为目标的严复来说实在是基于当时的学术语境而"取便发挥"。严复在语篇层面"取便发挥"的"达旨",这与其在术语层面的翻译会通法达到了高度吻合,可谓相得益彰。在中西学术差异悬殊的时代,"达旨"对于中国读者来说,不仅是译介和传播西学的可行策略,也是通过"会通"以实现"超胜"的有效途径,比如《天演论》导言十五的翻译:

原文:Even should **the whole human race** be absorbed in one **vast polity**, within which "**absolute political justice**" reigns, the struggle for existence with the state of nature outside it, and the tendency to the return of the struggle within in consequence of over-multiplication, will remain.

严译:诚使**五大洲**有**大一统**之一日,**书车同其文轨**,**刑赏出于一门**,

---

① "译才并世数严林",出自康有为的《琴南先生写万木草堂图题诗见赠赋谢》,原诗为:译才并世数严林,百部虞初救世心。喜剩灵光经历劫,谁伤正则日行吟。唐人颓艳多哀感,欧俗风流所入深。多谢郑虔三绝笔,草堂风雨日披寻。
② 王栻:《论严复与严译名著》,北京:商务印书馆,1982年,第4页。
③ 王栻:《严复集·前言》,载《严复集》(王栻编),北京:中华书局,1986年,第5-6页。

人群**太和**，而人外之争尚自若也。**过庶**之祸莫可逃也。①

笔者译：即使有朝一日整个**人类社会**都被吸收到一种**宏大政体**之中，在这种政体中"**绝对政治正义**"占统治地位，但是生存竞争会依然存在，一种生存斗争是人类社会与外部自然环境的斗争，另一种生存斗争则是人类过渡繁衍所导致的结果。

严复以"五大洲"翻译 the whole human race，以"大一统"翻译 one vast polity，以"太和"翻译 absolute political justice，以学术文体的术语翻译的准确性标准来看，严复所用的中文术语与英文在概念上的确差异悬殊，与当今学术翻译所要求的"信"似乎相差甚远。此外，严复不仅用"大一统"这种本土术语翻译 one vast polity，竟然在译文中增加了"书车同其文轨，刑赏出于一门"。所谓"同文共轨"出自《礼记·中庸》：今天下车同轨，书同文，行同伦。后世以"同文共轨"比喻国家统一，玄奘在《大唐西域记》中也说："同文共轨,至治神功,非载记无以赞大猷。"② 这种"取便发挥"和概念比附与学术翻译所要求的严谨性也似乎格格不入。如果从语言层面的"信"来评价严复的翻译，严复本人亦承认其翻译"实非正法"，但是从中西学术会通来看,严复的翻译可谓"出神入化"。严复所用"五大洲""大一统""太和"和"过庶"等术语虽然具有鲜明的民族化特征，但是，从微观的语言理解层面来看，严复以中国文化政治术语比附西方近代政治术语，这种比附对缺乏西方近代学术背景知识的中国读者来说，确实有助于近代中国知识界的理解和接受，也能较好地诠释赫胥黎原文中本句的学术观点：即使在"绝对政治公正"的社会，人与自然、人与人之间生存斗争也是不可避免的。

严复以"太和"比附 absolute political justice（绝对政治正义），英文中的 absolute political justice 是与西方资产阶级启蒙思想相关的"政治正义

---

① 严复[译]：《天演论》，载《严复集》(王栻编)，北京：中华书局，1986年，第1358页。
② 慧立、彦琮：《大慈恩寺三藏法师传》，北京：中华书局，2000年，第32页。

论"，① 而严复的"太和"最早见于《周易》："乾道变化，各正性命，保合太和，乃利贞。"所谓的"乾道"即天道，即自然变化使万物以其自然状态存在，根据其各自的禀赋和品性，协调并济，从而实现充分和谐，称之为"太和"。"太和"是中国哲学的基本概念术语，无论儒家还是道家都崇尚这种思想。以孔子为代表的儒家认为"唯天为大，唯尧则之。""天是普遍和谐的"。道家说"人法地，地法天，天法道，道法自然。"所以，道家也是崇尚和谐的。② 严复以"大一统"比附 one vast polity（一种宏大的政体），为了解释 one vast polity，以秦始皇统一六合的"书同文、车同轨"来解释。从哲学体系差异来看，严复所主张的是中国传统哲学的普遍和谐观念，这造成了译文对"社会达尔文主义的消解"，中学传统中的儒释道都反对社会达尔文主义那种弱肉强食，非道德的社会秩序。③ 所以，严复在术语翻译上的"出神入化"在于，单从某一句子的学术观点来看，其会通策略似乎非常完整地呈现了赫胥黎的学术观点，但是，这一系列的民族化术语却巧妙地消解了赫胥黎的社会达尔文主义，再加上一系列案语和取便发挥，超越了赫胥黎殖民主义伦理，实现了其翻译的"达旨"，这种"达旨"可以说既超越了中国传统学术，也超越了西方的近代学术。

对严复"达旨"批评最严厉的当属傅斯年，他认为严复翻译《天演论》和《法意》其实很糟糕，因为严复的翻译不对原文负责，只对自己负责任，严复的达旨"实在不足为训，势必至于改旨而后已"。④ 那么，我们当代学术研究当如何看待傅斯年的批判？傅斯年对当时西学翻译的复杂性认识不够，因而其评价也过于简单，其观点亦难免偏颇。从其翻译的交际功能来看，严复的翻译基本上是忠实原文的，即使是术语翻译的准确性不够，也是因

---

① 政治正义：政治正义观在西方的发展经历了一个漫长的阶段，直到近代才基本上形成其独立文化政治的内涵。孟德斯鸠的学说奠定了西方近代政治正义观的基础，政治正义观反映了18世纪资产阶级启蒙思想家反对封建神学和专制统治、建立资本主义国家的政治要求。其政治正义观以自由为中心、以理性为指导、以分权制衡为保障，成为资产阶级革命的理论武器。
② 高中理：《〈天演论〉与原著比较研究》，北京：北京大学博士论文，1999年，第98页。
③ 同上，第98-99页。
④ 贺麟：《严复的翻译》，载《翻译论集》（罗新璋编），北京：商务印书馆，2009年，第218页。

为中西学术差异悬殊造成的，设身处地置于严复所处的学术环境，基本对等的术语可谓寥寥无几。实际上，从术语翻译来看，严复的"达旨"架起了沟通中西学术的桥梁,严复的翻译并不是傅斯年所说的"只对自己负责"，更为准确的说，严复的会通式翻译是要对中国学术和中国社会负责。

严复把 society 翻译为"群"，把 sociology 翻译为"群学"是这种会通式翻译的生动写照。严复没有采用当时的日语译名"社会"和"社会学"，而是发扬荀子的学说和观点："人之所以异于禽兽，以其能群也。"① 当然，人群与社会还是存在一定的差距的，至于这种差距，严复在《社会通诠》中是这样解释的："社会者，群居之民，有其所同守之约束，所同蕲之境界。是故，偶合之众虽多，不为社会。"② 所以，严复命名"群"和"群学"，既可以弘扬中国传统学术，也借此批判晚清中国社会落后于近代国家的社会发展程度。这种会通式翻译，既可以通过译介西学来继承和发扬中国传统学术的优点，又可以西学为镜反观中学,批判中国本土学术文化的落后性。③ 严复对 society 和 sociology 的译介，其术语翻译不是孤立的讨论某个术语，而是深入挖掘该术语的词源及其学术思想内涵，并与儒家中荀子的思想主张互相参照，并将其与西方近代的"国"和"国家"观念联系起来：

荀卿曰："民生有群。"群也者，人道所不能外也。群有数等，社会者，有法之群也。社会，商工政学莫不有之，而最重之义，极于成国。尝考六书文义，而知古人之说与西学合。何以言之？……西学国之界说曰：有土地之区域，而其民任战守者曰国。而字书曰：国，古文或，从一，地也，从口，以戈守之。观此可知中西字义之冥合矣。④

严复之所以将 sociology 译为"群学"，其主要依据是荀子的"群"学思想，说明中国传统的"国家"观念与西方是基本相通的，而且这种比附并不是牵强附会，英国社会人类学家卜朗（Radcliff Brown）甚至认为荀子

---

① 严复：《严复集》(王栻编)，北京：中华书局，1986 年，第 6 页。
② 严复：《社会通诠》，北京：商务印书馆，1981 年，第 1 页。
③ 高中理：《〈天演论〉与原著比较研究》，北京：北京大学博士论文，1999 年，第 49 页。
④ 严复：《严复集》(王栻编)，北京：中华书局，1986 年，第 125 页。

是中国社会学的"老祖宗"。① 但是，严复也意识到到荀子思想与西方近代社会学还是有所区别，荀子对"群"的认识并不局限于"群"，而更强调"国"，更重视"国群"的意义，关注的是国家存亡。严复这种会通式解读，可谓古今并用，中西互释，再加上其说文解字的训诂方式，有效地消解了西方社会学的陌生性，从而让中国读者更乐于接受西方近代社会学思想。

在西方社会科学译介方面，无论是从学术翻译本身来看，还是从其学术翻译的历史影响来看，严复堪称具有卓越成就的翻译家。严复所采取的会通式翻译通过中西互鉴、整合中西学术的"达旨"，所以，有学者认为严复是第一位能站在学科全局的高度译介西学，并在融合中西学术的基础上，构建中国特色社会科学的学者，严复的学术思想集明末以来中西学术思想之大成，并曾一度引领着中西文化交流和中国文化发展方向。② 总结起来，严复会通式的术语翻译，其"达旨"至少有三种目的：其一是藉西学批判中学之缺陷，其二是通过中西学术的比附，复兴中国传统学术，其三是藉中学批判地借鉴西学，为我所用。在当代西方翻译理论中，争议最多的莫过于弗米尔（Hans Vermeer）和诺德（Christiane Nord）等学者所提出的"目的论"（skopos theory），所提出的目的原则（skopos rule）、连贯原则（coherent rule）和忠实原则（fidelity rule），目的论将忠实原则置于目的原则和连贯原则之后。③ 其实，所谓的"目的"与严复所提出的"达旨"，两者实质上是相通的，严复的翻译为求"达旨"，略亏于"信"，④ 这与目的论将忠实原则让位于目的原则本质上并无差异，目的论以行为主义为其语言哲学基础，若以学理而论其思想深度远远不及严复的会通思想。

---

① 费孝通：《在北京大学文化人类学高级研讨班上的讲话》，1995年7月。转引自王宪明：《严译名著与中国文化的现代化》，载《福州大学学报》，2008年第2期，第27页。
② 王宪明：《严译名著与中国文化的现代化》，载《福州大学学报》，2008年第2期，第28页。
③ Nord, C. Translation as a Purposeful Activity: Functionalist Approaches Explained. Manchester: St. Jerome, 1997.
④ 贺麟认为严复早期的翻译"恐因他译术尚未成熟，且无意直译，只求达旨，故于信字，似有略亏"，并指明其翻译"似乎偏重意译，略亏于信"。参见贺麟：《严复的翻译》，载《翻译论集》（罗新璋编），北京：商务印书馆，2009年，第219-220页。

第四节 会通法与严译术语的式微

严复翻译的诸多术语,如乌托邦、计学、名学等曾经一度盛行于晚清学术界,有些译名甚至沿用至今,毋庸置疑,严译术语对于当时的中西学术交流和会通发挥过重要作用。在学科名称方面,严复的学术影响力更是得到了充分的体现,除名学(logic)、计学(economics)、群学(sociology)、心学(psychology)、生学(biology)、理学(metaphysics)、天学(astronomy)、质学(chemistry)之外,还包括支撑各学科术语体系的系列术语。尽管严复"旬月踯躅"的译名非常雅驯,甚至从中西会通的角度来看,也曾经在中国学术近代化发挥过重要作用,但是,严译术语后来在与日语译名的竞争中落败而成为历史。有学者统计了严译八大名著的术语约为2000余条,现在还流行的严译术语约有80条。① 由此可见,学术界认为严译术语被淘汰将尽,这种论断实不为过。

首先是严复以会通为目标的术语翻译,大量运用先秦诸子著作的古典词语,导致其译名显得过于学究,而且文体过于古雅。对于不能熟读先秦诸子典籍的读者来说,实在是解人难索,甚至号称"兼容并包"的北大校长蔡元培也批评严译"过于雅驯",令读者冥思而不得其解。② 为了附庸先秦诸子之雅驯文风,为了避免所谓的"粗犷之词",对于可以用普通词汇来表达的西学概念,严复却故意选用古奥的词语来翻译。③ 严译术语中的古奥非一般读者可以索解,比如以"罔两"译 neuter gender,以"外籀"译 induction,以"懋迁易中"译 medium of exchange,以"自繇"译 liberty,以"涅伏"译 nerve,④ 这些译名对于后来的读者来说,这些运用会

---

① 蒋骁华:《大声不入里耳——严译新词未流行原因研究》,载《外语与翻译》,2015年第3期,第62页。
② 贺麟:《严复的翻译》,载《翻译论集》(罗新璋编),北京:商务印书馆,2009年,第218页。
③ 蒋骁华:《大声不入里耳——严译新词未流行原因研究》,载《外语与翻译》,2015年第3期,第66页。
④ "涅伏"与严复所翻译的"涅菩剌斯"(nebulas)和佛教语汇"涅槃"有一字相同,而让人觉得此类翻译语汇具有佛经的意味,这无疑源于严复对佛经的研究。

通法所确定的译名确实古奥难懂，这必然导致其译文脱离普罗大众。梁启超曾委婉地批评严复的翻译"文笔太务渊雅，刻意摩仿先秦文体，非多读古书之人，一翻殆难索解"。① 事实上，对于古汉语方面学养深厚的学者来说，也觉得其译文读起来也诘屈聱牙，古奥难懂。比如，严复以"毕弗"翻译parabola（抛物线），其依据是《诗经·小雅》中的"觱沸槛泉"，形容泉水涌出的样子，严复的术语翻译的确很形象，可是这样的翻译有多少读者能懂？夏曾佑就曾在通信中毫不忌讳地提醒严复，其《原富》虽然一经出版，短期内即已经全部售完，"然解者绝少，不过案头置一编以立懂于新学场也"。② 这表明对当时的普罗大众而言，严复的译文古奥难懂，其重要的原因是术语过于雅驯，与其说严译术语是一种知识的载体，更不如说其术语是一种文化符号而已。③

此外，会通式翻译所运用的术语不仅有古奥和寡的缺点，从现代术语学来看，也造成严译术语表述的意义模糊不清，概念不够准确。对于相关问题的批评，严复在回复作如是解释："理之精者不能载以粗犷之词，而情之正者不可达以鄙俗之气。"④ 严复认为其翻译不能使用普罗大众熟悉的白话文，必须尽量使用出自国学经典中的雅驯术语，这些雅驯的术语虽然给严复译文一种先秦文风，但从学术翻译的角度来看，有些西学术语在严译文中变成了"非中非西"的汉语名词，还有些西学术语甚至变成了国学术语，其结果导致意思含混，不伦不类。⑤ 比如，以"天演"译 evolution、以"觉性"译 consciousness、以"鄂斯福国学"译 Oxford University、以"贤政"译 aristocracy、以"净宗"译 realism、以"天择"译 natural selection。如果从概念的准确性来考量，Oxford University 与国学风马牛不相及；aristocracy 不一定就是贤政，consciousness 和 realism 与佛教思想没有任何关系。就算

---

① 陈福康：《中国译学史》，上海：上海外语出版社，2011年，第86页。
② 夏曾佑：《夏曾佑致严复术》，载《严复集》（王栻编），北京：中华书局，1986年，第1574页。
③ 廖七一：《严复术语为何被日语译名所取代？》，载《中国翻译》，2017年第4期，第26-32页。
④ 严复：《与梁任公论所译〈原富〉书》，载《翻译论集》（罗新璋编），北京：商务印书馆，2009年，第207页。
⑤ 蒋骁华：《大声不入里耳——严译新词未流行原因研究》，载《外语与翻译》，2015年第3期，第65页。

是风靡一时的"天演""天择",仔细琢磨,与evolution和natural selection等生物进化论概念并不吻合。严复以中国传统学术概念去解读西方近代科学概念,如果说在西方社会科学译介的初期,有助于晚清社会接受西方先进思想,但是,随着中国社会对西学的了解不断深入,到白话文呼声逐渐兴起时,其译文缺乏学术翻译之精确性的问题也越来越突出。张君劢就批评严复以汉语古今习惯用语翻译西方学术概念,其后果是"文学虽美,而义转歧。"他还认为严复好以中国"旧观念"翻译西方新思想,因而失去了学术著作"字义明确之精神"。① 当然,张君劢的批判并没有立足于严复的学术语境,将严复的翻译"非语境化"和"去语境化",进而得出严复的翻译缺乏"科学精神"的结论,可是,随着西学东渐的推进,严复的翻译及其译名注定在东学兴起之后湮没于时代潮流。

甲午惨败,日本在国人心中的地位由"蕞尔小国"一跃成为东方强国,也因此成为中国学习西学的中转站。在清政府的推动下,留日学生的人数在清末10年急剧增长,成为影响中国社会的重要力量。有学者统计,当时每年赴日留学的人数都达到千人以上,1905—1906年更是达到每年8千余人。② 与此同时,由日本转译的西学书籍亦成为国人学习西学的主要途径。《译书经眼录》(1927年)所考察的533本译书中,译自日本的有321本,占60%之多。其余译自英、美、法等国的书籍中,又有很多是从日语转译的。③

对于从日语转译西学著作,严复认为如果要真正借鉴西学精华,必先精通其语言,借鉴西学办法有三:首先为"求之初地",即读西学原著以直接向西方学习,此为上策;其次为"简策之所流传,师友之所授业",即通过书籍或教育的方式传播西学。这两种方法皆须"资之其本用之文字无疑",最次为"求之翻译,其隔尘弥多,其去真滋远"。④ 日本自明治维新以来区区30年,要全面准确地将西方三千余年"挚乳演迤"之学术精髓译介而

---

① 贺麟:《严复的翻译》,载《翻译论集》(罗新璋编),北京:商务印书馆,2009年,第219-220页。
② [日]实藤惠秀:《中国人留学日本史》(谭汝谦、林启彦译),北京:三联书店,1983年,第451页。
③ 同上,239-241。
④ 严复:《严复集》(王栻编),北京:中华书局,1986年,第561页。

来是不可能的。因此日本虽"盛有译著",但严复批评清政府师法日本的方式,就像"侏儒问径天高于修人",是"无志而不好学"的表现。① 与严复相反的是,梁启超对日本借鉴西学的成就却褒奖有加,称赞日本自维新变法之后,广泛学习西方知识,"其所译所著有用之书,不下数千种,而尤详于政治学、资生学、智学、群学等,皆开民智强国基之急务也"②。当时很多学者如康有为、梁启超、王国维等,皆对"东学"持欢迎态度,且对应接不暇日语译名持开放心态,因为他们意识到严复这种借鉴西学方式虽然从学术上来说比较严谨,其效果不能满足当时知识界急切救国的需要。

严复不仅对这种取法东瀛的学术方式持反对态度,而且对这种方式所产生的译名亦持批判态度,主要理由是很多日语译名的学理依据并不充分,比如,日语将 economics 译为"经济学",在《译斯氏〈计学〉例言》中,严复阐明了"计学"比"经济学"更为妥当的缘由:

> 计学,西名叶科诺密,本希腊语。叶科,此言家。诺密,为聂摩之转,此言治。言计,则其义始于治家。引而申之,为凡料量经纪撙节出纳之事,扩而充之,为邦国天下生食为用之经。盖其训之所苞至众,故日本译之以经济,中国译之以理财。顾求必吻合,则经济既嫌太廓,而理财又为过陋,自我作故,乃以计学当之。③

从词源来看,英文的 economics 源自希腊语的 oikonomia,其中 oikos 意为英文的 house;nemein 意为英文的 manage。希腊源语中 economy 本意是指家政管理,那么,严复还对 economics 的构词进行了深入分析:"叶科,此言家";"诺密,为聂摩之转,此言治";"言计,则其义始于治家。"由此可见,严复对 economics 的词源和用法考究是非常严谨的,而且,严复认为将 economics 译为"经济"涵义过于宽泛,将其译为"理财",涵义又过于狭隘。中国古典文献中的"经济"涵义为"经世济民","经世"指的是

---

① 严复:《严复集》(王栻编),北京:中华书局,1986年,第561页。
② 梁启超:《饮冰室合集》(4)(林志钧编),北京:中华书局,1989年,第80—82页。
③ 严复:《严复集》(王栻编),北京:中华书局,1986年,第97页。

治理国家，而"济民"指的是扶助黎民百姓，古汉语中的"经济"与西方economics在概念上相差甚远，而严复"计学"之"计"内涵甚广，加以引申延伸到料、量、纪、搏、经、节、出、纳，此八个方面加以扩充则涵盖中国传统经世济民、经邦济世之才所需知识。如果从术语的概念准确性来看，译为"计学"比较妥当。

由此可见，从学理依据来看严复的译名并不比日语译名差，也有其"充分的历史合理性"。[①] 可是，严复的译名最后还是在与日语译名的竞争中失败了。据韩江洪统计，在1897至1904年期间，严译术语广为流行，其影响远远超过日语译名；从1905年至1910年，这一段时间严译术语与日语译名相互竞争，平分秋色；自1911年之后，严译术语使用频率逐渐下降；1919年以后大部分严译术语被日语译名所取代。[②] 为什么民国之后中国社会没有认可严复的译名，却接受了日语译名？廖七一认为译名的流通似乎并不完全取决于译名的精确与理据，其重要原因是日语译名与汉语同处于汉字文化圈内，具有相当程度的兼容性；其次，清季民初留日热带来了大量的日语译名；再次，中国教育体制与知识体系的日本化最终导致了西方概念通过日语借词进入中国。[③]

日语译名与汉语术语的兼容性主要在于汉语的表意特征显著，汉字的音和形之间的语义联系紧密，所以，在翻译外来术语时，总是倾向于选用具有意义价值的文字组合。多数学者认为西学术语汉译应该主要采用意译。所以，有学者认为汉语的表意文字系统与西方语言的文字系统差异悬殊，所以音译术语通常还"必须经过字形的吸收过程"。[④] 与西方语言相比，日语与汉语不仅具有历史渊源，两者之间兼容性相对较高。明治维新之后，日本知识界不但倾向于借鉴汉语古典文献的词语翻译西学术语，而且在构

---

① 廖七一：《严译术语为何被日语译名所取代？》，载《中国翻译》，2017年第4期，第26页。
② 韩江洪：《严复的话语体系与近代中国文化转型》，上海：上海译文出版社，2006，第5页。
③ 廖七一：《严译术语为何被日语译名所取代？》，载《中国翻译》，2017年第4期，第26—32页。
④ [意]马西尼：《现代汉语词汇的形成》（黄河清译），香港：汉语大词典出版社，1997年，第166页。

词方法上也借鉴汉语构词形式进行翻译命名。① 这种高度的兼容性使日语译名"很容易被现代汉语吸收"。② 甚至严复本人的译文中也混入了不少日语译名。③ 当时中国知识界普遍主张国人学习日语，而且认为翻译日本之书为汉语可以达到"事半功倍"的效果，由此可见，日语译名与汉语术语的兼容性是日语译名能取代严译术语的重要原因。

对于严译术语和日语译名的竞争，不能不考察清末中国社会的文化语境，这种语言现象的存在与文化历史是不可分割的，因为从1898年到1907年是近代史上中日交流的"黄金十年"，④ 从1898到1910年，无论是思想形态方面，还是政治体制方面，中国社会发生了重大的转变，在此过程中，日本既是中国社会转型所学习的典范，也是中国社会转型的积极参与者。从1901年开始，清政府颁布新学制，废除科举，与此同时，清政府还广开渠道，倡导留学日本，从而掀起了史无前例的留日热潮。这些留日学生涵盖了各种阶层、各种年龄、各种教育程度的群体。中国留日学生的剧增带来了翻译活动的高潮。随着大量的日籍汉译，一大批日语译名也融入汉语的术语体系，不但充实了汉语术语系统的语汇，而且"促进汉语多方面的变化"。⑤ 与此同时，中国教育体制也逐渐日本化、日本教材的译介和引进，这使得当时的青少年可以直接接受日本化的西方学术思想，因此，日语译名就成为不可或缺的学术话语和表述工具，日语译名也从消极的知识资源转变为大众的知识基础。⑥

严译术语逐渐式微的原因是多方面的，其中还有一个很重要的因素是

---

① [意]马西尼：《现代汉语词汇的形成》（黄河清译），香港：汉语大词典出版社，1997年，第175页。
② 同上，第176页。
③ 沈国威：《严复与新国语的呼唤》，载《术语翻译研究导引》（魏向清等编），南京：南京大学出版社，2012年，第147-149页。
④ 在中国现代化进程中，日本的侵略给中华民族带来了灾难，但是，任达认为从1898至1907年，中日关系堪称"黄金十年"。面对西方列强集体瓜分，日本国内的"清国保全论"认为中国存亡与日本之存亡息息相关，从而主张帮助中国觉醒，出于中日双方的共同利益，出现了中日交流的黄金时代。参见[美]任达：《新政革命与日本——中国，1898-1912》（李仲贤译），南京：江苏人民出版社，1998年，第7-9页。
⑤ 任达：《新政革命与日本：中国，1898-1912》（李仲贤译），南京：江苏人民出版社，1998年，第131页。
⑥ 廖七一：《严译术语为何被日语译名所取代？》载《中国翻译》，2017年第4期，第30页。

术语推广和流行离不开政府作为权力机构的推广。严复不仅身体力行以这种会通理念推动西学术语译介和规范，还身兼编订名词馆总纂的职责，在1902年到1910年间，名词馆厘定了数学、植物学、地学、辨学、伦理学等各种名词对照表，涉及20多个学科，总计约3万多条专业术语。据有论者统计，在赫美玲（Karl Hemeling）1916年所出版的《中英辞典》中，就收录了名词馆所厘定的16041条术语。① 这一事实说明严复的术语理念并非不能在中国文化土壤上生根发芽，况且严译术语也有很多流传至今。诚然，到民国时期严译术语在与日语译名竞争中逐渐式微，但是，这并不是因为其译名在精确性和理据性方面不如日语译名。② 对于严译术语最后淡出历史的最重要原因，有论者认为最根本的原因是"清末中央政府的控制力不断下降"，而清政府的解体导致严译术语"失去了强大的官方支持。"③

小结

甲午战争之后，身处危机深重的中国，严复翻译了大量的近代西学著作，对于严复的学术贡献，梁启超这样评价："西洋留学生与本国思想界发生关系者，复其首也。"④ 由此可见，要评价严复在西学术语译介方面的贡献，也必须以西学与中国思想界之关系为参照，因此也证明会通中西是严复术语翻译思想之核心和灵魂。严复在术语翻译中西互鉴，以复兴中国传统学术和批判性地借鉴西学，从而实现超胜的终极目标，这种治学方式时至今天仍然闪烁着思想光辉，其术语翻译具有传统义理、考据、辞章的治学特征，义理注重思想内容；考据是基本文献功底；文辞属于学术思想的表达艺术。严复在翻译西学术语时是非常重视阐释术语本身的"义理"，深入挖掘其学术思想内涵，翻译术语常引经据典反复考证，术语翻译命名重视文辞

---

① 何思源：《严复的东学观与清末译名统一活动》，载《北京社会科学》，2015年第8期，第40页。
② 沈国威：《严译与新国语的呼唤》，载《术语翻译研究导引》（魏向清等编），南京：南京大学出版社，2012年，第135-153页。
③ 同上，第36-45页。
④ 梁启超：《清代学术概论》，上海：上海世纪出版集团，2005年，第82页。

雅驯，表达重"文章正轨"。① 日语译名崛起之后，严译术语虽然逐渐式微，但是，严复的术语翻译思想仍值得当今学术界借鉴和反思。

---

① 张德让：北山问道第52讲："传统学术与严复的西学译介"，张德让认为中国传统学术"三面说"（即义理、考据和辞章）对严复的翻译治学有重要影响，严复继承了其思想，推陈出新，创造性地将传统学术"三面说"沿用到自己的翻译实践与学术研究，阐释原作重义理"反证"，译书考证重"敦重朴学"，译文表达重"文章正轨"。参见：https://www.sohu.com/a/197840814_741918。

第四部分
西学术语译介的两大标志性历史事件

第八章　中日词汇交流与西学术语的译介

近代科学技术主要是由西欧引领,并进一步向中国和日本等东亚国家传播,而其专业术语也随其科技向东亚国家传播,从而引发术语对译问题。欧美各语种之间的术语对译问题并不突出,主要是由于其构词及词根存在诸多相似性,此外,各语种相互之间的借词也很多。但是,汉语文与欧美语文差异悬殊,同属汉字文化圈的日本也必须要解决如何与西学术语对译的问题。甲午之前,中国汉字术语曾经一度是日本对译西学术语的主要资源,可以说,直至19世纪70—80年代,翻译西学的概念术语基本上运用中国流传到日本的术语,而甲午之后,在中国决计"取径东洋"的历史大变局背景下,数千年以来处于汉字文化圈核心地位的中国,转而从日本借用汉字术语,以弥补西学翻译中术语不足的问题,中日之间的词汇交流发生了历史性的大逆转。①

到19至20世纪之交,学术界用日源汉字术语对译西学术语已蔚然成风,大量日源汉字术语流传到中国,早期入华传教士翻译的西学术语主要属于器物层面,而世纪之交来自日本的汉字术语则多属思想文化层面。②相关研究主要有意大利学者马西尼的《现代汉语词汇的形成》(1997)、冯天瑜的《新语探源》(2004)、沈国威《汉语的近代新词与中日词汇交流》

---

① 冯天瑜:《新语探源——中西日文化互动与近代汉字术语生成》,北京:中华书局,2004年,第420–422页。
② 同上,第317页。

(2008)等，① 这些论著都探讨日源汉字术语入华并成为与西学术语对译的译名。近年来主要研究焦点集中于"中日同形词"，如余来明（2009）、林巍（2017）、朱棠（2019）等。② 因为相关研究至少涉及汉语、日语和英语三种语言文字，文献资料限制、研究者的语言背景以及问题复杂性等多种因素导致相关学术专著很少，只有散见于各种学术期刊的少数论文。那么，日源汉字术语入华究竟在什么样的历史背景下产生？对西学术语翻译乃至中国学术有何积极影响？中国学术界对日源汉字术语的复归持何种学术立场？这种语言现象对当今术语翻译和术语政策有何启发？

第一节 中日交流与日源汉字术语入华

到19世纪中叶，在德川幕府统治下的日本虽然处于闭关锁国的状态，却仍然重视吸纳中国文化，并以朱子学作为官方主导学术思想，并借鉴阳明学和乾嘉考据学作为主要治学方法。随着西学东进，日本学术界逐渐形成了国学（即日本本土学术）、汉学（即来自中国的学术）以及兰学（即来自荷兰的欧洲近代学术）三足鼎立的局面。在德川幕府时期，翻译的欧美学术著作极少，所以只有少量兰学学者所译的荷兰著作，与英语对译的汉字术语更是寥若晨星，只有"火轮车"（steam-train）、"电理机"（telegraph）、"日影像"（photo-graphic camera）等极少数术语。③

明治维新之后，日本政府派公使1870年柳原前光访问中国，在中国期间柳原前光参观了上海制造总局翻译馆，并购买了一批汉译西方科学著作，这批译著对汉语近代科技术语在日本的传播起着非常重要的作用。1872年，中日互派公使，中国驻日公使何如璋曾提到《海国图志》中使用"政

---

① 参见[意]马西尼：《现代汉语词汇的形成》，香港：汉语大词典出版社，1997年；冯天瑜：《新语探源》，北京：中华书局，2004年；沈国威：《汉语的近代新词与中日词汇交流》，载《南开语言学刊》，2008年第1期。
② 参见余来明：《"文学"译名的诞生》，载《湖北大学学报》，2009年第5期；林巍：《"革命"概念的中国化》，载《中国翻译》，2017年第5期；朱棠：《中日同形词"章程"的语义演变》，载《东北亚外语研究》，2019年第3期。
③ [意]马西尼：《现代汉语词汇的形成》（黄河清译），上海：汉语大辞典出版社，1997年，第107页。

治"对译英语的 politics，而这一译名亦为日本所借鉴。在日语中用"电报"翻译 telegram，但"电报"与"电信"是同义词，而中文的"电信"指的是英文的 telecommunication。1877 年，黄遵宪被任命为中国驻日公使馆参赞。1879 年，总理衙门出版了黄遵宪的《日本杂事诗》。在其《日本杂事诗》中，已经出现由后缀"学"构成的术语："法学"（law）、"动物学"（zoology）以及"地理学"（geography），这些汉字术语都是源自日语的借词。到 19 世纪末，后缀"学"已经被广泛用来翻译西方学科名称，比如"化学"（chemistry）、"光学"（optics）、"力学"（mechanics）、"植物学"（botany）。在汉语中后缀"学"所构成术语，几乎是双音节，而三音节术语是从日本引进的，这种三音节词极大地增强了汉语术语的派生能力。① 其中，"议院"和"议员"也是回归性借词，分别用来对译英语的 parliament 和 parliamentary。此外，1879 年，近代政论家王韬访问日本，并出版了《扶桑游记》。1880 年，旅日商人李筱圃也撰写了《日本记游》，两人的著作中均引进了不少日语借词，比如，王韬和李筱圃均使用了"博览会"（exhibition）这一术语，李筱圃还使用"美术会"（exhibition of fine arts）。

1884 年，总理衙门派遣傅云龙等赴日美访问，1890 年傅云龙出版了《游历日本图经》和《游历日本图经余记》，这是有关日本教育的最早记述之一，傅云龙使用"大学"（university）一词，此外，表示 department 的"科"在大学教育中成为广泛使用的术语构词词缀，比如"文科"（literary subjects）、"理科"（scientific subjects）、"工科"（technical subjects）、"医科"（medicine）等；三音节借词有"物理学"（physics）、"卫生学"（hygiene）、"图书馆"（library）等，以及回归借词术语"解剖室"（dissection room），并由此衍生出术语"解剖学"，对应英语的 anatomy；甚至复合词"师范学校"（teacher's training）也出现在该书中。②

日源汉字术语在华的传播是与日本知识的传播同步的，到 19 世纪末，推动这一进程两大代表人物是黄遵宪和梁启超，黄遵宪的《日本国志》于 1890 至 1895 年间出版，该书系统介绍了日本历史以及明治时期的改革，

---

① ［意］马西尼：《现代汉语词汇的形成》（黄河清译），上海：汉语大辞典出版社，1997 年，第 110 页。
② 同上，第 114—115 页。

堪称"中国近代研究日本之集大成的代表作"。梁启超在该书的序言中对是书作高度评价，他认为国人对日本知之甚少，觉得读了《日本国志》之后，才真正了解日本"之所以强"，而中国"之所以弱"。①1896年，黄遵宪受梁启超之邀创办《强学报》，并创办时务学堂。戊戌变法之后，《日本国志》在中国广泛传播，而且黄遵宪在此后的著作中也大量运用日源汉字术语。

关于教育学的术语有来自日语原创的三音节借词，如"物理学"（physics）、"生物学"（biology）、"政治学"（politics）等；日语双音节原创借词有"历史"（history）、"宗教"（religion）、"体操"（gymnastics）、"农学"（agronomy）、"艺术"（art）等；关于政治和法律的术语有"主义"（-ism）、"宪政"（constitutional government）、"投票"（vote）、"民法"（civil law）、"商法"（trade law）、"司法"（justice）、"刑法"（penal law）、"保湿"（release upon bail）；有关军事方面的术语有来自日语的双音节、三音节原创借词，如"预备役"（supporting troops）、"常备兵"（effective troops）、"后备兵"（second effective troops）、"兵事"（military affairs）；"海军"（navy）和"陆军"（army）则是回归借词。毫无疑问，这些术语也成为当时与西学术语对译的译名资源，其中很多术语一直流传至今。

梁启超不仅对黄遵宪的《日本国志》予以高度评价，而且非常欣赏其用日源汉字术语入文入诗的做法，甚至在梁启超本人的著作中也可以找到不少日源汉字语汇。在谈及郑西乡的诗歌时，梁启超说读到其诗歌时常常禁不住"拍案叫绝"，因为诗歌中大量运用日本译西书之术语，如共和、代表、平权、团体、归纳等，并说"吾近好以日本语句入文，见者已诧见其新异，而西乡乃更以入诗，如天衣无缝。"② 由此可见，郑西乡在诗歌中大量运用日语借词，这种用"日本译西书之语句"的做法与梁启超的新文体观可谓情投意合。当然，梁启超意识到日源汉字术语对汉语文风创新的意义，但他没意识到这也是汉语术语创新的重要途径。

甲午之后，日源汉字术语已经成为与西学术语对译的宝库，也受到了

---

① 梁启超：《后序》，载黄遵宪著《日本国志》，上海：上海古籍出版社，2001年，第433页。
② 梁启超：《夏威夷游记》，载《梁启超全集》，北京：北京出版社，1999年，第1919页。

学术界的青睐，并为广大中国读者所接受。当然，这绝不是单纯的词汇现象，而是与当时的政治环境和文化思潮是不可分割的，事实上，推动日源汉字术语入华的最直接动力和最重要因素是清末民初日籍汉译和研习日语高潮。1898年，日本公使矢野文雄敦请清政府派遣留学生赴日学习，总理衙门认为"近年以来，日本讲求西学，大著成效。又与中国近在同洲，往来甚便"，当年即派遣学生留学日本，同年，张之洞也在《劝学篇》中力主清政府派遣留学生，认为欲求西学，留学可以事半功倍，并指出日本是最佳的留学去向：

> 至游学之国，西洋不如东洋，一路近省费，可多遣，一去华近，易考察。一东文近于中文，易通晓。一西书甚繁，凡西学不切要，东人已删节而酌改之。中东形势风俗相近，易仿行，事半功倍，无过于此。①

除洋务派官员之外，维新派也赞同取径东洋以学习西方，康有为就认为留学日本是比较经济的途径："惟日本道近而费省，广历东游，速成尤易，听人士负笈，自往游学，但优其奖导，东游自众，不必多烦官费。"② 为了师法日本，除了提倡留学之外，1897年梁启超还在《时务报》撰文指出，当时中国社会为了引进西学，举全国之力学习西文，研读西籍，然而费时低效，虽三十余年，所译书籍仍然寥寥，严重影响了中国变法图强之事业。梁启超因此极力倡导学习日语，以便借鉴日本近代学习西方的成就，康梁还在上海共同创办了"大同译书局"，主要目的是翻译日书，这是第一所由中国本土人士创办的翻译机构，1897年10月16日梁启超说明译书局成立的缘由：

> 官译之书，若京师同文馆、天津水师学堂、上海制造局，始事迄今，垂三十年，而译成之书，不过百种。近且悉辍业矣！然则以此事望之官局，

---

① 张之洞：《张文襄公全集》，北平文华斋1928年版，卷203，转引自谢忠强：《清末留日政策演变述论》，载《历史档案》，2011年第4期，第100页。
② 陈学恂、田正平：《中国近代教育史资料汇编》，上海：上海教育出版社，1991年，第324页。

再自今以往，越三十年，得书可二百种，一切所谓学书、农书、工书、商书、兵书、宪法书、章程书者，犹是万不备一，而大事之去，固已久矣。是用愤懑，联合同志，创为此局。①

梁启超成立大同译书局的目的是"联合同志"，通过日本书籍的汉译来引进西学。时任湖广总督张之洞虽然与梁启超政见不一，但在翻译日本书籍和留学日本这一点上，二人却不约而同。在甲午之后的官僚阶层中，张之洞可谓倡导中国翻译事业的代表性人物，他还在《劝学篇》专列《广译》专栏，上自夏、商、周三代译事，下至魏源编译《海国图志》，力主译书强国，并总结出三种繁荣翻译事业的途径：一是各省广设译书局；二是外交使臣择外国要书而选译之；三是上海各重要出版社和学者广译西书出售。张之洞主张国家之力、学术界之力与民间之力并举，共同繁荣翻译事业。他在《广译》中还专门阐述了民间译书的优点：既可以给译者提供谋生的机会，又有利于印刷出版业的发展。

对于晚清国人来说，日语不但易学，也易于翻译。张之洞发现日籍汉译可以作为西学译介的捷径，他认为学习西文效果迟缓，需要耗费大量的精力，适合正在学校求取功名的少年；翻译西书耗费精力虽少，却可以基本达到目的，适合中年已仕人士；如果学习日语，翻译日本书籍，则是最好的办法。于是，他认为"从洋师不如通洋文，译西书不如译东书。"② 所以，当时中国学术界掀起了翻译日籍的热潮，主要是因为中日文字高度的相似性和兼容性，尤其在明治时代，日语文章大部分是汉字组成，仅有少数假名作助词和形容词用，因而康有为认为日籍汉译具有"费日无多"的优点，黄遵宪甚至认为日文"不学而能"。所以，当时很多学者认为翻译日文相对而言比较简单和便利，比如梁启超1899年在《清议报》发表社评《论学日本文之益》，他认为学习英文至少需要五至六年时间，而且即使具备基本的语言能力，初学者对于西学仍然"尚多窒碍"，未必就能读懂西方政治学、哲学、经济学、群学等学术方面的专业书籍。但是，学习

---

① 梁启超：《大同译书局叙例》，转引自邹振环：《上海大同译书局及其史学译著》，载《东方翻译》，2010年第5期，第25页。
② 张之洞：《张文襄公全集》（四），北京：中国书店，1990年，第573页。

日语一年就可以基本掌握其语言，日积月累便可以取得较大成就。于是，"日本之学，已尽我所有矣，天下之事，孰有快于此者。"①梁启超对于学习日语之易虽有所夸张，但对于急于变法图强的中国社会来说，确实是相对而言比较可行的捷径。

对于学习日本知识和翻译日籍，康有为的观点与梁启超基本一致，康有为还组织编纂了《日本书目志》，收录书目七千余条。他甚至曾经请求清政府下令，凡士人能译日本书者，政府应该予以重奖。若童生能翻译日本书一种，五万字以上者，给附生；附生、增生译日本书三万字以上者，给廪生；廪生则给贡生。"凡诸生译日本书过十万字以上者""庶官皆晋一秩"。②将翻译上升到科举取仕的同等高度，将翻译列入国家选拔人才的范畴，其对日籍汉译和学习日语的重视程度可谓罕见，主要原因是：

泰西诸学之书，其精者日人已略译之矣。吾国其成功而用之，是吾以泰西为牛，日本为农夫，而吾坐而食之，费不千万金，而要书群集矣。使敏明士人习其文字，数月而通矣。于是尽译其书，译其书者而刻之，布之海内，以数年之期，数万之金，而泰西数百年数万万人士新得之学在是。③

从康有为的论述可见，日籍汉译是为了更好地吸纳西学，与梁启超别无二致。但是，从二者对日源汉字术语的认识来看，康有为的认知远不及梁启超，但是，有学者还是发现：在康有为1893年的《日本明治政考序》中，仅仅三页纸就出现了六个日源汉字术语。④

事实上，近代中国输入日源汉字术语，主要是输入日语中反映欧美文化和西方学术思想的新术语，因此，有学者认为日源汉字术语是欧美近代术语入华"二传手"，正如文字学家杨树达所说："盖日本文化受自中华，

---

① 梁启超：《论学日本文之益》，载《清议报》（第十册），1899年4月。
② 陈福康：《康有为的翻译思想》，载《中国翻译》，1991年第4期，第52页。
③ 康有为：《康有为全集》（姜义华等编），北京：中国人民大学出版社，2007，第263页。
④ [意]马西尼：《现代汉语词汇的形成》（黄河清译），上海：汉语大辞典出版社，1997年，第127页。

近数十年来，始又和剂之西欧文化，吾国语言一时蒙彼之影响，实则间接受欧洲之影响耳。"① 明治以后，日本还致力于汉字术语的规范化，《工学字汇》《矿物字汇》《哲学字汇》等术语集便是近代日本术语规范化的标志，这些术语集不仅数量巨大，而且涵盖各个学科，为中国学术界对译西学术语提供了完善的术语库，在清民之际又返流中国，为中国学术近代化做出了重要贡献。② 这种术语现象可谓近代中日学术互动的缩影，也是中国西学东渐史上一种特殊历史时期的语言现象。

第二节 日源汉字术语在西学术语汉译中的运用

对于日源汉字术语的厘定，日本学者实藤惠秀在《中国人留学日本史》中做了很好的总结：日本人借汉字创制新术语时，有时候用中国现成的汉字语汇，然而新术语与现有语汇原有的意义不尽相同，作为赋予"新义"的词汇使用，还有一种方法就是造词法，就是在汉语没有合适词语可以借鉴时，就组合不同的汉字来创制新术语，"日语新语的造语法，是依据传统汉字的构词法。"③ 故日本在近代所厘定的汉字术语大致可以分为两类，一类就是沿用现成的汉字术语，但意义有所变化；另一类是依据汉字构词法自创的汉字术语。

在日本术语史上，借用汉字术语是日语的历史传统，而这些被日语所借用的汉字术语经过长期使用，逐渐融入了日语的学术话语系统，与其本土术语已经不分彼此，这当然是因为中国有着悠久的学术传统，尤其是人文社会科学领域的术语非常丰富，所以，史学家冯天瑜指出："近代日本在翻译西洋语汇，尤其是西洋人文学及社会科学术语时，很自然地从古汉语词库中，挑选可以与之对应者。"这些对译的术语大致可以分为"保留原

---

① 杨遇夫：《高等国文法》，上海：商务印书馆，1934年，第8页。
② 冯天瑜：《新语探源——中西日文化互动与近代汉字术语生成》，北京：中华书局，2004年，第427页。
③ 同上，第317页。

义""引申新义""借形变义"等三种模式。① 那么,在这些被日本借用以对译西方术语的汉字术语中,其中很多术语在近代又流入中国,成为近代中国学术界用以与西方术语对译的译名。

英语的 ethics 之译为"伦理学"就是基本"保留原义"的典型例子,"伦理学"的意义 ethics 基本对等。"伦理学"就是借自日语的复归性汉字术语。在先秦时代,"伦"和"理"就已经成为中国社会的人文术语,西汉贾谊的《新书》有:"商君违礼仪,弃伦理。"其中的"伦理"就指人们的行为规范。② 由此可见,古汉语中的"伦理"指的是人伦道德之理,是人与人相处的各种道德准则和理念。英语中 ethics 指的是"一系列道德准则"(a set of moral principles),以及"关于道德价值取向的理论或体系"(a theory or system of moral values)。③ 由此可见,"伦理"所生成的术语"伦理学",其概念与英语的 ethics 大致相同。

英语 ethics 源自古希腊,亚里士多德把有关道德伦理和行为规范的学问称之为 ethikos,该术语词进入古罗马之后,词形逐渐转变为 moralia,就是道德伦理的意思。所以,从词源学来看,"伦理"和"道德"其实是两个可以互换的概念。④ 所以,从伦理学发展史来看,狭义的伦理学就是"道德哲学"(moral philosophy)。事实上,在日本知识界译介西方伦理学之初,对 ethics 和 moral philosophy 的认识和界定存在分歧,于是造成诸多译名纷争。1870 年,日本近代思想家西周在《百学连环》中用儒学比附西方伦理学,将 ethics 和 moral philosophy 都译为"名教学",其理由是"名教学"与中国儒学的"纲常名教"大致相同,仅存在一些细微的差异。其理由是因为无论是英文的 moral philosophy 和 ethics,还是所谓中国的纲常"名教",这三者都强调道德准则和人际法则,于是西周将其译名厘定为"名教学"。⑤

除了"名教学"之外,还有"修身学""性理学""礼法""五常"等种种译名,其中最有生命力的译名当属"伦理学"。早在河村重秀的《伦

---

① 冯天瑜:《新语探源——中西日文化互动与近代汉字术语生成》,北京:中华书局,2004 年,第 350-366 页。
② 贾谊:《贾谊集校注》,天津:天津古籍出版社,1985 年,第 86 页。
③ 参见韦氏英文在线辞典 https://www.merriam-webster.com/dictionary/ethics。
④ 杨玉荣:《"伦理学"的厘定》,载《武汉大学学报》,2009 年第 6 期,第 660 页。
⑤ [日] 须永金三郎:《通俗学术演说》,东京:博文馆,1890 年,第 156 页。

理略说》(1874)中，ethics的译名就已经被正式厘定为"伦理"。在日本较早以"伦理学"翻译英语ethics的著作还有田垣谦三1881年编辑的《哲学字汇》,这些日本学者之所以以"伦理"对译ethics,就因为汉语的"伦理"源于《礼》中的"通于伦理"和《近思录》中的"正伦理",ethics与中国汉语中的"伦理"相通，这种"伦理"古词新用，创造出新名词"伦理学"。作为学科术语，其主要内容为伦理的相关学说，这也说明日本知识界之所以借鉴西方近代学科体制，是为了对其传统伦理思想进行重新解读和改造。1888年，在日本文部省编写的《伦理书》中，英文ethics的译名被官方正式确定为"伦理学"。对于伦理学这门学科也取得了更为深刻的认识，伦理学的根本就是探讨"至善"的人生目标，也是引导人们达到"至善"之途径。① 毋庸置疑，作为文部省所颁布的教材，该书对"伦理学"成为表示学科涵义的译名发挥着决定性作用。

在近代知识界中最早使用"伦理学"这一学科术语的是蔡元培。1901年，蔡元培撰写了《学堂教科论》，该书对西方的学科分类做了初步介绍，并将学科分为有形理学和无形理学，前者涵盖名学、群学、法学等学科，群学又涵盖政事学、伦理学等分支学科。其"伦理学"对应西方的ethics。蔡元培还用化学解释了"伦理学"学的基本内容：

故伦理者，化学之象也。化学循原质之性以为迎距，义主平等，五伦以之，所谓父子有亲，君臣有义，夫妇有别，长幼有序，朋友有信，伦理学之言也。生理总百体于脑而司命令，义主差别，三纲以之，所谓君为臣纲，父为子纲，夫为妻纲，政事学之言也！②

将人伦关系比喻为化学物质之间的感应，这显然经不起严格的学理探讨。尽管以化学理念来解释伦理学未免有些牵强附会，但蔡元培藉日语译介伦理学可谓首创之功。对伦理学这一术语推广起重要作用的当属梁启超，梁启超认识到中国传统伦理学概念过于狭隘，这种学术自觉促使他通过日

---

① 杨玉荣：《"伦理学"的厘定》，载《武汉大学学报》，2009年第6期，第661页。
② 蔡元培：《学堂教科论》，载《蔡元培全集》第1卷，北京：中华书局，1984年，第143-145页。

本书籍汲取西方近代伦理学思想。为了改造中国的"旧道德",1902年梁启超通过《新民丛报》积极撰文介绍西方"伦理学",包括功利主义、权利与义务、自由与责任、国家伦理、社会伦理等西方近代伦理概念。

后来,王国维和严复直接用伦理学对译英语的ethics。1903年,王国维翻译了英国西季威克(Henry Sidgwick)的《西洋伦理学史要》和日本元良勇次郎的《伦理学》。同年,在《群己权界论》中,严复也把Justice in Principle of Ethics译为"伦理学说公",由此可见,在术语上比较保守的严复也直接用"伦理学"对译ethics,目的是为了使其所译术语"与社会通行观念保持一致"。① 由此可见,"伦理学"成为与西方的ethics对译的术语,经历了从汉语到日语、再回归汉语的复杂历程,这一历程使中国传统道德伦理概念由此上升为具有近代意义的学科。这类与西方术语对译的日源汉字术语大体上保留古汉语的原义,如原告(plaintiff)、封建(feudalism)、控告(accusation)等,当然,需要明确指出的是,在中西交流、古今变化的过程中,这些术语的词义也不可能绝对的毫无变化。

在与西学术语对译的日源汉字术语中,除了基本保留原义的术语之外,其中更多的是借用中国古典术语,并将汉字的原义加以引申,取其某一项意义,以对译西学术语,并使其概念精确化。② 譬如,我国现代汉语中的"文学"概念,便是"来自西洋、路过日本",最后形成对译英语literature的学科术语。古代汉语中的"文学"一词最早出现在《论语》中,与德行、言语、政事并称为孔门四科,《论语》中说:"君子博学于文,约之以礼,亦可以弗畔矣夫。"③ 此处的"博学于文"的"文"即为"文学",意思是君子若能够广泛学习文学和文化知识,并接受礼节的约束,就不会偏离正轨。这就是古文中所谓"文章博学"的本义,广而言之,"文学"可解为有关古代典籍的学问。《韩非子·五蠹》有云:"然则为匹夫计者,莫如修仁义而习文学。仁义修则见信,见信则受事;文学习则为明师,为明师则显荣:

---

① 杨玉荣:《"伦理学"的厘定》,载《武汉大学学报》,2009年第6期,第662页。
② 冯天瑜:《新语探源——中西日文化互动与近代汉字术语生成》,北京:中华书局,2004年,第359页。
③ 杨树达:《论语疏证》,上海:上海古籍出版社,1986年,第149页。

此匹夫之美也。"① 韩非子认为儒家喜欢搞学问,这类人千万不能任用为官,如果任用了就会破坏法治。但是,从个人美德来看,提倡仁义道德和学习儒家学者容易为君主所信任,从而得到重用。这个时期的文学主要指儒家学说,到魏晋南北朝时期,"文学"泛指所有学问和学术,赵翼《二十四史札记》载,五胡十六国时期,"僭伪之君,虽非中国人,亦多有文学。"②这里的"文学'指学问和学术。所以,古汉语中狭义的"文学"指的是儒家经典学说,其广义则指一切学问和学术。

现代汉语中的"文学"是西学东渐的产物,这一术语常与英语的literature 对译。英语的 literature 源自拉丁文 litterae,泛指"信件""文件""著述""著作""印刷品""出版物"或"书本知识"等。到18世纪末,英语 literature 获得了新的含义,指富有"创造性""想象性"和"审美价值"的语言作品,故称为"美文学"。到18世纪之后,与西学术语对译使"文学"的概念发生了演变,近代汉字术语"文学"受日语译名的影响,20世纪初流行于中国的"文学"概念源自对译英文 literature 的日语译名。鲁迅在《不识字的作家》(1934)就提到现代"文学"概念的由来,这"不是'从文学子游子夏'上割下来的",而是"从日本输入",③是借自与英文 literature 对译的日源汉字术语。

在日本文献中,与英语 literature 对应的汉字术语最初是"文字"和"学问"。比如,高桥新吉在其《和译英辞书》(1869)中,将"文字"与literature 对译,将"文学的"与 literary 对译。荒井郁之助在其《英和对译辞书》(1872)中,将"文字"和"学问"literature 对译。原田道义在其《文学必要助字解》(1877)中,还特别说明"文学"的含义即"文字"。日语中的古典"文学"概念借自中国古典的"文学"含义,所以其词义与中国古典"文学"在概念上同出一源。在近代日本知识界中,西周是较早将"文学"与 literature 对译的日本学者,但是,在其《百学连环》中,与 literature 对译的术语还有"文章学"和"文章",西周还以"语典"(grammar)、"音字"(letter)、"语源学"(philology)、"文辞学"(rhetoric)、"诗学"(poetry)、

---

① 徐复观:《中国艺术精神》,上海:华东师范大学出版社,2001年,第212页。
② 刘振东:《中国儒学史:魏晋南北朝卷》,广州:广东教育出版社,1998年,第14页。
③ 鲁迅:《且介亭杂文》,北京:人民文学出版社,1975年,第76页。

"形象字"（hieroglyph）等术语对"文学"进行详细介绍和阐述。到1881年，和田垣谦三的《哲学字汇》已经将"文学"作为 literature 的唯一译名。①此后，literature 与"文学"之间的对译关系被固定下来，并在与其他义项竞争中胜出而成为通用译名。在近代日本汉字术语"文学"的形成过程中，近代大学教育制度的确立也发挥了重要的推动作用。在明治维新的改革议程中，其重要内容就是借鉴欧美大学教育体制，学科体制对于近代日本"文学"概念的形成发挥着直接作用。在1890年的《师范学校令》中，就明确规定"文学科"课程所涵盖的"文学"包括"国语"和"汉文"，讲授内容涉及日本和中国的文法、文学及作文。

在中国大量派遣留日学生的背景下，日本汉字术语"文学"又反哺中国，在1895年林乐知所译的《文学兴国策》中，"文学"仍然指 education，即传统的"学问"。直到1905年，王国维还用"文学"指"学问"，在《论新学语之输入》中说："近代文学上有一最著之现象，则新学语之输入是已"，②这里的"文学"即指整个学术文化。到1906年，王国维在《文学小言》中所说的"文学"成为近代意义上的文学，他强调"一切学问皆能以利禄劝，独哲学与文学不然"，"文学者，游戏的事业也。"③"文学"概念从古典到近代的演变，虽然缩小了其概念范畴，但用近代"文学"概念对译 literature，其意义更为精确，更符合近代学科和学术发展的需要。

除保留原义和引申新义之外，日本近代借鉴中国古典词汇对译西学术语的第三种模式是"借形变义"，即借用汉字的词形，抛弃原有的词义，注入新的甚至相反的含义。④近代学术界以"归纳法"对译英语的 induction 便是"借形变义"的典型案例。在汉语经典中，欧阳修的《与宋龙图书》中提到：先假通录，谨先归纳。⑤其中"归纳"是归还的意思。秦观的《鲜

---

① 余来明：《"文学"译名的诞生》，载《湖北大学学报》，2009年第5期，第8页。
② 王国维：《论新学语之输入》，载《术语翻译研究导引》（魏向清等编），南京：南京大学出版社，2012年，第117页。
③ 王国维：《文学小言》，载《王国维文集》（第1卷），北京：中国文史出版社，2007年，第24—25页。
④ 冯天瑜：《新语探源——中西日文化互动与近代汉字术语生成》，北京：中华书局，2004年，第366页。
⑤ 夏征农、陈至立：《辞海》，上海：上海辞书出版社，2010年，第2198页。

于子骏形状》：其所归纳，惟梁山、张泽两泺。① 这里的"归纳"是归入和加入的意思。严复是真正将"归纳"所蕴含的逻辑学思想译介到中国的第一人。早在19世纪90年代，严复在《天演论》《论世变之亟》等译作中就已经涉及和介绍过归纳逻辑，此后，还翻译了《穆勒名学》，严复只翻译了原书部分内容，其中 deduction 译为"外籀"，induction 被译为"内籀"。以"归纳"对译 induction 是日本学者西周的首创，西周一直致力于研习西方文化和介绍欧美学术思想，首创了许多西方哲学和逻辑学的日语译名。1884年，西周撰写并出版了《论理新说》，其中详细介绍了西方的形式逻辑思想。西周倾向于采用汉字术语译介西方逻辑学，"归纳"一词便是其创制的众多汉字术语之一，其词形也与中文毫无差异，而其含义则参照了诸桥辙次的《新汉和辞典》，该辞典对"归纳"的解释是："探求个别事实的共同点，从而引出一般的法则。"②

甲午战争之后，清政府开始效仿日本的教育体制，在此过程中，西方逻辑学也逐渐进入官方课堂，甚至聘请日本教员来中国讲授逻辑学。在当时，译介和借鉴西方逻辑学有两条渠道：一是从日本编译而来的教材，二是严复等人直接翻译的西方逻辑学著作。根据顾有信的考证，1902-1911年间出版的22部逻辑学教材全部来自日本的译著，王国维在留日期间跟随日本近代教育家服部宇之吉学习了《逻辑学基础课程》(Elementary Lessons in Logic)，他借鉴了日本的逻辑学译名，将 deductive 和 inductive 分为"演绎逻辑"和"归纳逻辑"，所以，日本译名的涌入近代中国是通过日本教育体制引进的，"归纳"也因此成为与英语 induction 对译的术语。以"推论"对译 reasoning，以"修辞"对译 rhetoric，以"营养"对译 nutrition 等都是借鉴汉字词形，并改变其原有词义的术语，而这些日源汉字术语后来又反哺中国学术，为汉语对译西学术语提供了依据。

诚然，日本在译介西方近代术语时，首先是借用中国古典汉字术语，这是最便捷的途径。如果找不到适当的汉字词汇与西学术语对译，则自创汉字新语，即所谓的"新译法"。用新译法翻译科技术语，主要采用"逐

---

① 夏征农、陈至立：《辞海》，上海：上海辞书出版社，2010年，第649页。
② 诸桥辙次：《新汉和辞典》，转引自孙中原：《归纳译名小史》，《松辽学刊》，1985年第1期，第131页。

字译式命名法"。① 如 blinddarm 译为"盲肠"，bosom veil 译为"胸膜"。人文社科术语比较复杂，逐字直译并不可行，故多采用汉语构词法创新术语，如个人主义（individualism）、无产阶级（proletariat）等术语。现代汉语中的"漫画"这一术语便是日本译自德语 karikature 的译名，鲁迅就曾经指出："漫画是 Caricature 的译名，那'漫'，并不是中国旧日的文人学士之所谓'漫题''漫书'的'漫'。""漫画要是人一目了然，所以那最普通的方法是'夸张'，但又不是胡闹。"② 这些日本自创的汉字术语与借自中国古典文献的汉字传入近代中国，其中很多为中国知识界所吸纳，又成为中国对译西方文献的术语。

第三节 知识界对日源汉字术语的拒斥与迎受

随着西学东渐的深入，西学术语也随着其学术思想和思潮滔滔涌入中国，对于这些新的学术用语，中国知识界的立场是分裂的，文化心理也也极为复杂，或敞开胸怀表示迎接，或深恶痛绝予以拒斥，或既迎且拒，莫衷一是。到民国成立前后，这一问题已经成为学术界关注的焦点，因而中国知识界一方面使用西学新语，另一方面，这些术语也形成了一种话语霸权，对中国传统学术话语构成了挑战。③ 王国维在其《论新学语之输入》（1905）中对此现象进行了生动的描述：

十年以前，西洋之术语限于形而下之方面，故虽有新字新语，于文学上尚未有显著之影响也，数年以来，形而上之学渐入中国，而又有一日本焉，为中间之驿骑，于是日本所造译西语之汉文，以混混之势，而侵入我国之

---

① 冯天瑜：《新语探源——中西日文化互动与近代汉字术语生成》，北京：中华书局，2004 年，第 380 页。
② 鲁迅：《且介亭杂文二集》，《鲁迅全集》（第 6 卷），北京：人民文学出版社，1986 年，第 233 页。
③ 冯天瑜：《新语探源——中西日文化互动与近代汉字术语生成》，北京：中华书局，2004 年，第 505 页。

文学界。好奇者滥用之，泥古者唾弃之，二者皆非也。①

此处的"文学"泛指整个学术文化，对于西学术语入华，王国维认为在19世纪虽然输入了少量术语，但是，其影响极为有限。到20世纪，通过日本所引进的术语其数量之多，影响之快，形成了巨大的历史潮流，推进中国学术的发展，但是，也在中国近代学术界形成互相对立的两派。这是因为在中国学术史的长河中，中国既重视自身悠久的学术传统，也有过成功汲取外来术语和包容异域文化的历史阶段。对于日源汉字术语究竟是接受，还是拒斥，对于这两种学术倾向知识界的反应显得格外复杂。

在清末中国社会的士人中，张之洞是留学日本和翻译日籍的主要倡导者，然而，让其始料未及的是：随着留学生和日籍翻译的规模扩大，也使得大量日源汉字术语滔滔而入，张之洞对日源汉字术语极力排斥。有论者认为这种矛盾情绪是其"中学为体，西学为用"思想格局所导致的"必然后果"。②1903年，张百熙和张之洞等撰写并审定了《奏定学堂章程》，该章程单列一条规定严令禁止滥用外来术语以"存国文"和"端士风"。他们批评当时文坛弥漫着一种不成熟的"少年气息"：比如团体、国魂、代表等术语，他们认为"固欠雅驯"；对于牺牲、社会、机关、运动等政治术语，他们认为"迂曲难晓"，其理由是这些术语虽然是"中国所习见"，但是其词义与中国固有词义"迥然不同"；对于报告、观念等术语，他们认为意思虽然能懂，但是借用这些术语完全没有必要。③事实上，他们所口诛笔伐的词语主要是日源汉字术语，尤其是受西方近代文化影响所产生的政治术语。

外来术语如潮水般地涌入，张之洞对此忧心忡忡地警告：倘使中外文法相互杂糅，久而久之中国文法字义必将尽行改变。"恐中国之学术风教，

---

① 王国维：《论新学语之输入》，载《术语翻译研究导引》（魏向清等编），南京：南京大学出版社，2012年，第117页。
② 冯天瑜：《新语探源——中西日文化互动与近代汉字术语生成》，北京：中华书局，2004年，第510页。
③ 璩鑫圭、唐良炎编：《中国近代教育史资料汇编·学制演变》，上海：上海教育出版社，1991年，第494页。

亦将随之俱亡矣。"①张之洞虽然抵制日源汉字术语,并把这一问题上升到"学术风教"之存亡的高度,可是他本人也无法抵制这种语言变革的时代潮流,其论著文词古雅,却也杂用外来术语,比如其《劝学篇》中就有"上下议院""自由党"等日源汉字术语。这种现象说明处于转型时代的知识分子对于这种语言文化现象,其文化心态是何等错综复杂。此时的知识界一方面对西学新知充满渴望,另一方面坚守和捍卫者传统知识体系。这种思想倾向不仅导致两种截然不同的社会思潮,甚至表现为个体知识分子的矛盾情绪。

明治维新时期,"改良"作为时代特色的政治术语在日本大行其道,所以,"社会改良""政治改良""制度改良"等说法常见诸报端。这一术语也在清末流入中国,令守旧官员和文人惶恐不安,甚至连精通西学的辜鸿铭也对"改良"这一术语口诛笔伐。辜鸿铭曾说:现在人做文章都不通,他们所用的名词就不通,譬如说"改良"吧,以前的人都说"从良",没有说"改良",他既然已经是"良"了,你还"改"什么?你要改"良"为"娼"吗?②辜鸿铭故意歪曲"改良"的涵义,并借此嘲讽这种术语现象,这说明他对待外来术语上的保守立场,并不能阻挡日源汉字术语在中国的流行使用。

民国成立前后,批判中国社会外来术语入华的学者不在少数,更有学者将外来术语的使用与国民素质联系起来,而在这些外来术语主要是日源汉字术语。1906年,在《东方杂志》的第12期上,当时的经学家刘师培发表了《新名词输入与民德堕落之关系》一文,认为"新名词"是"为恶者"用来"护过饰非"的工具,甚至是"民德堕落"的表现:

自新名词输入,中国学者不明其界说,仅据其名词之外延,不复察其名词之内容,由是为恶为非者均恃新名词为护身之具,用以护过饰非,而民德之堕遂有不可胜穷者矣。……今之自命新党者,空疏不学,不欲施徵实之功,而又欲自文其陋,于是以灭古为趋时,以读书为无用。而中国之

---

① 璩鑫圭、唐良炎编:《中国近代教育史资料汇编·学制演变》,上海:上海教育出版社,1991年,第494页。
② 楚楚:《晚清怪杰辜鸿铭逸闻趣事》,载《湖北档案》,2007年第4期,第42页。

国粹日以亡。①

从上述论述可以看出，清末中国社会知识分子对新名词的抵制主要是出于一种语言民族主义立场，坚持所谓的"国粹"，国粹派人士多从捍卫国家种族的角度，拒斥外来术语，故而批评使用新名词的青年，疏于学业，不愿潜心读书。事实上，这些守旧官员主要担心这些"新名词"对中国文化和传统学术所造成的冲击。晚清士人樊增祥就曾忧心忡忡地指出："比来欧风醉人，中学凌替，更二十年，中文教习将借才于海外矣。吾华文字，至美而亦至难，以故新学家舍此取彼。"② 其根本原因是担心外来术语的泛滥会导致中华文化的灭绝。当时，留日学生彭文祖还撰文《盲人瞎马之新名词》，斥使用外来术语者是恬不知耻，甚至偏激地认为外来术语入华恐招致亡国灭种。彭文祖对日源汉字术语更是深恶痛绝，由此均可窥见外来术语对当时知识界的强大心理冲击。

当然，在清末中国社会的知识分子群体中，不乏对日源汉字术语持开放和理性态度，梁启超就是典型的代表。梁启超不仅是日籍汉译的倡导者，也是使用日源汉字术语的倡导者，并形成极具影响力的"新文体"，亦称"新民体"。梁启超在《清代学术概论》中概述了其"新文体"的特点，他说幼年时期作文，学晚汉魏晋文风，文辞讲究严谨精炼，后来文章则逐渐自由，语言务求平易畅达，"时杂以俚语、韵语及外国语法；纵笔所至不检束。学者竞效之"，号"新文体"。③ 梁启超的文章条理明晰，情文并茂，颇能吸引读者，其"新文体"能形成这一优点的重要原因便是引入大量的日源汉字术语，比如梁启超1902年发表的《论政府与人民之权限》：

重视人民者，谓国家不过人民之结集体，国家之主权即在个人。其说之极端，使人民之权无限，其弊也，陷于无政府党，率国民而复归于野蛮。重视政府者，谓政府者国家之代表也，活用国家之意志而使现诸实者也，

---

① 刘师培：《新名词输入与民德堕落之关系》，载《东方杂志》，1906年第12期，第239-240页。
② 樊增祥：《樊山政书》，北京：中华书局，2007年，第592页。
③ 梁启超：《清代学术概论》，上海：上海古籍出版社，2005，第85页。

故国家之主权即在政府。①

　　短短数行之中便有多个日源汉字术语：结集体、主权、个人、极端、活用、无限、无政府党、国民、代表、意志等，有的术语甚至被反复使用。梁启超所率先使用的日源汉字术语如"同胞"和"睡狮"更是被赋予丰富的民族内涵，成为"民族认同的符号"，在当时确实形塑了国人的家国之情。

　　作为开一代之风气的学者，1902年梁启超在《新民说·论进步》中指出新名词与社会进步的关系："社会变迁日繁，其新现象、新名词必日出"，这些新名词和新术语要么在中外学术交流中产生，要么通过本族语日积月累的演变而来。"一新名物、新意境出，而即有一新文字以应之。新新相引，而日进焉。"② 从《清议报》第25册至100册停刊，几乎每册都有梁启超的文章。在这段时期，梁启超大量阅读日文书刊并汲取日源汉字术语，在这一时期的文章，可以发现大量日源汉字术语，而且多数情况下是直接照搬的，以下列举梁启超《自由书》中部分日源汉字术语：

　　a行：意识35、运动49、演说、演说会41。
　　ka行：阶级9、革命6、机关49、客体92、强权5、共和60、禁止5、议院4、议会17、义务110、宪法99、艺术85、原理78、公债27、公债票26。
　　sa行：资本11、资本家33、社会46、社会主义87、宗教10、宗教家70、主义4、主体92、手段73、主笔60、私立36、进化1、信用4、自治7、实业92、实业家103、自由23、世纪10、生存竞争23、政党4、政府12、选举54。③

　　由此来看，梁启超所使用的日源汉字术语与严复古雅的汉字术语形成了鲜明的对比，所以梁启超批判严译《天演论》措辞"太务渊雅"，这是

---

① 梁启超：《论政府与人民之权限》，载《新民丛报》，1903年3月10日。
② 梁启超：《梁启超文选》（王德峰编），上海：上海远东出版社，2011年，第39页。
③ 石云艳：《梁启超与汉语中的日语外来词》，载《广东社会科学》，2007年第5期，第137页。

两种术语立场的冲突，必然形成截然不同的文体效果，严译的意向读者为多读古书之人，而梁启超的文风强调通俗晓畅，目的在于启蒙普罗大众。

除梁启超之外，王国维也是日源汉字术语的倡导者和推广者，他在术语使用上持一种理性开放的立场，而不顽固坚守民族主义立场。王国维也更为清楚地意识到严复所译的术语虽然非常讲究，但也有很多术语不够精确，比如以"天演"译 evolution，以"宇"译 space，以"宙"译 time，以"善相感"译 sympathy。在学术观点上，王国维的可取之处在于其已经认识到语言演进与思想进步的紧密联系，语言是思想的载体。"故新思想之术语，即新言语之输入意味也。"① 所以，王国维还认为学科和学术进步的体现为术语的创新，既然日本学者在中国之前已经厘定好与西学术语对应的译名，那么"沿而用之，何不可之有？"况且日本学者厘定译名也经过仔细斟酌，严格考究。"经专门数十家之考究，数十年之改正，以有今日也。"② 换言之，日源汉字术语不仅经过许多学科专家的详细考证，又有历经数十年的应用，其汉字术语系统已经相对成熟，如果译名比较妥当，借鉴其汉字术语有何不可。

到1911年译名论战时期，胡以鲁对日源汉字术语的使用有了更为合理、更为系统的解决方案：第一，"日人曾假汉字以为译，其义与中文可通者从之。"即日本以汉字翻译西学术语，如果其意义与汉语词汇意义相同，完全可以借用。第二，"日人译名虽于义未尽允洽，而改善为难者，则但求国语之义可通者因就之。"即日源汉字术语虽然不能尽善尽美，但与汉语词汇意义基本吻合者也可以借用。第三，"日人译名误用吾故有者，则名实混淆，误会必多，则宜改作。"即日源汉字术语与汉语固有词汇虽然词形相同，但意义完全不同，导致能指与所指的混淆，必然造成误解，可不予采用。③ 王国维把日源汉字术语分为三种，可以说是具体情况具体对待，其解决措施比较成熟，亦便于术语翻译实践操作。此后，朱自清在《新中国》1919年的第7期中发表了《译名》一文，其观点与梁启超、王国维、胡以

---

① 王国维：《论新学语之输入》，载《术语翻译研究导引》（魏向清等编），南京：南京大学出版社，2012年，第117页。
② 同上，第118页。
③ 胡以鲁：《论译名》，载《翻译研究论文集》（中国翻译工作者协会编），北京：外语教学与研究出版社，1984年，第32页。

鲁等基本相似，这些学者以理性开放的学术态度对待日源汉字术语问题，既避免了语言民族主义的封闭自守，也注意抵制外来术语的语言霸权主义，体现了高度的话语主体意识。

小结

在民国成立前后，中日词汇交流发生了历史性的逆转，日源汉字术语如潮水一样涌入中国，这种现象是近代中日话语权转变的语言表征，其历史标示性事件便是中日甲午战争。对于日源汉字术语入华这一语言现象，其当代价值是多方面的：明治维新之后，日本通过借鉴中国古典术语和汉语构词规则对译西学术语，构建了一套比较完善的近代术语体系，而近代中国知识界通过借鉴日源汉字术语翻译西学术语，并由此推进了中国术语体系的近现代化。对于日源汉字术语入华，中国知识界中固守民族语言藩篱，坚决拒斥者有之；保持理性开放心态，表示欢迎者有之；既迎又拒，充满矛盾情绪者亦有之。[1] 在当今学术语境下，不仅要学习近代学者对待外来术语的理性和开放立场，也要有民族语言本位意识，坚持民族语言认同。在近代中国很长一段时间里，汉语和汉字一直饱受诟病，而汉字词汇为近代日本所借鉴，形成了一套与西学术语对译的近代术语体系，这些术语反哺中国本土学术，由此可见，当今中国学术界既要树立对汉语和汉字的文化自信，又要在学习外来知识和继承本土传统中找到平衡。在这一方面，近代日本学者对待汉语言和文化传统的态度有诸多可资借鉴之处。对这种语言现象的认识，沈国威认为在明治维新之后，日本知识界接受了来自中国的西学以及相关译名，与此同时，日本本身也吸收了来自西方的知识，中日双方所创造的汉字术语成为"汉字文化圈的共同资源",[2] 这方面仍期待更深入的研究和思考。

---

[1] 冯天瑜：《新语探源——中西日文化互动与近代汉字术语生成》，北京：中华书局，2004年，第522页。
[2] 沈国威：《汉语的近代新词与中日词汇交流》，载《南开语言学刊》，2008年第1期，第88页。

第九章 清末民初西学术语的译名论战

从鸦片战争起到民国初年，中西学术思想交流日益频繁，西学中的新思想、新概念、新名词接踵而至，如何为术语翻译的命名问题也逐渐引起学术界的重视。梁启超将翻译列为变法的重要内容之一，而译名问题是关键，他认为"中国旧译之病"主要在于译名，有些译著虽然体例严谨、文笔雅驯，但其译名却"驳杂繁芜，讹谬俚俗，十居六七"。[①] 由此可见，西学术语译介工作不仅不能令人满意，甚至令先进的知识分子极为担忧。学术态度严谨者如严复，对西学术语汉译之难深有体会，他认为自己在翻译事业上颇有成就，甚至有些自负，但是，碰到"义理精深、文句奥衍"的原文，虽反复思考，也有"急与之搏力不敢暇之概"。[②] 西学术语汉译命名实在太难，故不由自主地感叹："一名之立，旬月踟蹰，我罪我知，是在明哲。"[③] 因此，如何为西学概念命名已经成为不可回避的学术问题。

从 1910 年起知识界掀起了一场关于译名的学术论战，这场论战由章士钊发起，胡以鲁、容挺公、朱自清、张景芬等许多知名学者先后撰文讨论，时间长达十年之久。当代学术界对于这场学术论战的历史介绍很多，但以

---

① 梁启超：《论译书》，载《翻译研究论文集》（中国翻译工作者协会编），北京：外语教学与研究出版社，1984，第 11 页。
② 严复：《与张元济第八函》，载《严复集》（王栻编），北京：中华书局，1986 年，第 537 页。
③ 严复：《〈天演论〉·译例言》，载《翻译研究论文集》（中国翻译工作者协会编），北京：外语教学与研究出版社，1984，第 7 页。

此为主题的专门研究很少，王宏印（2003）联系汉唐佛经翻译思想，并从翻译语言观等方面对场论战予以现代阐释，① 李养龙（2011）从译者主体性对论战进行了现代译学视角的阐释。② 孙晓娅（2015）借鉴当代西方学者的异化翻译理论，认为这场译名论战中，音译派的学术观点彰显了互不归化、尊重文化差异的立场。③ 这场学术论战究竟在什么样的时代背景和学术背景下产生的？论战双方的分歧以及造成分歧的主要原因是什么？当今译学界应该如何去认识、评价和借鉴？

第一节　译名论战与翻译的异化倾向

作为近现代史上著名的教育家和政治家，章士钊将逻辑学引入中国，不仅为我国教育事业做出了巨大贡献，也为我国翻译理论的现代化作出了重要贡献。对于中西学术交流的译名问题，宣统二年十月二十一日（1910年11月22日），章士钊以"民质"为笔名在梁启超主编的《国风报》上发表了《论翻译名义》，梁启超以笔名"沧江"着重阐述了章士钊所论术语翻译的重要性：

而今世界之学术，什九非前代所有，其表示思想之术语，则并此思想亦为前代人所未尝梦见者，比比然也。而相当之语，从何而来？而译者之学识，既鲜能沟通中外，又大率不忠于其所学，苟剿其说以取宠而已。故满纸皆暧昧不分明之语，累幅皆诘鞫不成文之句，致使人以译本为可厌可疑，而以读之为大戒。④

梁启超不仅把术语翻译问题作为译事中坚，还将其与近代中国的救亡

---

① 王宏印：《中国传统译论经典诠释》，武汉：湖北教育出版社，2003年，第121-140页。
② 李养龙、莫佳璇：《20世纪初译名论战的现代解读》，载《外语教学》，2011年第3期，第106-111页。
③ 孙晓娅：《如何为新词命名？——论民国初年的翻译名义之争》，载《文艺研究》，2015年第9期，第47-57页。
④ 陈福康：《中国译学史》，上海：上海外语教育出版社，2011年，第152页。

图存事业联系起来，欲救亡图存必先引进西方先进学术思想，而欲引进西方学术先进思想，必先解决术语问题。因为术语作为思想的载体，其翻译会影响学术思想之进步，决定着国人能否获得世界最先进知识。可是，当时的术语翻译很难做到概念对等，术语的概念模糊问题与近现代学术发展潮流极不协调。因此，梁启超极力支持章士钊撰文讨论义译、音译之得失，其中探讨了六大问题：

一、以义译名，果能得吻合之译语乎？
二、以义译名，弊害何在？
三、纵得吻合之译语，果为适用之译语乎？
四、如不能得吻合之译语，吾宁择其近似者，抑将弃掷义译之法乎？
五、如欲得义译之良译语，有不可犯者何病？
六、以音译名，利弊何如？①

以章士钊为代表的音译派，冀通过"痛陈义译之弊"，②倡导音译以形成一种学术潮流。其首要原因是"以义译名"常不能得意义吻合之术语，即中西学术悬殊，要在汉语术语系统中寻求内涵与外延都对等的术语，都是一种奢望，比如严复用"名学"翻译 logic，"名学"只能涵盖亚里士多德的演绎法，而不能涵盖培根的归纳法。有学者认为章士钊这种认识已经具备了一定高度的学理思考，即"所谓不同的语言符号代表着不同的民族思想的高度"，此外，由于中西学术源流差异，如果从社会历史符号角度来考量，"两种语言符号难以通约"，③因此，含义错位和词不达意是术语翻译中不可避免的现象。诚然，音译派的观点有失偏颇，但是，有论者认为音译派的翻译策略与文化立场值得借鉴。之所以提倡音译是为了避免采用归化策略，目的是通过纯粹的语音转写方式，尽可能不曲解源语言以附会汉语术语，反对过度归化的翻译，彰显了对文化差异的尊重。④如果从文

---

① 陈福康：《中国译学史》，上海：上海外语教育出版社，2011年，第152-153页。
② 王宏印：《中国传统译论经典诠释》，武汉：湖北教育出版社，2003年，第122页。
③ 同上，第123页。
④ 孙晓娅：《如何为新词命名？——论民国初年的翻译名义之争》，载《文艺研究》，2015年第9期，第47页。

化立场的角度来看，音译派的观点不无可资借鉴之处，用美国学者韦努蒂的观点来说，严复用本土术语"名学"翻译 logic，其思想不能涵盖培根的归纳法，如果单纯从文化立场来看的确"消弥了英文术语的语言和文化差异"，甚至在一定程度上存在韦努蒂所批判的"民族中心主义倾向"。① 因为在英国攻读政治、逻辑等学科的章士钊，对"名"与"实"、概念与事物之间关系有更为深刻的认知，如果局限于严译术语所构建的知识体系，这对中国的学术发展是极为不利的。②

其二，"以义译名"最大的弊端是"无论选字如何精当，其所译者非原名，乃原名之定义是也"。例如，日本将 logic 译为"论理学"是一种定义，章士钊认为严复将其译为"名学"也是一种定义。其结果就是将"定义"等同于"术语"，这种"术语"其实是一种"新术语"，而要将"新术语"公之于世，势必重新定义，才能为目的语读者所理解和接受，但是"定义者，果仍前次定义而扩充之乎？抑更觅新字以释之乎？"但是，先前的"定义"还有意义吗？译文中的"定义"还是原文的"定义"吗？此外，学术在不断进步，定义亦因之而随时演进和变化。翻译界"强取一时、一己之界说，因以为定名"，那么，用固定不变的"定义"去翻译不断变化的原文"定义"必将给"后来作新界说"带来无穷的障碍，这种翻译其实是"因陋就简"，实质上阻碍"学术之进程"。③ 章士钊认为意义是动态的、变化的，义译很难做到准确，也很难做到与时俱进。

章士钊认识到术语对学科和学术发展的重要，也发现义译具有望文生义的特点，难免会产生歧义，也意识到概念范畴和定义之于术语的重要性，而音译不存在意义界定的问题，相对而言可避免产生歧义。从现代术语学

---

① 关于差异性翻译伦理，韦努蒂认为长期以来在英美文化中占据主导地位的一直是归化翻译。归化翻译通过制造透明的错觉，将通顺的译文伪装成真正的语义对等，事实上是对原文的部分阐释，导致翻译本应传达的差异被抹去了。韦努蒂借鉴了德国哲学家施莱尔马赫（Fried Schleiermacher）和法国翻译理论家安托万·贝尔曼（Antoine Berman）的思想，将尊重语言文化差异视为一种翻译伦理，使译文成为呈现文化他者的场所。参见 [美] 韦努蒂：《译者的隐形》（张景华等译），北京：外语教学与研究出版社，2009 年，第 20 页。
② 孙晓娅：《如何为新词命名？——论民国初年的翻译名义之争》，载《文艺研究》，2015 年第 9 期，第 47 页。
③ 孙晓娅：《如何为新词命名？——论民国初年的翻译名义之争》，载《文艺研究》，2015 年第 9 期，第 153 页。

来看，术语概念作为所指，必须与其符号的能指一致，所以章士钊认为术语命名必须与其定义完全一致，但是，术语与定义不能混为一谈，两者是有区别的，术语为词，定义为句子，有学者认为术语与定义的矛盾"是各种语言和学科中都存在的自然现象，多属学术问题，与语言的关系不大"，[①] 因此不能强求术语具有定义一样的界定功能。这种观点虽然有失偏颇，但如果从翻译的差异性伦理来看，章士钊意图通过彰显西方逻辑学的差异作为翻译的一种伦理态度，其追求学术进步的理想也是值得称赞的，强调翻译伦理的"应然性"，却忽略了翻译伦理的"实然性"，[②] 也就是说章士钊的观点作为一种学术理想可谓用心良苦，但是，从翻译实践来看，要求术语的定义命名与定义完全一致是不可能的。

其三，章士钊认为义译有"不可犯之弊"，最显著的缺陷有四个方面：一是"斗字"，如严复将 neuter gender（中性、无性）译为"罔两"，章氏认为选词虽然精巧，但不足以效仿。二是"傅会"，如严复将 syllogism（三段论）译为"连珠"，牵强附会。三是"选字不正"，如严复译 fallacy 为"瞽词"，"瞽"形容眼睛枯陷，或比喻枯井，容易产生不好的联想。四是"制名不简洁"，如严复将 conversion 译为"调换词头"，还不如日本译名"换位"简介。[③] 对于严复的术语翻译问题，王宏印认为章士钊忽略了中英语言文字的差异性，这些都是中文翻译英文术语所必然会出现的类型，因为汉字是单音节字，自然会纠缠在一起，产生新的术语，在概念上也难免生疏和生硬。[④] 虽然说章士钊针对义译的"弊端"批判，没有充分考虑语言文字的差异性，也没有充分考虑到中西学术差异对术语翻译所造成的难度，但其对义译之"牵强附会"可谓深恶痛绝，其他三点均说明其对英语语言和文化差异的尊重，及其对术语翻译精确性的重视，这些思想与当代美国翻译理论家韦努蒂"贬归化、扬异化"的立场有很多相通之处。

为了批判术语翻译中的归化倾向，章士钊还以佛经"五不翻"理论，

---

① 朱志瑜、黄立波：《中国传统译论：译名研究》，长沙：湖南人民出版社，2013年，第49页。
② 张景华：《翻译伦理：韦努蒂翻译思想研究》，上海：上海交通大学出版社，2009年，第178-179页。
③ 陈福康：《中国译学史》，上海：上海外语教育出版社，2011年，第153-154页。
④ 王宏印：《中国传统译论经典诠释》，武汉：湖北教育出版社，2003年，第125页。

以及"菩提"和"般若"等词语为例，从理论和实践两方面说明音译可以解决术语翻译中的不对等现象，而且随着时间的推移，音译术语也可以被汉语所吸纳和容受。章士钊还在论著中使用"萨威棱贴""隐达逻辑""题达逻辑"等佶屈聱牙的多音节音译术语，有论者认为这也侧面反映了章士钊对汉语容受性和汉语词汇体系的张力充满了积极期待。①这种学术观点与翻译家鲁迅的观点相似，与当代学者所主张的异化翻译理论有异曲同工之处，其目的就是使"目的语语言系统偏离其本土规则，从而呈现一种陌生的阅读体验"。②由此可见，坚持音译其实代表了对异域语言和文化差异的尊重，代表尊重西方文化异质性的文化立场。当然，不能简单地认为主张音译等于主张引进西方语言的发音，也不能简单地判定主张义译就等于文化保守主义。③

事实上，对义译的批判并不是章士钊的主要目标，其目的还是借此提倡音译，后来，朱自清在《译名》中指出音译的优点无非三条，即不滥、持久、免争，并做了如下解释：其一，不滥，这是章士钊先生《答容挺公君论译名》的文中所阐述第一大优势，比如用"逻辑"译 logic，其优点是所有定义都可以用此二字涵盖，"逻辑"还可以用来指学科，"诸有所定义乃不至蹈夫迷惑抵牾之弊也"。④其二，持久，章士钊认为采用音译的第二大优势在翻译命名时不必考虑如何界定和如何定义的问题，界定和定义林林总总，变化万千，音译可以做到"一名既立，无论学之领域，扩充至于何地，皆可永守勿更"。⑤其三，免争，章士钊先生在与胡以鲁讨论时认为，先秦荀子主张制名以指实，约定俗成，其论争的核心在于立义，立义的目的就是为名作界。名其实是语言符号，不是引起论争的关键，论争的关键是如何界定的问题，于是"惟以作界者作符，则人将以争界者争符，而争不可止。"⑥

---

① 孙晓娅：《如何为新词命名？——论民国初年的翻译名义之争》，载《文艺研究》，2015 年第 9 期，第 56 页。
② Venuti, L. *Translator's Invisibility.* London: Routledge, 2008. P15–16.
③ 孙晓娅：《如何为新词命名？——论民国初年的翻译名义之争》，载《文艺研究》，2015 年第 9 期，第 56 页。
④ 朱自清：《译名》，载《翻译研究论文集》（中国翻译工作者协会编），北京：外语教学与研究出版社，1984 年，第 47 页。
⑤ 同上，第 47 页。
⑥ 同上，第 47 页。

所以，相对而言，理想的音译比义译不容易引起论争。"不滥"和持久确实是音译的好处，但未必就比义译好，免争更是未必。音译看似没有多大出入，但是，方音各异，用字用词无准，也会产生很多争论。当然，从译名规范来看，译名规范统一可以避免一些论争，要杜绝论争绝不可能，也不一定有利于学术进步。①

纵观这场学术论战，章士钊的批判主要针对以严复为代表的术语翻译方法，有论者也认为章士钊反对义译的主要原因是当时的义译"接近归化"，容易给人造成"中国古来有之"的错觉。②章士钊针对义译的批判立场显而易见。尽管他认可有些简明易懂的术语可以采取义译，但是，对于重要术语还是采取音译为佳。在音译与义译之间，他的学术立场可谓旗帜鲜明。为了尽快扭转以义译占绝对主导的局面，章士钊对严复展开了激烈的批判，比如，用"连珠"译 syllogism，这样的义译过于牵强附会，不能满足时代对学术进步的要求，新时期呼唤更精密的专业术语，更准确地译介西方学术思想。③章士钊坚持对重要术语如 logic、justice 等进行音译，感觉不仅固执，而且缺乏翻译实践经验，并对汉语构词特征考虑不够，但是，也正是这种坚持彰显了其学术立场。他非常重视知识传达的本源性、完整性和准确性，却忽视了近代知识的普及。当然，在这场学术论战中，支持章士钊的学者并不多，可谓孤军奋战，但是，如果能够从西学东渐的整个进程来看，章士钊所发起的学术论战可谓近代术语学的历史转折点，西学翻译不再以附会中学和迎合中学为导向，向精确的学术概念，科学的学理探索迈进，具有划时代的历史意义。

第二节　译名论战与翻译的语言观

"译名问题的本质在于命名"，也就是说，术语翻译的核心问题是如何在目的语中为原文术语的概念命名。对于这场译名论战，王宏印认为其

---

① 王宏印：《中国传统译论经典诠释》，武汉：湖北教育出版社，2003年，第128页。
② 孙几伊：《论译书方法及译名》，载《新中国》，1919年第2期，第74页。
③ 孙晓娅：《如何为新词命名？——论民国初年的翻译名义之争》，载《文艺研究》，2015年第9期，第49页。

贡献主要是义译派提出了"系统的翻译语言观",对语言与民族精神问题、语言与思想、汉语的优缺点等有了更深入的认知。① 义译派的主要代表人物是语言学家胡以鲁,其代表作为《国语学草创》,1923年在商务印书馆出版,是我国第一部普通语言学著作。该书论述了语言的起源、发展、方言、共同语等问题,还批驳了19世纪一些欧洲语言学家对汉语的污蔑,肯定了汉语在语言学上的地位。胡以鲁是把西方语言学理论系统引进中国的第一人,这场译名论战也充分展示了其在语言学方面造诣和学术素养,也是基于这种深厚的学术素养,这场论战也推动了术语翻译的语言观向现代转型。

这场论战刷新了知识界对术语翻译问题的认知,首先是意识到语言与民族精神的问题。民族语言是民族精神的载体,而民族精神是民族语言的生命家园,② 因为民族语言留下了民族思想的痕迹,也是民族经验的历史积淀,并潜移默化地塑造了民族个性和世界观,所以民族语言成为了民族身份的标记。德国语言学家洪堡特认为,语言与民族精神同质同构,二者源于共同的基础,并融为一体。"民族的语言即民族的精神,民族的精神即民族的语言,二者的同一程度超过了人们的任何想象。"③ 胡以鲁主张义译,反对音译,主要还是从术语民族化的角度来考虑,他认为中国语文是中华民族的个体表征,近代国人缺乏民族国家认同观念,以至于为外族所侵略,维持民族认同的纽带唯有国语,"使外语蔓滋,凌乱不修,则性情节族沦夷,种族自尊之念亦将消亡焉!此吾所为涓涓而悲也!"④ 胡以鲁将提倡义译上升到民族自尊和强国保种的高度,所以他主张语言纯化,反对外来语言的污染。

正因为坚持语言与民族精神同构,胡以鲁不仅坚持语言纯化的立场,还认为音译不是严格意义上的翻译,音译只能算是"借用语":"传四裔之语者曰'译';故称译必从其义;若袭用其音,则为'借用语';借用语固不

---

① 王宏印:《中国传统译论经典诠释》,武汉:湖北教育出版社,2003年,第129-135页。
② [德]洪堡特:《论人类语言结构的差异及其对人类精神发展的影响》(姚小平译),北京:商务印书馆,1999年,第52页。
③ 同上,第52页。
④ 胡以鲁:《论译名》,载《翻译研究论文集》(中国翻译工作者协会编),北京:外语教学与研究出版社,1984年,第32页。

必借其字形。字形虽为国字，而语非己有者，皆为借用语。"① 从当代翻译理论来看，胡以鲁对翻译的界定将音译排除在外，这种狭义的界定朱自清并不认可，认为其"把借用的意义用的太广，把译字的意义用的太狭了。"② 虽然胡以鲁在这细节之处有失偏颇，但是，从其学术思想来看，其捍卫汉语的民族精神的观点值得借鉴，其目的是为了说明"外患之侵，无代蔑有，外语之防，则若泾渭。"③ 胡以鲁把语言的侵蚀等同于外国侵略，把语言作为国家博弈的战略工具，认为要维护国家文化安全，就必须守好术语翻译这道屏障。所以，不能无节制地运用音译，致其泛滥，因此当代学术界也意识到，过多的音译不仅仅是看不懂和听不懂、翻译质量低下的问题，甚至可能"对祖国语言文字的整体和谐与健康发展造成冲击"。④ 实质上，胡以鲁对术语翻译认识与傅兰雅和严复等多少有些共通之处，在西学译介上坚持术语民族化的道路。

从学术贡献来看，这场论战也明确了古词新用也是术语创新的重要手段之一，即"语言之更新应求助于古代文化渊源。"⑤ 在 20 世纪之初，术语在不断翻新，可谓目不暇接，其根本原因是民族术语可以不断地创新，所以术语翻译应该以义译为基本原则。

其一，从翻译方法上来说，如果有约定俗成的固有旧名，则仍沿用固有者为译名，因为术语的概念是可以随着学术的发展而不断演进的。所以，胡以鲁认为"名词之概念，亦能由屈而伸也"。⑥ 从中国近代术语翻译的理论史来看，胡以鲁对术语演进的认识深度超越之前的傅兰雅、严复，也超越当代章士钊、容挺公等诸多学者。比如"名学"虽然不能与西方的 logic 完全对等，但其概念在不断演进，必然可以逐渐接近，其原理正如 logic 这

---

① 胡以鲁：《论译名》，载《翻译研究论文集》（中国翻译工作者协会编），北京：外语教学与研究出版社，1984 年，第 21 页。
② 朱自清：《译名》，载《翻译研究论文集》（中国翻译工作者协会编），北京：外语教学与研究出版社，1984 年，第 46 页。
③ 胡以鲁：《论译名》，载《翻译研究论文集》（中国翻译工作者协会编），北京：外语教学与研究出版社，1984 年，第 21 页。
④ 顾雪林、潘国霖：《用科学态度维护祖国语言文字主权——我国部分语言专家谈规范使用外文词和字母词的紧迫性》，载《中国教育报》，2004 年 9 月 15 日，第 1 页。
⑤ 王宏印：《中国传统译论经典诠释》，武汉：湖北教育出版社，2003 年，第 132 页。
⑥ 胡以鲁：《论译名》，载《翻译研究论文集》（中国翻译工作者协会编），北京：外语教学与研究出版社，1984 年，第 25 页。

一术语在西方的演进一样。

其二，中文固有的术语即使在概念上与外文术语有少许差异，用来翻译西方术语具有可行性。比如年、月、日、时、季节等术语，虽然存在阴历与阳历的差异，但是义译也基本可以，不必以音译作无病呻吟。所谓"概念由人，且具有适应性，原义无妨其陋，形态更不可拘也"①。换言之，概念之所以成为概念，是人所赋予的，所以原有的术语可以赋予新义，以适应学术发展的需要。原义虽不够准确，但并不妨碍其概念演进，词形的变化就更不用说了。用现代术语学来解释，术语的意义包含了"静态的意义"，也包含了"动态的意义"，二者应该加以区分，②其动态意义也是术语不断创新的动力。

其三，运用中文里固有的术语符合中国文化的崇古心理，容易为中国读者所接受。胡以鲁认为固有的术语"虽废弃不用，复其故有。人有崇古之感情，修废易于造作也"③。这种思想继承了佛经的术语翻译方法，即所谓的"缀华语而别赋新义"。魏晋以后，佛典义译逐渐占据上风，"改胡音为汉意"成为主流，比如支谦将音译"般若"译为"大明"，将"波罗蜜多"译为"度无极"，原先的《摩诃般若波罗蜜经》也变为《大明度无极经》，魏晋佛经翻译一方面从《周易》《老子》《孔子》这所谓的"三玄"中发掘哲理资源，另一方面从佛学中吸纳形而上学，以玄学概念比附佛学概念。其术语翻译的实质就是借助中国传统术语，阐发佛学思想，实现佛学中国化。④

当然，对于上述运用固有术语的第二和第三种情况，在术语翻译方法上都有格义比附的缺点，但从概念史来看，借助汉语固有词汇，表达佛学术语的涵义，原汉语词汇的内涵也发生了变迁，出现了"汉词佛化"，正如佛学家丁福保所说："佛学书中之名词，往往滥觞中土典籍，而后人多昧

---

① 胡以鲁：《论译名》，载《翻译研究论文集》（中国翻译工作者协会编），北京：外语教学与研究出版社，1984年，第25页。
② 孙寰：《术语的功能与术语在使用中的变异性》，北京：商务印书馆，2011年，第239页。
③ 胡以鲁：《论译名》，载《翻译研究论文集》（中国翻译工作者协会编），北京：外语教学与研究出版社，1984年，第25页。
④ 冯天瑜：《新语探源——中西日文化互动与近代汉字术语生成》，北京：中华书局，2004年，第110页。

其所由来。"① 如汉语中的"居士"在《礼记·玉藻》中指的是有才德却隐居不仕的人,后来演绎为佛经术语的"居士"则是指在家的佛徒。由此看来,胡以鲁提倡运用中国本土词语翻译西学术语,走的就是"汉词西化"的道路,这条道路不仅理论上有术语学的学理依据,有佛经翻译史可资借鉴,而且在术语翻译实践中完全可行。

其四,日语译名采用汉字作为译名已有很多成功的先例,这也是主张义译的重要理由。胡以鲁认为日本人"曾假汉字以为译,而其义与中文可通者从之";"汉字,又为吾国固有。在义可通,尽不妨假手于人也"②。也就是说,日语译名与汉字术语在语义上契合,具有可通约性,日本人尚且用汉字术语翻译西学术语,对于母语为汉语的中国译者,西学术语汉译怎么可以弃用本土术语呢?比如日语用"社会"译society,以"客观"译objective,以"主观"译subjective,这些词语都出自汉语典籍。

对于日语译名的运用,胡以鲁认为"日人译名,虽于义未尽允洽,而改善为难着;则求国语之义可通者因就之"③。换言之,只要与汉语词汇意义具有可通约性便可以借鉴,因为术语翻译的完全对等是很难的,所以不如将就使用汉语固有的术语,比如以"心理学"翻译就是典型的例子,在希腊语psyche的本义是"灵魂",侧重在"心",而logos侧重在"学",如果直译应该翻译成"心学",但是这个译名容易与中国旧理学中的"心学"混淆,因此最后采用日本译名"心理学"。西学术语psychology曾经被译为"心灵学",如果解释为人的"心灵",那么"灵"字就是一种累赘;如果解释为"灵魂",但是近代心理学已经否定了灵魂存在说,故而采用译名"心理学",其中的"理"字虽然是一种累赘,是与物理学相对应的术语。从胡以鲁的"概念屈伸"来看,术语翻译中概念不完全对等问题在语言演变过程是可以逐渐克服的,随着中西交流的深入,两者之间的鸿沟会逐渐缩小。

这场论战在倡导义译,并主张术语民族化的同时,也使知识界对汉语

---

① 冯天瑜:《新语探源——中西日文化互动与近代汉字术语生成》,北京:中华书局,2004年,第112-113页。
② 胡以鲁:《论译名》,载《翻译研究论文集》(中国翻译工作者协会编),北京:外语教学与研究出版社,1984年,第25页。
③ 同上,第25-26页。

和汉字的优势和缺点有了更为深刻的认识。胡以鲁通过对汉语和外语的比较，发现了汉语的优势和局限："不足云者，文化短绌，未尝具体概念；词语发达，又以在物质在感觉者居多；表形上之思，粗笨不适也。"①也就是说，由于近代中国学术落后于西方学术，表示具体物质的词语较多，而表示抽象概念的词语较少，哲学上的"形而上"思维落后。由于学术落后，专业术语必然匮乏。比如，中国的名学其概念术语的系统性和严谨性皆不及西方逻辑学。而且，自鸦片战争以降，西学术语译介大多属于器物层面，而"形而上"的术语，如政治学、经济学、哲学、法学、美学、心理学等学科术语的译介则相对滞后，②这也是当时术语匮乏的原因。除了术语不足之外，汉语文字作为"意标文字"有望文生义的弊端，"名词为通俗所滥用，习为浮华，泛然失其精义"，也就是说，汉字术语容易让人望文生义，从而在学术研究中术语的字面意义容易传播，久而久之，就失去其精确的学术内涵。但是，作为"意标文字"，汉语言文字也有其自身的优点："词富形简，分合自如，不若音标之累赘，假名之粗率"③。事实上，汉字术语具有微言大义的优点，词形简单却涵义丰富，与之比较，英语术语也有复杂累赘的缺点。胡以鲁所谓的"意标文字"与傅兰雅所论述的"表意文字"是一致的，傅兰雅主张术语翻译以意译为主、音译为辅。由此看来，这场译名论战进一步强化了知识界对汉语和汉字的文化自信。

这场学术论战不仅强化了知识界对汉语和汉字的文化自信，参与论战的学者也使知识界认识到术语翻译对丰富汉语术语语汇的重要作用。义译派的代表朱自清发现当时常用的汉字大约是只有三四千，而西洋各国的词汇量一般有五六万。《说文》只有九千字，后来的《玉篇集韵》所载差不多两万字，到了《康熙字典》才有五万多字，而英文的《韦伯斯特辞典》（*Webster*）却有四十多万字。虽然汉语的词汇有限，朱自清也发现汉语词汇中的单字用处越来越少，国语出现了多音节倾向，将来的发展一定不在

---

① 胡以鲁：《论译名》，载《翻译研究论文集》（中国翻译工作者协会编），北京：外语教学与研究出版社，1984年，第24页。
② 冯天瑜：《新语探源——中西日文化互动与近代汉字术语生成》，北京：中华书局，2004年，第317页。
③ 胡以鲁：《论译名》，载《翻译研究论文集》（中国翻译工作者协会编），北京：外语教学与研究出版社，1984年，第23-24页。

字，因为"字都变成语根，有五万多的语根，错列起来，成的词就着实不少了。"① 随着中西学术交流的加强，术语翻译逐步推动汉语术语系统的演进，汉语中两字术语和三字术语迅猛增长，这不仅丰富了汉语语汇，也增强了汉语术语的派生能力。事实上，汉语的发展也是沿着朱自清所设想的路线演进的，这也是这场学术论战在术语翻译语言观上所取得的重要成就。

第三节 译名论战与译者的主体意识

作为翻译活动的主体，译者在民族文化的建构过程中发挥着重要作用，然而译者主体地位在中国文化系统中被长期忽视，这也是译者文化地位被边缘化的原因之一。随着翻译研究的"文化转向"和后现代译论的崛起，译者的主体性越来越引起重视，尤其是新世纪以来，译者主体性一直是翻译研究的热点和创新点。其实，在清末民初这场译名论战中，章士钊、胡以鲁、容挺公、朱自清等译者就译名的音译和义译问题虽然各执一端，但是，这场学术论战不仅突出了译者主体意识在术语翻译中的重要性，而且从学理上阐发了术语翻译者在民族语言和文化构建中的重要作用。

术语翻译是一种严谨学术活动，两大阵营均认识到了术语翻译中的译者主体地位之重要性，所以，两大阵营均对译者的职业道德进行了深入的阐发，体现了译者的高度学术责任意识。② 从这场学术论战发起动机来看，梁启超作为《国风》杂志的主编就强调"译者之学识"，须具备"沟通中外"之能力，使"国民具有世界之知识"；而作为发起人的章士钊反对牵强附会，强调意义"吻合"和"精当"的术语，其目的就是为开新学术之纪元。义译派的代表胡以鲁也非常重视译者的学术责任，他之所以反对音译是因为："知其不适而徒取其音之标义，乃利其晦涩以自欺也；则非学者所当为！"在胡以鲁看来，章士钊枉顾"音标文字"与"意标文字"区别，明明知道

---

① 朱自清:《译名》，载《翻译研究论文集》（中国翻译工作者协会编），北京：外语教学与研究出版社，1984年，第51页。
② 李养龙、莫佳璐:《20世纪初译名论战的现代解读》，载《外语教学》，2011年第3期，第107页。

音译具有晦涩难懂的缺点，却还主张音译，这违背了学术的宗旨。胡以鲁进一步深入评析其缘由，即"发语务求其新颖，冀以耸人之听闻；诚哉！好用外语者盖未尝熟达国语也"①。因为读者有追求新奇的期望，相对而言，音译术语比义译之术语新颖，但是很多译者在并没有熟练掌握国语的情况下，竟然故意用新名词、新术语哗众取宠以吸引读者，这也有违译者之学术责任。

事实上，音译派和义译派都重视术语翻译之精确性，也都意识到术语翻译关系着中国学术之进步，这是译者义不容辞的责任，而义译派的胡以鲁更是把这种责任上升到民族精神的高度。近代以来，西学以其强势进入中国社会，与鸦片战争之前的中国比较，西方文化对中国产生了广泛且深刻的影响，从生活用品、生产工具、交通工具、生活方式到教育制度、课堂读本、日常语言、思维方式，西方的影响可谓无处不在。毋庸置疑，西学翻译的确促进了中国社会学术和学科发展，"全盘西化"的思潮侵蚀着中国社会的各个领域，语言领域的西化思潮亦此起彼伏，国语面对严峻的挑战。胡以鲁对译者的责任保持着高度清醒的认知，他尤为重视术语翻译之于民族身份构建的责任，于是非常严肃地指出：

> 习西学，则心仪顶礼！耳食而甘，觉无词以易；乞借不足，甚且有倡用万国新语者？习于外而忘其本，滔滔者非一日矣！欧语殊贯，侵入犹少！日人之所娇柔者，不知其所底止也；……国语，国民性情节族所见也，汉土人心故涣散，削于外族者再，所赖以维持者厥惟国语。②

胡以鲁发现译者在学习西学过程中，耳濡目染，长期以往就形成了一种对西学顶礼膜拜的心理，有的译者甚至认为汉语术语无法译介西学术语的概念，从而倡导只能采用音译，即用所谓的"借用语"来表达西学概念术语，忽略了国语和本土文化传统。胡以鲁认为日本在学习西方过程中，没有处理好继承本土文化与吸收西方文化之间的平衡，因而狂妄自大，他

---

① 胡以鲁：《论译名》，载《翻译研究论文集》（中国翻译工作者协会编），北京：外语教学与研究出版社，1984年，第23页。
② 同上，第31页。

指出其本人虽然倡导义译，可以使用意义相通的日本译名，但是，国语承载着民族精神，中国在历史上曾经分崩离析，也曾经多次遭受外族侵略，是国语使中华民族凝聚在一起，并延续至今。胡以鲁所深切担忧的是：汉语如果为大量的外来词所侵蚀，必然会受各种"西化"思潮的影响，从而影响中华民族的文化自信和民族自尊，这就是其反对音译的原因之所在。所以，胡以鲁还以国外著名语言文学大师但丁、歌德等为例，说明西方学术界对维护民族语言的重视程度，因此，就术语翻译而言，他坚持认为义译有助于保持民族自尊性和国语的纯洁性，这也是译者义不容辞的责任。在后续的论战中，胡以鲁的观点得到了容挺公等学者的支持和发展，在译介西学过程中，要避免"西化"，就必须走"西学中国化"道路。就术语翻译而言，这也是义译阵营所坚守的学术道义和责任，义译有助于对西学术语及其思想观念的中国化，所以容挺公则指出："抑方今之急，非取西学移植国中之为尚；曾食而化之，吐而出之之尚！"① 对于译者的学术责任而言，容挺公在当时就已经意识到学习西学的成功要诀不能以"移植国中"为尚，而要以"吐而出之"为尚，也就是说，译者要促进中国学术进步不能全盘地照搬"西化"，而是要以"西学中国化"为己任，这种认知对当今译学界来说亦有重要的借鉴价值。

这场学术论战从译者的学术责任出发突出了译者的主体意识，除此以外，两大阵营的论文不仅关注到术语翻译的准确性，也将论述焦点转向术语的可接受性，将术语翻译与受众的"期待视野"联系起来。② 根据接受美学的观点，每一位译者在翻译时都预设了特定的读者群，无论是翻译的选材，还是翻译策略都要考虑读者的"期待视野"。在翻译过程中，译者通常会对读者的心理、读者的需求、读者的受教育程度等因素加以权衡，这种权衡也造成了不同翻译策略和翻译立场的差异，因此这场论战的产生也与两大阵营的读者取向有关。

事实上，音译派与义译派所假定的读者群是有差异的，音译派主张异

---

① 容挺公：《致甲寅记者论译名》，载《翻译研究论文集》（中国翻译工作者协会编），北京：外语教学与研究出版社，1984年，第34页。
② 李养龙、莫佳璇：《20世纪初译名论战的现代解读》，载《外语教学》，2011年第3期，第108页。

化翻译,其实质就是一种精英主义立场。①所以,章士钊批评义译的术语"最易使未治其学,或治其学而未精者,本其原有之字义,牵强附会以解之。"②章士钊认为义译不适合学术翻译,其义译的读者主要针对"治学未精"和"未治其学"的读者。章士钊关注的是精英读者,所以认为应该以音译来满足精英读者学习西方逻辑学的学术期待。与此相反,容挺公则从术语的接受来剖析音译的问题,就普通读者而言,那些"无意趣"音译术语,"直觉既不望文生义;联想亦难观念类化"③。如果读者不知所云,了无兴趣,也难以成为广泛接受的术语。胡以鲁还重点分析了近代西学翻译与汉唐佛学翻译的区别,佛经翻译的目标是传播教义,而西学翻译是为了普及近代科学知识,义译更有利于传播和普及西方近代学术思想。

数年之后,朱自清也呼应了胡以鲁的学术观点,他之所以主张义译是因为其翻译目的是普及西方近代学术知识,其目标读者不是有一定学术基础的精英读者,而是普罗大众,因为就当时的读者而言,"全本国文的书报,能看的还少";再插入一些外来词,能读懂的就更少;反而阻碍了思想传播,这又有何取呢?④对当时普罗大众的受教育程度,朱自清的认知是很深刻的,诚然,朱自清也深知音译的优势,音译的确可以准确地传递原文术语的概念,但是,从学术的"普及之效"来看,这是"以小害大",如果是从学术翻译的"求真"出发,也可以在义译术语之后"附写原名",也算最大程度的求真了。所以,朱自清认定译者的主要责任是"介绍思想给那些大多数不懂外国文的人",是"促进国语的科学哲学的发展"。⑤由此可见,由于读者取向上的差异,两大阵营不仅在术语翻译方法的抉择上有所差别,而且在话语策略上也有所差异。

---

① 异化翻译含有"精英主义意识",美国翻译理论家韦努蒂认为异化翻译的译者和读者都是"文化精英",而不是普通读者,因而异化翻译也被他称为"另类翻译""少数化翻译"或"小众化翻译"。参见张景华:《翻译伦理:韦努蒂翻译思想研究》,上海:上海交通大学出版社,2009年,第125页。
② 章士钊:《论翻译名义》,载《国风报》,1910年11月22日。
③ 容挺公:《致甲寅记者论译名》,载《翻译研究论文集》(中国翻译工作者协会编),北京:外语教学与研究出版社,1984年,第33页。
④ 朱自清:《译名》,载《翻译研究论文集》(中国翻译工作者协会编),北京:外语教学与研究出版社,1984年,第57页。
⑤ 同上,第57页。

这场学术论战激发了译者的主体意识，这种意识也促使学术界进一步深入反思传统术语翻译理论的问题和局限，从而能有所继承，有所扬弃。譬如，对于玄奘在《翻译名义集》中所提出的"五不翻"，学术界一直给与高度评价，但是，朱自清却敢于系统地批判和借鉴，其中第一条"秘密故"，只适合宗教翻译，因为宗教方面的一些神秘概念是不需要普及的，读者能不能懂无关紧要。第二条"顺古故"也不一定有道理，崇古之情太深，是情感的作用，并不意味着真理。第三条"含多义故"，一个名词多个意义的问题容易解决，单个单词本来就是没有意义，单词只有在语境中才能产生意义，一名一义更符合术语翻译的宗旨，因为术语本来就具有单义性的本质。第四条"此无故"也不必多虑，"此无"在学术交流中多了，也会变成"此有"。第五条"生善故"也带有很浓的宗教色彩，在学术翻译中，没有讨论的价值。①朱自清的批判是很有说服力的，而这种学术批判能力在很大程度上说明术语翻译理论上的进步，从根本上来说，使近代译者深刻认识到西学中国化与佛学中国化是有区别的。从实际效果来看音译对于民族术语系统的贡献也是非常有限的，王力认为："现代汉语里的新词，虽然多数是在西洋语言的影响下产生，但是这些词大部分不能认为是借词。"②也就是说，西学翻译给汉语术语系统所催生的新术语主要还是义译术语，音译借词极少，不宜过分夸大音译的作用，对于"五不翻"应持批判态度，而不必盲目推崇。

小结

20世纪之初这场译名论战，可以说是中国翻译史上规模最大、延续时间最长、参与人数最多、学术关注度最高的一次学术论战，这场论战无论从翻译理论史来看，还是从近代中国学术史来看，很多学术观点至今都有重要的借鉴价值，至今都闪耀着思想的光芒。事实上，以章士钊为代表的音译派并不排斥义译，以胡以鲁为代表的义译派也并不排斥音译，两大阵

---

① 朱自清：《译名》，载《翻译研究论文集》（中国翻译工作者协会编），北京：外语教学与研究出版社，1984年，第47-48页。
② 王力：《汉语史稿》，北京：中华书局，1980年，第516页。

营的立场差异只是因为各有侧重。其实，这场学术论战也是中国术语发展的路线之争，汉语的学术地位之争，其核心可以说聚焦于一点，即中国的术语究竟是走国际化道路,还是走民族化道路？中国学术的近现代化是"西化"，还是"西学中国化"？对于这些问题，如果能站在学术思潮、思想史的高度来审视这场论战，可以说这场学术论战给上述问题提供了比较满意的答案。从论战发起到结束，学术争鸣的参与者都以非常理性的态度参与讨论，学者们都以学理依据阐明自己的学术观点，并在争鸣中使所持的学术观点进一步明晰化、深化和系统化。① 从学术争鸣的方式和态度来看，这场论战也堪称学术论争的楷模。

---

① 王宏印：《中国传统译论经典诠释》，武汉：湖北教育出版社，2003年，第137-138页。

第五部分
西学术语译介的历史贡献及当代启示

第十章　清末民初西学术语译介与中国近代化

术语翻译问题既是"形而上"的问题，也是"形而下"的问题；"形而上"指的是无形的、抽象的概念，属于思想层面，"形而下"指的是有形的、物质的东西，属于器物层面；"形而上者谓之道，形而下者谓之器。"所以，术语兼具"道"和"器"的作用，西学术语译介对清末民初中国社会的贡献是不可估量的，它不仅从器物层面促进了中国社会的近代化，[①] 也促成了近代中国社会思想的变革和转型。术语翻译的功用就是促进知识加工和生产，其知识加工和生产涉及科技、经济、社会和意识形态等诸多因素，这些因素皆可以在一系列术语翻译中找到表征。自鸦片战争至民国初期，西学术语的译介或由政府规划，或由学术组织推动，或为译者个人自主，尽管目标各异，但都从中国社会实际出发，解决中国社会现实问题。

不管是为了科学启蒙，抑或是为了国家富强，作为知识加工和生产的手段，近代西学术语的译介为西学中国化和中国近代化转型做出了重要贡献，这种贡献主要体现在科技、军事、交通、制造等形而下层面，也体现在政治、经济、文化等形而上层面。关于语言方面的贡献有王力的《汉语史稿》（1980）、马西尼的《现代汉语词汇的形成》（1997）、冯天瑜《新语

---

① "近代化"一词源于英语的 modernization，既可以翻译为"近代化"，也可以翻译为"现代化"。但在汉语中"近代化"和"现代化"是两个不同的学术概念，近代化是以工业化和资产阶级民主为核心内容，以及与此相适应的生产关系和上层建筑建立的过程；现代化是近代化基础上一系列科学技术发明、应用，并由此引起相适应的社会生活的各方面变化的过程。

探源》(2004)等,① 涉及中国学科近代化的有朗宓榭的《新词语新概念》(2012)等;② 涉及思想近代化的有金观涛和刘青峰合著的《观念史研究》(2009)、方维规的《思想与方法》(2015)等,③ 由此可见,近年来的相关研究更倾向于形而上的层面,那么,基于上述研究,本课题应该系统梳理以下问题:西学术语译介对中国社会语言、学科和思想的近代化影响具体体现在哪些方面?其中哪些成功经验值得汲取?还有哪些问题值得反思?

第一节　西学术语译介与语言近代化

清末传教士群体中流行着一种学术观点,这种观点认为汉语及其书写系统是西学翻译的障碍,这种障碍在术语翻译方面表现得尤为明显,并由此认为汉语无法表达现代学术概念。于是,学术界中丑化汉语者有之;贬斥汉语者有之;废除汉语论者有之;对汉语丧失文化自信者更是不少。对此,在江南制造总局从事翻译的傅兰雅深有体会,他在《论译书之法》一文的开篇中便写道:

> 西人尝云:中国语言文字最难为西人所通,即通之者亦难将西书之精奥译至中国,盖中国文字最古最生最硬,若以之译泰西格致制造等事,几成笑谈。然中国自古以来,最讲求教门与国政,若译泰西教门与泰西国政,则不甚难。况近来西国所有格致,门类甚多,名目尤繁;而中国并无其学与其名,焉能译妥,诚属不能越之难也。④

---

① 参见王力:《汉语史稿》,北京:中华书局,1980年;[意]马西尼:《现代汉语词汇的形成》(黄河清译),香港:汉语大词典出版社,1997年;冯天瑜:《新语探源》,北京:中华书局,2004年。
② [德]朗宓榭等编:《新词语新概念:西学译介与晚清汉语词汇之变迁》(赵兴胜译),济南:山东画报出版社,2012年。
③ 金观涛、刘青峰:《观念史研究》,北京:法律出版社,2009年;方维规:《思想与方法——近代中国的文化政治与知识建构》,北京:北京大学出版社,2015年。
④ [英]傅兰雅:《论译书之法》,载《术语翻译研究导引》(魏向清编),南京:南京大学出版社,2012年,第119页。

在清末的汉学界，贬斥汉语的观点一直大行其道，这些汉学家认为中国有着悠久的文化和政治传统，因此社会科学方面的翻译并不算太难，而自然科学远远落后于西方，西方近代学科分类详细，术语丰富。中国既没有相关学科，也没有与之对应的学科术语，要精确地翻译西学术语，实在是难以克服的困难。时至当代，学术界中对汉语的偏见仍屡见不鲜，1995年，澳大利亚科技史学家莫里斯·洛（Morris F. Low）对中日近代术语做了对比：

里尔顿·安德森（J. Reardon-Anderson）的《变化的研究》（The Study of Change），考察了语言障碍与使科学概念化的相关问题何以延缓化学以及其他学科的传播。安德森表示，日语术语使得汉语开始接受西方科技……这表明对语言角色的研究，是理解日本之所以成功而中国之所以失败的关键。[①]

里尔顿·安德森将近代中国落后于日本的原因归结为汉语术语系统的落后，这种观点在甲午战争之后尤为流行。当时的国人对汉语和汉字的文化自信受到前所未有的挑战，汉字拉丁化呼声极其强烈，甚至连谭嗣同这样的立宪人士也主张"尽改象形文字为谐声"。钱玄同宣称"汉字的罪恶，如难识、难写，妨碍教育的普及，知识的传播"，并在1918年《新青年》上发表《中国今后的文字问题》，文章认为欲废孔学则必须"先废汉文"；欲除去普通人幼稚和野蛮的思想，"尤不可不先废汉文"；欲使中华民族成为20世纪的文明民族，必须废除"记载孔门学说及道教妖言之汉文"。[②]事实上，钱玄同仅仅是持这种观点的代表人物之一而已，当时的汉语和汉语术语系统确实存在很多问题，这种问题在与西学术语对译时尤为显著，而这些学者显然没有认识到汉语和汉语术语系统的自我革新能力。

当然，在清末民初从事西学翻译的译者确实发现汉语术语系统存在很多局限性，在翻译方法上首先碰到的语言障碍便是音译术语的可行性问题。

---

① Morris F. Low. Beyond Modernization: Towards a Post-Modern History of East-Asian Science and Technology. In Hashimoto Keizo, Catherine Jami & Lowell Skar eds. *East-Asian Science: Tradition and Beyond*. Osaka: Kansai University Press, 1995. P147–153.
② 潘文国：《危机下的中文》，沈阳：辽宁人民出版社，2008年，第26页。

相对于意译而言，术语翻译采用音译是比较简易和便捷的方法。但是，诺沃特娜（Zdenka Novotná）在《外来词在现代汉语词汇系统中低适应性的语言学因素》一文中指出：汉语的音节僵化、词法贫乏、字形不易辨识等因素都是汉语借词障碍。在语音方面，汉语缺乏欧洲语言的音位学系统和拼写规则，缺乏辅音连缀，在不更改语音的情况下借词可行性不强。① 作为语言学家，其学理分析比较全面，而且其观点也有一定道理。在汉语中通过音译借词是非常困难的，以"逻辑"对译 logic 只是少数成功的案例。从翻译史来看，无论是佛经中的音译借词，还是近代西学翻译中音译借词，这些借词的生命力不强，只有极少数词语能在汉语中生根发芽。

西学术语译者碰到的语言障碍还有汉语译名的构词形式问题。其根源是因为古汉语属于一种典型的单音节语言，而且汉语没有曲折变化，故西方学者认为汉语的形态学也不够完善的。但是，艾乐桐认为这不能说汉语的构词能力和术语生成能力不强，汉语具有很强的词汇组合能力，通过词干的联合可以形成各种类型的复合词，而且复合词涵盖了多种的句法关系，如偏正关系、并列关系、主谓关系、动宾关系、动补关系等。② 任何词条按照句法关系组合在一起就可以形成复合词。其中，最有创造力的是偏正结构，中心词连接在修饰语之后，大多数双音节复合名词都有一个名词作为中心词，最后一个词素是通用词素，起修饰作用的词素则使词汇的概念更为详细和精确，通用词素广泛地存在于复合词汇之中。事实上，如果与印欧语系中词汇的构词形式进行比较，其功能与英语的后缀基本相似。

此外，部分西方学者认为汉语无法承载西方近代学术概念，其原因是古代汉语中多音节词语很少。事实上，近代白话文学已经有一些多音节词语，总体来说，汉语词汇是朝多音节化的方向发展的。王力认为这种倾向反映了语言中语音简化的趋势，这种多音节趋势主要受外语影响，尤其是

---

① Novotná, Z. Linguistic Factors of Low Adaptability of Loan-words to the Lexical System of Modern Chinese. In *Monumenta Serica (26)*, 1967. P103–118.
② [法]艾乐桐：《汉语术语：论偏见》，载《新词语新概念：西学译介与晚清汉语词汇的变迁》（郎宓榭编，赵兴盛等译），济南：山东画报出版社，2012年，第20–21页。

西方语言的影响。① 就构词法而言，汉语的多音节化主要是以词缀为构词手段，19 世纪以前，汉语中已有前缀和后缀，前缀有"初""老""小"等，后缀有"子""头""儿"等，但是，这些词缀的数量极其有限；对于外来事物的表述，也有一些"胡""番""洋""西"等词缀。到 19 世纪，后缀式的构词已经显示出其创造新词的优势，这种造词优势主要得益于术语翻译，如以"动物学"对译 zoology，以"天文学"对译 astronomy。

在汉语及其术语系统向多音节化发展过程中，翻译发挥了重要作用。清末民初，在不到一百年的时间内，"汉语就吸收了或者说'吞噬'了大部分西方分支学科的术语，而其在欧美地区的形成则经历了上千年时间。"当然，这主要归功于几次大规模的跨文化翻译运动，1900 年前后十年更是掀起了翻译高潮，"旧的汉语科学和政治词汇完全被新的词汇所取代，其中许多词汇所蕴涵义，或者全新的，或者部分新颖的。"② 其实，从形态学来看，汉语与英语之间的构词存在很多对应性，这种对应并不亚于英语与法语之间的对应。以医学中关于炎症术语的翻译为例，汉语在使用"炎"作为术语译名的构词要素时，规律性很强。就像法语使用"-tie"和英语使用"-itis"一样，表 10-1 便可以证明这一观点。

表 10-1　炎症的术语及其译名③

英语	法语	汉语
arteritis	artérite	动脉炎
arthritis	artrite	关节炎
dermatitis	dermatite	皮炎
enteritis	entérite	肠炎
gastroenteritis	gastroentérite	胃肠炎
gastritis	gastrite	胃炎
parotitis	parotidite	腮腺炎

① 关于汉语的多音节化倾向，王力认为："即使语音不简化，也不吸收外来语，汉语也会走上复音化的道路，因为这是汉语发展的内部规律。不过有了这两种重要因素，汉语复音化的发展速度就更快了。"参见王力：《汉语史稿》，北京：中华书局，1980 年，第 343 页。
② [法] 艾乐桐：《论偏见》，载《新词语新概念：西学译介与晚清汉语词汇的变迁》（[德] 郎宓榭编，赵兴盛等译），济南：山东画报出版社，2012 年，第 22-23 页。
③ 同上，第 34 页。

再以化学术语的翻译为例，化学语篇中有很多术语用来描述化学实验和操作，以使这些现象特征化，在这些术语中，有些术语涉及更小的术语系统，但并不是所有的术语都含有二级术语。如果分析这些术语的构词形式，便可以发现最后一个词素具有结构作用，比如表10-2所示化学制剂术语的翻译。

表10-2　无机制剂术语及其译名 ①

英语	法语	汉语
antiseptic	antiseptique	防腐剂
reducing agent	agent réducteur	还原剂
catalytic agent	catalyseur	催化剂
anaesthetic; narcotic	anesthésique	麻醉剂
fire-extinguishing chemical (agent)	(produit) extincteur	灭火剂
solvent	solvant	溶剂
insecticide; pesticide	insecticide	杀虫剂
reagent	réactif	试剂
dehydrating agent	agent déshydrant	脱水剂
oxidizer; oxidant	agent oxydant	氧化剂
refrigerant	réfrigérant	制冷剂

从上述术语翻译可见，术语译名的规范化也促进了汉语在形态学方面进一步完善，从而形成一套构词严谨的形态体系。将化学制剂的英文术语与这些汉语译名比较，甚至还可以认为汉语术语在形态结构上不但不比英语差，在某些形式要素上甚至可以超越英语和法语，这也充分说明在西学东渐过程中，汉语与西方语言一样，具备精确表述近现代学术思想的能力。②

当然，西方术语因其构词优点而派生能力很强，比如，英语可以通过前缀和后缀形成许多派生术语，对于近代从事西学术语翻译的译者而言，这的确构成了巨大的语言障碍。比如，-ise（industrialize）、-ology（geology）、-ism（idealism）、-ation（automation）、-tis（arthritis）等，这些

---

① [法]艾乐桐：《论偏见》，载《新词语新概念：西学译介与晚清汉语词汇的变迁》（[德]郎宓榭编，赵兴盛等译），济南：山东画报出版社，2012年，第36—37页。
② 张景华：《论清末民初的译名统一及其学术意义》，载《上海翻译》，2014年第1期，第56页。

带后缀的英语术语分别被近代译者翻译为：工业化、地理学、唯心主义、自动化、关节炎。这说明汉语在与西方语言的接触和碰撞过程中，也逐步具备"化""学""主义"和"炎"等词素，于是，译者就可以比较容易地将西方术语和汉语术语进行对译，也能精确地表述西方术语的学术概念。[①] 尽管当时的读者可能感觉这些术语有些晦涩难懂，然而，随着历史的演变，这些译名已经融入汉语术语体系，甚至成为日常用语。

在清末民初，当时无论在西方还是在中国，都有不少学者认为采用拼音文字是世界语言发展的总体趋势，汉字仍然具有象形文字的痕迹，可以说是"草昧社会之遗迹"，[②] 因此，汉语和汉字不适合西学翻译，也不能适应现代学术思想演变之需要。还有不少学者认为汉语比较适合文学和艺术表达，但是不能精确表达近代科技和学术概念。但是，语言史可以充分证明：汉语不仅能够适应近代学术思想的发展，而且能够形成自己独特的术语系统，傅兰雅曾自信地指出："中国语言文字与他国略同，俱为随时逐渐生新，非一旦而忽然俱有。故前时能生新者，则后日亦可生新者，以至无穷。"[③] 傅兰雅对汉语的信心与其长期致力于西学汉译的实践经验是密不可分的。由是观之，西学术语翻译使汉语吸收了大量的西学术语，丰富了汉语术语系统语汇，中国学术界在引进西方先进知识的同时，逐渐坚定了突破文言文和革新汉语文体的决心，这也增强了汉语表述近代学术思想的能力，从而加速和促进了汉语的近代化进程。

---

① 张景华：《论清末民初的译名统一及其学术意义》，载《上海翻译》，2014年第1期，第57页。
② 近代以来，学术界中流行着一种主张运用外语借词的学术思潮，其主要理论依据就是汉语是表意特征突出的语言。胡以鲁说：殆于晚近，欧西文物盛传，借用外语者方接踵而起。持之有故，言之成理者，约举之有六派：（一）象形文字，多草昧社会之遗迹；思想变迁，意标依旧；于是以为非外语不足以表彰新颖之名词。嫌象形之陋，主张借用外语者，此一派也。参见胡以鲁：《论译名》，载《翻译研究论文集》（中国翻译工作者协会编），北京：外语教学与研究出版社，1984年，第21页。
③ 傅兰雅：《论译书之法》，载《术语翻译研究导引》（魏向清编），南京：南京大学出版社，2012年，第119页。

第二节　西学术语译介与学科近代化

"为人""为学"和"为政"在中国儒家学说中是三位一体的学术概念，清末民初的学术界也非常重视"为学"与"为政"的关系，学问亡则国家亡，所以保教也是保种。更有甚者认为即使国家亡，若学问存，国家尚可以待将来，若学问亡则国家必随之而亡。梁启超深入论述了"为政"与"为学"之间的紧密联系："凡一切政皆出于学，则政与学不能分。"还说学术思想对于一个国家来说"犹人之精神"，而政治、法律、风俗和历史现象都是其学术思想的结果。"故欲窥其国文野强弱之程度如何，必于学术思想焉求之。"① 清末学术界不少人士认为中国近代之所以积贫积弱，其根本原因在于中国传统学术的局限性，因此，极力主张全面系统地引进西学。可是，传统的经史子集学科体系却无法涵盖西学，那么，如何构建新的学科体系以适应时代发展，这就成了清末民初学术界所面临的首要问题。学科体系与学术发展是相辅相成、相互促进的关系，王国维曾说当今之世界乃"分业之世界也"，因此任何学问和职业都需要专业技能和专业教育。一旦选择了专业和职业则"终身以之"，还说："凡学问之事，其可称科学以上者，必不可无系统。"② 西学翻译对近代学科体系和学术发展的作用是毋庸置疑的，西学译介也使近代中国知识界逐渐接触和了解西学各科，天学、电学、化学、地学、算学、热学、医学、植物学等西方学科概念也逐渐融入中国学术话语体系。与此同时，西方近代学科的观念、方法和原则，也在西书译介过程中逐渐为中国学界所了解和接受。③

英文 science 的译名从"格致"演变为"科学"，1900 年之后，"科学"

---

① 梁启超：《西学书目表序例》，载《饮冰室合集》（1）（林志钧编），北京：中华书局，1989 年，第 123-124 页。
② 王国维：《王国维学术经典集》（上卷），南昌：江西人民出版社，1997 年，第 166-167 页。
③ 李刚：《知识分类的变迁与近代学人治学形态的转型》，载《福建论坛》，2005 年第 5 期，第 73 页。

逐渐取代了"格致",并成为与英文 science 对译的术语,从这一译名演变的过程也可以管窥中国学科近代化的过程。19 世纪以前,science 作为 natural science 的缩略短语使用,指通过对自然现象进行经验研究和实证研究,并获得相关知识。1831 年英国科学促进协会成立时,英文 science 才形成狭义上的科学内涵。工业革命后实证主义兴起,实证主义主张社会科学研究社会现象时,必须像自然科学家研究自然现象那样,这样形成的知识体系才能达到 science 的水准。到 19 世纪后期,除用来指称知识、学问以及自然科学之外,英文 science 还指建立在客观描述和系统分析基础上有关自然、社会的知识体系。

在西学东渐之初,利玛窦、徐光启等用儒家的"格致"翻译 science。傅兰雅 1874 年编辑的《格物汇编》中登载了声、光、电、化等相关学科的文章,目的是为了传播格致学问和制造工艺,这些文章皆将 science 译为"格致"或"格物"。"格致"源自《大学》:"欲正其心者,先诚其意。欲诚其意者,先致其知,致知在格物。"在儒家学说中,格物致知首先要求诚意和正心,因为诚意和正心是儒家所主张的修身、齐家、治国、平天下之基础。儒家所倡导的格物致知,其关键在于即物穷理,其目的是为了阐明事理或道德伦理,而不是现代意义上的物理,其方法不是实证或实验研究,而是依靠推理或领悟。据沈国威考证,最早以"科学"对译英语 science 的是日本的中村正直,他在译稿中写道:

所谓科学(学问)者,须熟知以何种元素而做成。不问其为何等事情,试仅观察宇宙间万物之现象(phenomena),从中发现自然之力(force)遵从某种天则,发挥其作用,对此等事实既得以推究,则其现象可加以**科学**性地论述。于史学亦然。①

译稿中的"科学"(学问)都标注了 science 的发音,这里的"科学"不仅包含学科的涵义,而且引申到科学方法论层面。1881 年日本出版的《哲学字汇》明确将"科学"作为与 science 对译的术语,此后,"科学"逐渐

---

① 沈国威:《严复与译词:科学》,载《翻译史研究》(2011)(王宏志编),上海:复旦大学出版社,2011 年,第 119 页。

为日本社会所接受，成为标准化的术语。明治维新以后，"科学"更是成为日本社会的流行术语。

清末学术界最早用"科学"与 science 对译的是严复，但是，严复早期的著述主要使用"格物穷理""学""学问""学术""格致"等表达 science 所包含的各种涵义。这也说明严复对 science 有深刻的理解，但没有确定的术语来翻译。1900 年前后，严复开始在自己的著述中使用"科学"，尤其是《原富》和《穆勒名学》中出现了数十例，比如：

[1] If in each college, the tutor or teacher, who was to instruct each student in all arts and sciences, should not be voluntarily chosen by the student, but appointed by the head of the college.

严复：其中课授**科学**之师常不许学者自择，而必由管学者之所命。即至情劣无检，非馈于管学者，犹不得去之而事他师。"①

[2] In the universities, the youth neither are taught, nor always can find any proper means of being taught the sciences, which it is the business of those incorporated bodies to each.

严复：国学所教专门之**科学**。②

[3] Logic, then, compromises the science off reasoning, as well as an art, founded on that science. But the word Reasoning, again, like most other scientific terms in popular use, abounds in ambiguities.

严复：然则名学者，义兼夫学术语学者也；乃思之学，本于学而得思之术者也。顾思之一言，自常俗观之，若至明晰；而以**科学**之法律绳之，则歧义甚众。③

例 1 中的"科学"包含了 arts 和 sciences，主要是指大学自然科学学科和人文科学学科；例 2 中的"科学"指的是专业学科；例 3 中的"科学"指的是科学推理方法。作为翻译家的严复来说，science 的译名从"格致"

---

① 严复[译]：《原富》，北京：商务印书馆，1981 年，第 622 页。
② 同上，第 624 页。
③ 严复[译]：《穆勒名学》，北京：商务印书馆，1981 年，第 3 页。

向"科学"的转变，其实就是中国学科和学术近代化的缩影，正是基于对science这一近代术语的准确理解，严复在京师大学堂译书局中倡导译介西方"诸科学"，作为基础课程的教材，从严复上述翻译可以看出其对"科学"的界定至少包含以下三重涵义：其一是指学科分类，严复将一级学科分为"统挈科学"和"间立科学"，统挈科学分为名和数两大二级学科，而间立科学分为力学和质学两大二级学科；力学又分为静力学、动力学、水学、火学、声学、光学和电学，质学分为无机化学和有机化学。① 其二是学术精神，通过科学方法发现和验证科学的规律，"学者，即物而穷理，即前所谓知物者也。术者，设事而知方，即前所谓问宜如何也。"② 其三是指专业学科，通过分科治学来改造传统学术，通过推进学科专业化来推进传统学术近代化。

学科近代化就意味着知识结构的近代化，华勒斯坦（Immanuel Wallerstein）说："十九世纪思想史的首要标志就在于知识的学科化和专业化，即创立了以生产新知识、培养知识创造者为宗旨的永久性制度结构。"③ 严复也持类似的分科治学的观点："国愈开化，则分工愈密。学问政治，至大之工，奈何其不分哉！"④ 梁启超也肯定分科治学，故认为社会分工越复杂，则"应治之学日多"，学者们断不能像儒家学者那样专研古典，这些典籍研究则将来必有一种学派，可以用最新的科学方法"将旧学分科整治，撷其粹存其真"，这样后来的学者可以节省精力，而"世界人治中华国学者，亦得有籍焉"。⑤ 可见，清末民初的知识界有了自觉的学科意识，这种学科意识注重分科治学，也不忘继承国学传统，从而不断推动着学术体系的近代化。这些因素对突破中国传统政学不分的体制，对于强化学术的独立性，对现代教育制度的形成，都有着重要的历史贡献，在此过程中翻译的作用也是不可低估的。

术语的系统化和标准化是学科近代化的语言表征，而术语的标准化和

---

① 严复：《京师大学堂译书局章程》，载《严复集》（王栻编），北京：中华书局，1986年，第129–130页。
② 严复：《政治讲义》，载《严复集》（王栻编），北京：中华书局，1986年，第283页。
③ [美]华勒斯坦：《开放社会科学》（刘锋译），北京：三联书店，1997年，第8–9页。
④ 严复：《论治学治事宜分二途》，载《严复集》(1)，北京：中华书局1986年，第89页。
⑤ 梁启超：《清代学术概论》，上海：上海古籍出版社，1998年，第107页。

系统化反过来又推动着学科近代化。科学史家席文（Nathan Sivin）认为：把科学作品从一种语言翻译成另一种语言，其意义会发生各种各样的变异，就语言和思想上的差异进行学术研究，其研究价值是不可低估的。① 近代植物学术语的译名演变足以说明西学术语译名演变与学科发展之间的互动，表10-3所示为汉语文献中的植物学术语。

表10-3　汉语文献中的植物学术语②

英语术语	植物学（1958）	植物学启蒙（1986）	植物图说（1895）	植物须知（1898）	英汉专业术语（1904）	植物学教科书（1918）	现代汉语
leaf	叶	叶	叶	叶	叶	叶	叶子
petiol	叶茎	叶茎	叶茎	叶跗	叶茎	叶	叶柄
flower	花	花	花	花	花	花	花
stamen	须	须	花须	花须	花须	雄蕊	雄蕊
anther	囊	（须）囊	须头	须头	须头	粉囊	药
pollen	粉	粉浆	花精（花粉）	花精	花粉	粉	花粉
filament	须之茎	须茎	须茎	托线	托线	雄蕊	花丝
pistil	心	心	花心	花心	花心	雌蕊	雌蕊
style	管	心管	花心茎	花心茎	心茎	雌蕊之茎	花柱
ovule	胚珠	卵	胚珠	胚珠	胚珠	胚珠	胚珠

20世纪以前，中国植物学著作主要有：1858年李善兰、韦廉臣和艾约瑟合著的《植物学》；1886年赫德（Robert Hart）与艾约瑟编的《植物学启蒙》；1895年傅兰雅所著的《植物图说》；1898年傅兰雅著的《植物须知》。20世纪起始到1919年之间的植物学著作有：1904年狄考文编的《英汉对照专业术语》；1918年马君武编的《植物学教学科书》。从术语翻译史来看，在植物学译名定名过程中，李善兰和韦廉臣将英文术语ovary、carpel和ovule分别译为"子房""心皮"和"胚珠"，这些译

---

① ［美］席文：《科学史和医学史正在发生着怎样的变化》（任安波译），载《北京大学学报》，2010年第1期，第93页。
② ［法］梅塔耶：《植物学术语的形成路径：一种模型还是个案？》，载《新词语新概念：西学译介与晚清汉语词汇的变迁》（郎宓榭编，赵兴盛等译），济南：山东画报出版社，2012年，第20-21页。

名先被日本所借用成为通行术语，然后又回归中国。从形态学来看，植物学传统术语多由单音节和双音节构成，单音节术语主要用在20世纪前期的著作中，比如用"花"翻译flower，用"叶"翻译leaf，用"须"翻译stamen，用"囊"翻译anther，用"管"翻译style，用"心"翻译pistil。从术语涵义和构词方式来看，后来的术语专业性不断增强，对植物学术语的生殖器官有了明确的表述，用"雄蕊"译stamen，用"雌蕊"译pistil，用"胚珠"译ovule，用"花柱"译style。这种术语翻译的进步对植物学的学科贡献是非常巨大的，使中国植物学界进一步了解植物开花、传粉、受精、果实和种子的形成过程，有助于中国植物学界理解异花传粉、受精原理，从而利用和控制传粉规律提高产量和培育优良品种，其现实意义是非常显著的。毫无疑问，这些植物学术语在语义和形态上不断完善，其构词方式深深植根于汉语语言结构体系，为后来西方植物学著作的翻译提供了很大的帮助，客观上促进了中国植物学的近代化进程。

  术语的系统化、精确化和标准化是学科成熟的标志，成熟的学科首先要构建一套完善的术语体系，所以，清末民初学科术语的发展和完善是学科近代化的语言表征，术语的命名和标准化之所以重要，因为术语是知识加工和生产的语言手段，"知识是受时间和空间限制的，需要我们去做精确的说明，"而术语是工具，通过它，"对象客体借助概念而得到表达，概念与对象客体相对应，通过术语，对象客体就按概念顺序整理好了，并借助概念符号为人们的理解和交流提供了方便。"所以，术语的存在是"科学和知识技术的基本前提"，也是"通向智慧的桥梁。"①那么，西学术语翻译对于近代中国来说，何尝不是"引进科学知识"前提？何尝不是"通向智慧的桥梁"呢？可以说，西学术语译介为中国学术界输入大量的新术语，在向中国输入新的人文科技知识的同时，也加速了中国学科近代化进程。

---

① [奥]费尔伯:《术语学、知识论和知识技术》（邱碧华译），北京：商务印书馆，2011年，第189页。

第三节　西学术语译介与思想近代化

除了对语言和学科近代化的作用之外，西学术语译介也在很大程度上推动和促进了中国近代思想观念的近代化。中国社会对待西学的态度发生了很大的变化，鸦片战争前后将西方知识视为"夷学"，持抵制心理，洋务运动时期转变为"西学"，到甲午之后视为"新学"，开启了大规模全面系统引进西方科学和人文知识的时代。当然，中国社会的思想观念也在不断地进步，不断地发展。思想观念（英文 idea）是什么？英文的 idea 源自希腊的"观看"和"理解"，在西方世界该词表达事物和价值的理想类型（ideal type），也指对事物的思想认识。具体来说，观念可以通过一些关键术语来表达，通过这些术语进行思考、会话、沟通，并使其"社会化"，为了特定的"价值目标"，使之成为"社会行动"，并建立特定的言说和思想体系。因此，通过对某些核心的关键词的研究，厘清其起源、形成和演变，可以结合历史背景和文本分析，深入研究特定时代的思想观念，并深入探讨其形成和演变的过程和原因。① 所以，这种研究方法对探讨西学术语译介与中国思想近代化之间的关联与互动无疑是极有帮助的。

术语常涉及特定的话语系统，所以术语翻译绝不是单纯语言转换，也不是单纯地把概念从一种语言迁移到另一种语言。事实上，西学翻译必然导致西学与中学的接触和碰撞，西学术语汉译的命名也受目的语文化和知识结构的限制，所以译名的演变也反映了中国社会知识结构的演变。英文 electricity 之译为"电"，也经历一个漫长的知识吸收和迁移过程，electricity 在汉译中的最早的译名是"琥珀气"。最早的依据可以从传教士麦都思的《英华字典》（1847）中将找到，该辞典将 electricity 解释为"琥珀磨玻璃之发火方法"。② 有关电的知识可谓远远落后于西方，1831 年，英

---

① 金观涛、刘青峰：《观念史研究：中国现代重要政治术语的形成》，北京：法律出版社，2009 年，第 3-6 页。
② 雷根照：《"电气"词源考》，载《电工技术学报》，2007 年第 4 期，第 2 页。

国的法拉第（Michael Faraday）发现了电磁感应现象，电磁学可谓飞速发展。1841年，英国焦耳（James Joule）发现电能和热能可以相互转化，电能也可以用其他能量形式来保存。当时中国知识界对electricity的认知还处于"摩擦起电"的水平。当然，对"电"这点浅薄的认知足以让中国知识界感到自豪，以至于郑观应在其《西学》一文中将此作为"西学中源"的依据之一，还特别提到："磁石引针，琥珀拾芥，此电学之出于我也。"①1851年，汉语术语"电气"诞生，传教士玛高温在其《博物通书》开始使用"电气"一词，他用"电气通标"指电报机。1853年，传教士麦都思创办的《遐迩贯珍》创刊号的序言中提到："泰西各国创造电气秘机，凡有所欲言，瞬息可达千里，而中国从未闻此。"②到1872年，卢公明所编的《英华萃林韵府》将electricity译为"电气、雷气"，并将electricity of the earth译为"地体之电气"，将electricity of the clouds译为"天云之电气"，中国社会对电的了解又推进了一步，对"雷电"形成的原理有了更深刻的认知。

为什么中文术语"电气"的词根用"气"来表述呢？因为19世纪初电流体学说（electric fluid）在西方知识界颇具影响，"电气"就是对electric fluid的直译，这既符合西方电流体学说，也符合中国哲学思想。③因为electricity具有"无处不在"和"无形"的属性，这是使用"气"字的重要理据。不管是"琥珀气"，还是"电气"和"雷气"，都是出于对electricity这一根本属性的理解。在此基础上，在井上哲次郎所编的《订增英华字典》（1884）中，进一步将positive electricity译为"阳气"，将negative electricity译为"阴气"，这种命名方式与中国道家文化"阴阳学说"可谓不谋而合。道家学说将事物分为阴阳两个相互对立、相互作用的两个方面；阴阳之间虽然相互对立制约，但二者也不是固定不变的，而是始终处于运动变化之中。此外，"电"在《说文解字》中的解释是："阴阳激耀也，从雨从申。"在中国古代哲学看来，"电"的产生是因为阴气和阳气相激而产生。由此可见，以"电气"来译electricity融会中西文化，其命名极为成功。正因为

---

① 郑观应：《西学》，载《皇朝经世文三编（卷二）》（陈忠倚编），上海：上海书局，1902年，13-1。
② 熊月之：《西学东渐与晚清社会》，北京：中国人民大学出版社，2011年，第119-120页。
③ 雷根照：《"电气"词源考》，载《电工技术学报》，2007年第4期，第5页。

这一译名不仅命名巧妙，也得到了官方的认可，1908年在清政府学部审定的《物理学语汇》中，"电气"被正式确定为与electricity对译的术语。

从西学术语译名的接受来看，以"电气"译electricity堪称西学术语汉译的成功典范。相对而言"地球"（英文globe）就没有"电气"受欢迎，因为晚清中国社会在很长一段时间里无法接受"地圆说"。从1851年玛高温确立译名起，"电气"这一术语就得到了很好的接受，很重要原因在于其契合中国传统知识谱系，当然，"电气"及其相关知识也促成了晚清中国社会思想观念的一系列演变，这种观念的转变首先表现在全球化意识的增强。随着电报在中国社会应用的增多，中国社会知识分子对电报这种"夷务"也不得不发出赞叹，1862年身在香港的王韬也情不自禁地写下了其咏"电气"之作：

电气何由达，无机不易参。
纵横万里接，消息一时谙。
竟窃雷霆力，谁将线索牵？
从今通咫尺，不值鲤鱼函。①

对于王韬这位深谙西学的思想家来说，"电气"改变了其时空观念，天涯咫尺，纵横万里，也改变了他的华夷观念，甚至具备一定的全球化意识。王韬认为以后全世界东北西南，各种通讯最便捷的莫过于电讯，然后"全地球可合为一家，中国一变之道，盖有不得不然者焉。"② 于是，"电气"不仅会给中国带来"千年未有之巨变"，而且是"全球化"的载道之器。对他来说全球意识不过是先贤大同观念的发展，这与大同思想的"车同轨、书同文、行同伦"别无二致。③ 这种全球意识也造就了一批先进知识分子，他们向陈腐的夷夏观念展开了激烈的批判，郑观应在《易言》中说："夫地球圆体，既无东西，何有中边；同居覆载之中，奚必强分夷夏。"④ 当然，我们不能去过分地夸张翻译的作用，但是，从electricity之译为"电气"来看，

---

① 王韬：《瀛壖杂志》，上海：上海古籍出版社，1989年，第111页。
② 王韬：《弢园文录外编·变法自强》，郑州：中州古籍出版社，1998年，第91—92页。
③ 孙藜：《晚清电报及其传播观念》，复旦大学博士论文，2006年，第20页。
④ 郑观应：《郑观应集》（夏东元编），上海：上海人民出版社，1988年，第67页。

作为知识加工的术语翻译，成功的西学术语译介至少有利于西学知识在中国社会的传播，也有利于对中国传统学术的继承，术语及其概念的译介直接或间接地促进了中国社会的思想近代化。

若论西学术语译介对中国思想的近代化促进作用，在社会科学领域里，英文 economy 这一术语的译名从"富强""经世"演变为"经济"，也是中国近代社会的思想演变的生动写照。英语中的 economy 一词，源自古希腊语，其本义为"持家""家庭管理"，后来该词的词义逐渐泛化为"管理""领导""安排"等。公元前四世纪，亚里士多德的《政治学》中经济是一种谋生术，主要是谋取"收入"。在 18 世纪之前，economy 作为包含经济活动，并特指生活需求和物质生产的现代经济概念尚未形成，这一概念直到 19 世纪才正式确立，所以近代早期 economy 的涵义是家政和家庭管理。

表 10-4　economics 汉语译名的演变 ①

年代	汉语译名	出处
1872	生计学	《生计学》
1875	富国之谋、富国之法、理财富国之法	《中西关系略论》
1878	理财学问、理财之法	《伦敦与巴黎日记》
1880	富国策	《富国策》
1881	家政、理财学	《哲学字汇》
1886	富国养民策	《富国养民策》
1890	理财学、经济学	《日本国志》
1894	银学、富国学、理财	《盛世危言》
1897	经济学	《日本名士论经济学》
1899	资生学	《论日本文之益》
1902	计学	《原富》《群己权界论》
1903	经济学	《经济学通解》《汉英法律经济辞典》
1908	经济学	《辨学》
1911	经济学、计学	《普通百科新大辞典》
1913	经济学	《汉译日本法律经济辞典》

---

① 方维规：《"经济"译名溯源考——是"政治"还是"经济"》，载《中国社会科学》，2003 年第 3 期，第 188 页。

英文 economy 及其概念初入清末中国社会时,其翻译多由传教士完成,这些传教士对其在西方的概念演变也缺乏足够把握,在 16 和 17 世纪基督教家政学作为主流话语的语境下,"勤奋""节俭"当然是 economy 最佳涵义。即使在今天,"节俭"和"节用"依然是理性的经济行为,是一种谋生之道,所以其形容词 economical 的词义能仍然保留至今,所以 economics 早期的译名采用"生计学"。1875 年,《中西关系略论》将其译为"理财学""富国之法"和"理财富国之法",这些译名明显体现出一定的现代经济要素。在洋务运动时期,"富国策"是流行于清末知识界的译名,1876 年,传教士丁韪良所开设的课程便有"富国策",其教材是福塞特(Henry Fawcett)的《政治经济学提要》(A Manual of Political Economy)。1886 年,艾约瑟将杰文斯(Stanley Jevons)的 Primer of Political Economy 翻译为《富国养民策》。后来,清政府学部审定为"富国学"。尽管"富国学"主要涉及的是一门近代意义上涉及经济或经济事务相关学科,"富强"确实是洋务运动的关键术语,"富强"可视为"富国强兵"之缩写。有学者认为这反映了当时清政府"对西方经济学的冷漠",仍然固守"儒家传统的社会组织原则",即不反对引进西方的器物,将西方的"富强之术"纳入"经世致用"的范畴之内,仅仅是为了富国强兵而已,可以说与西方近代经济学仍然相距甚远。①

"计学"是严复于 1902 年在《原富》和《群己权界论》中所用的译名,1903 年陈昌绪所译的经济学著作便采用《计学平议》,而严复又于 1908 年被学部聘为名词馆总纂,于是"计学"便成了官方的译名。自严复倡议"计学"译名起,在 1910 年之前,"计学"的使用频率确实很高,取代了"富国学",曾经风行一时。严复的贡献是将"计学"列为专门的学科,使这一术语在清末获得了学科上的合法性,严复的目的是挣脱封建主义对经济的束缚,为中国输入资本主义经济学打开通路,达到国家富强之目的:

夫计学者,切而言之,则关于中国之贫富;远而论之,则系于黄种之盛衰。故不佞每见于斯密之言于时事有关合者,或于己意有所怅触,辄为

---

① 金观涛、刘青峰:《观念史研究:中国现代重要政治术语的形成》,北京:法律出版社,2009 年,第 298-299 页。

案论，丁宁反复，不觉其言之长而辞之激也。嗟夫，物竞天择之用，未尝一息亡于人间大地之轮廓，百昌之登城，止于有数。①

严复之所以宣扬"计学"是因为深感西方的经济自由思想对国家富强的作用，他反复强调国家对百姓私人的经济活动不要过多的干涉，只有让百姓自主经营，企业经营自由，商品交易自由，经济自由是民富的途径，民富是国富的前提。②

到1910年，美国学者Richard Ely所著的Outlines of Economics一书由熊嵩熙所译，由商务印书馆出版，中文书名为《经济学概论》，该译著到1916年已经是第四次出版，足见其影响深远。"经济"一词在古汉语中基本是儒家思想中"经世济民"的涵义，与之对应的词语有"经邦济国""经国济世"等，因而具有很深的政治内涵。清末民初的中国社会将颇有政治意味的"经济"与英语的economy对译，而且该译名的最终确立很大程度上受日本影响。有学者通过文献统计，研究表明"经济"这一术语最终确立与清末"民生主义"思潮的崛起有必然的联系，"经济"与"社会"两个词的现代意义几乎是同时产生的，"社会"追求平等价值，革命派的"经济"也有追求经济平等的潜在价值。③例如，1905年孙中山在《民报》发刊词中倡导"民生主义"以解决中国社会的经济问题："世界开化，人智益蒸，物质发舒，百年锐于千载，经济问题继政治问题之后，则民生主义跃跃然动，20世纪不得不为民生主义擅扬之时代也。"④由此可见，economics这一术语的译名演变反映了中国社会从洋务运动到甲午中日战争之后的社会思潮，富国强兵的观念发展为一门学科，为输入西方资本主义自由经济思想打下了基础，再到辛亥革命前后，就与革命派的民生主义思潮相互呼应，而在此过程中，作为主流话语的儒家思想和儒家学术，其在中国社会的统治地位也逐渐解体。综上所述，在清末民初时期的中国社会，西学术

---

① 严复：《译斯氏〈计学〉例言》，载《严复集》（王栻编），北京：中华书局，1986年，第98-101页。
② 熊月之：《西学东渐与晚清社会》，北京：中国人民大学出版社，2011年，第561页。
③ 金观涛、刘青峰：《观念史研究：中国现代重要政治术语的形成》，北京：法律出版社，2009年，第308页。
④ 孙文：《民报发刊词》，载《民报》，1905年11月26日，第1页。

语的译名演变一方面受中国本土社会思想观念的影响,另一方面又促进着中国本土社会思想观念的近代化演变。

小结

就清末民初西学术语译介而言,其贡献在于传播近代西方乃至世界先进知识。虽然西学术语仅仅是其知识体系中的知识点而已,但是,诚如邹振环所言:若干知识点组成知识线,即知识系列,而一系列知识线就构成了特定历史时期中"一门学科知识存在与运动的方式"。于是,"纵横交错的知识点和知识线形成了新的知识面,即知识体系。"所以"知识点的增加,与传统知识点形成碰撞,从而升级或质变",导致知识体系的变革和知识量的增长。[①] 西学术语的译介从一开始只是概念的引介,但是,所译介的概念会与传统概念发生碰撞,导致传统知识体系的变革,从而促进中国社会从语言到学科乃至整个思想体系近代化,一系列的译名演变现象充分说明了这一点,无论是单音节向双音节术语的转变,还是术语词形与词义的演变,都留下了中国社会近代化转型的痕迹。在西学术语译介推动作用下,中国学术界逐步形成了自己的术语体系,并恢复了对汉语和汉字的文化自信,与此同时,中国传统学科体系逐步与西方学科体系接轨,发生学科和知识体系的转型,大规模借鉴西学各种学科知识,传统知识体系失去了话语权,从而淡出了其主流话语的地位。西学译介对中国近代化的促进作用是毋庸置疑的,先进知识分子和译者做出了重要贡献,这也是毋庸置疑的。但是,在西学译介过程中,知识界或因为固守某些传统而延缓了近代化进程,或因为急功近利抛弃了传统学科体系、传统学术和传统文化的很多优点,这是当今学术界应该深入反思的问题。

---

① 邹振环:《晚清西方地理学在中国》,上海:上海古籍出版社,2000年,第12-13页。

第十一章 西学术语译介对术语翻译研究的启示

自上世纪 80 年代以来，中国译学界开始大规模学习、引进和研究西方译学，甚至用西方译介分析研究外汉互译问题，西方译学曾经一度成为我国译学界的主流话语，随着学科意识和学术意识的不断增强，许多中国学者呼吁构建"中国特色"的翻译学，如罗新璋（1984）、张柏然和姜秋霞（1997）等；为此形成了"普遍派"和"特色派"，两派之间展开了较为激烈的学术争论，谭载喜（1988/1995）等占少数的"普遍派"认为没有必要强调民族特色，而且翻译学不应该有国别之分，建立中国翻译学既无必要，也无可能。占主流的"特色派"主张建立"具有中国特色的翻译学"，或"自成体系的中国翻译学"，或"中国翻译理论体系"。①

近年来，随着中国国力的崛起，中国译学界普遍认为中国不但是翻译大国，而且应该成为译学研究大国，所以对建立"中国特色"和"中国气派"的翻译学呼声更为强烈，如潘文国（2012/2016）、方梦之（2017）等主张加强对中国翻译传统研究，回归中国语境，寻找中国话语。尽管如此，

---

① 主张特色的学者有罗新璋、桂乾元、张柏然、姜秋霞等，主要论著参见罗新璋：《我国自成体系的翻译理论》，载《翻译研究论文集》（《中国翻译》编辑部编），北京：外语教学与研究出版社，1984年，588-604页。桂乾元：《为确立具有中国特色的翻译学而努力——从国外翻译学谈起》，载《中国翻译》，1986年第3期，12-15页。张柏然、姜秋霞：《对建立中国翻译学的一些思考》，载《中国翻译》，1997年第2期，第7-9页。主张普遍性的代表有谭载喜等，主要论著参见谭载喜：《试论翻译学》，载《外国语》，1988年第3期，第22-27页。谭载喜：《中西现代翻译学概评》，载《外国语》，1995年第3期，第12-16页。需要指出的是所谓的"特色派"与"普遍派"，他们之间的术语观点也并非完全对立，在一定程度上来说，侧重点各异而已。

我国的译学研究仍然存在特色不够鲜明的问题：比如理论原创性和系统性欠缺，译学术语西化，学术话语不够丰富等。① 有鉴于此，本课题基于清末民初西学术语在中国的译介与接受，探讨西学术语译介对中国近代化的贡献，探讨西学思想与中国本土学术思潮的互动，思考中国近代在译介西学过程中的得失，如何为"中国特色"或"中国气派"的翻译理论构建做出贡献，或者对当今中国术语翻译研究有何启发。

第一节　西学术语译介与国家治理

对于西学术语在清末民初中国社会的译介与接受，其研究应该超越纯语言研究去思考其理论意义和应用价值，也应该站在历史的高度从翻译史、文化史、思想史的高度去论述其重要性，但是其核心问题还是术语翻译问题。作为"人类科学知识在语言中的结晶"，有学者认为术语对国家和社会的重要性可谓不言而喻，因为术语所表述的是特定领域的概念或范畴，以及由这些概念和范畴所构成的"话语系统"，是人类物质文明和精神文明传承的重要语文条件。② 更为重要的是，术语的生存价值在于其广泛应用与传播，而翻译就是重要的传播手段之一。所以，有的学者从跨文化传播讨论术语翻译的重要性，也有学者从语言政策论述其重要性；有的学者从学术发展论述其重要性，也有从语言生态论述其重要性，还有的从计算机辅助翻译论述其重要性，其实，更为重要的是术语翻译关乎国家治理。

在清末民初的知识界中，梁启超是主张站在国家治理的高度论述术语翻译的学者之一，他的《论译书》认为翻译问题是"西人致强之道"和"中国见败之道"的重要根源，而术语问题又是整个翻译事业之关键：

---

① 本世纪以来，主张构建中国特色翻译理论和中国译学话语体系的学者，有潘文国、方梦之等，参见潘文国：《中国译论与中国话语》，《外语教学理论与实践》，2012年第1期，第1—6页。潘文国：《大变局下的语言与翻译研究》，《外语界》，2016年第1期，第6—12页。方梦之：《翻译大国应该有自创的话语体系》，《中国外语》，2017年第5期，第93—100页。

② 魏向清：《术语翻译研究导引》，南京：南京大学出版社，2012年，第1页。

译书之难读，莫过于名号之不一。同一物也，同一名也，此书既与彼书异，一书之中，前后又互异，则读者目迷五色，莫知所从。道咸以来，考据金元史稗，言西北地理之学，蔚为大国。……国语解之类之书，泐定画一，凡撰述之家，罔不遵守。则后人之治此学，可无龂龂也。今欲整顿译事，莫急于编定此书。①

梁启超当时翻译最大的问题莫过于"名号之不一"，即译名不规范、不统一。梁启超还以史为鉴指出地理名称规范对维护西北国家主权的作用，肯定道咸以来地理学研究的学术成就，即考证了辽、金、元时代的历史地理典籍，由此产生了大量的地理学术著作。事实上，其核心问题还是术语问题，内容不外乎人名、地名、对音、转音的问题，还说假使当时修史能统一地名、人名，有标准国语解释的话，后世学者就少了很多论争，也有利于维护国家主权。所以，"整顿译事"的首要任务便是规范术语和编定术语辞书。

术语关乎国家治理，这是先秦名学的重要内容，孔子的"正名"学说早就为此奠定了重要的学术基础，"正名说"的核心内容是：名不正，则言不顺；言不顺，则事不成，刑罚不中，而民无所措手足。这种学说影响了法家哲学。法家中最接近儒家学说的尸子说："天下之可治，分成也。是非之可辨，名定也。"还说："明王之治民也"，"言寡令行，正名也"；"君人者苟能正名"，"令名自正，令事自定。赏罚随名，民莫不敢敬。"故曰："正名去伪，事成若化。以实核名，百事皆成。"②从尸子所说的名实关系可以看出，理想的统治就是"使名规范化的统治"，也是就所谓的"是非随名实，赏罚随是非。"③比如说，"不孝"这个名本身就暗示着一种"非"，伴随着"非"而来的必定是谴责或处罚。在《尹文子》中，名实关系解释得更清楚，理论更成熟。《尹文子》说："名者，名形者也。形者，应名者也。""故亦有名以检形，形以定名；名以定事，事以检名。"这是"名""形"和"事"

---

① 梁启超：《论译书》，载《翻译研究论文集》（中国翻译工作者协会编），北京：外语教学与研究出版社，1984年，第15页。
② 胡适：《先秦名学史》，合肥：安徽教育出版社，1999年，第199页。
③ 同上，第200页。

三者关系的简要说明。① 其核心思想就是让"事"成为是非、贵贱的评价标准，以引起人们对赏罚有所反应，有所选择。

正因为"名"隐含着是非贵贱的价值判断，所以，在清末民初的中国社会很多西学术语翻译命名普遍存在一种"道德化"倾向，其目的是为了让西学概念及其思想学说能在中国社会得到更好的接受。比如，1896年严复在其所译的《天演论》中，将 republicanism 翻译为"数贤监国"，而不采用日语译名"共和"及其现代概念，其翻译比较符合当时以儒家思想为基础的政治语境，用儒家精英主义的贤臣思想比附西方共和民主政治，因为当时奏折上的表述如：愿皇太后俯会亲贤，深惟国计，用醇亲王之忠诚，以肩其臣，用恭亲王之谙练，以理其繁。② 到1905年，五大臣出国考察准备引进西方立宪政体之后，"共和"就逐渐取代了严复的"数贤监国"，原因是"共和"逐渐被赋予了越来越多的道德价值。1902年，梁启超在《新民说》中阐明"共和尚德，是也"。"共和"所主张的道德与道家格言不同，与宗教家的劝化不同，而是"爱国家尚平等之公德而已"。③ 1903年，孙中山说："共和者，我国治世之神髓，先哲之遗业也。"④ 于是，"共和"既是国民的品质和理想，也是中国古已有之的善政。同年，邹容发表的《革命军》更是高呼："中华共和国四万万同胞的自由万岁！"由此可见，革命派很大程度上正是通过不断的"正名"，获得民众的支持，并实现其政治理想。

正因为"正名"之重要，《荀子》不仅重视术语规范，也意识到术语混乱的危害性，曲解概念、乱造新词、混淆视听导致术语混乱，其性质和扰乱度量衡一样，会危害社会和破坏法纪。《荀子·正名》中说："故析词擅作名以乱正名，使民疑惑，人多辨讼，则谓之大奸，其罪犹为符节、度量之罪也。"⑤ 所以，荀子非常重视圣王的作用，名词管理失范、名实关系混乱以及怪癖词语的产生都是圣王缺位的结果，"今圣王没，名守慢，奇

---

④ 胡适：《先秦名学史》，合肥：安徽教育出版社，1999年，第200页。
① 邓承修：《户科掌印给事中邓承修奏》，载《清光绪朝中法交涉史料》（卷十三）（故宫博物院编），台北：文海出版社，1967年，第14页。
② 梁启超：《法理学大家孟德斯鸠之学说》，载《梁启超全集》，北京：北京出版社，1999年，第1039—1044页。
③ 孙中山：《孙逸仙与白浪庵滔天之革命谈》，转引自金观涛、刘青峰：《观念史研究：中国现代重要政治术语的形成》，北京：法律出版社，2009年，第271页。
④ 王先谦：《荀子集解》，北京：中华书局，1988年，第414页。

辞起，名实乱，是非之行不明，则虽守法之吏，诵数之儒，亦皆乱也。"荀子还认为若有新王出现，社会生活不可能停滞不前，必定会沿用旧的术语，创造新的术语体系，术语规范会转乱为治。"若有王者起，必将有循于旧名，有作于新名。然则所为有名，与所缘以同异，与制名之枢要，不可不察也。"①

近代西方政治术语 democracy 之译为"民主"就是社会发生重大变革、术语规范由乱转治的语言表征。19世纪50年代之前，在汉语中还无法找到概念基本一致的政治术语来翻译 democracy，麦都思主编的《英汉字典》（1847）将 democracy 译为"民主"，这一译名沿袭了马礼逊的《华英字典》（1823）的旧译。晚清知识界也沿用"民主"这一译名，但其概念是"民之主"，而不是当今所倡导的"民为主"。到1874年，《万国公报》公开报道了美国总统选举这一重要政治活动，文中还出现了"美国民主易人""选举民主"等表述。② 到1890年11月，《万国公报》还刊登了华盛顿的肖像，其副标题却是"大美开国民主华盛顿像"。③ 康有为在其《孔子改制考》（1898）中提到："尧舜为民主"，还说："春秋，诗皆言君主，惟《尧典》特发民主义。"④ 其中，前一句的"民主"还是说"为民做主"，后一句的"民主"实质上发生了概念的变异，其主张变成了"以民为主"。康有为等晚清士人以先秦经典为依据，将西方资本主义民主政治与中国"三代之治"嫁接在一起。这些表述一方面沿用"民主"这一术语词形，另一方面又介绍西方资产阶级民主思想。其实，这就是荀子所谓"循于旧名，有作于新名"的历史现象，这种术语现象也间接说明近代中国社会由封建皇帝专制向共和体制转型的必然性。

术语翻译反映了国家治理水平，其规范化程度代表着国家形象，反映着一个国家的学术和科学进步程度，所以，术语翻译的专业化程度表明一个国家的科学研究和学术发展水平，因为术语是科学和学科发展的积累，命名准确的术语如果为学科共同体所接受，就具有一定的稳定性，并

---

① 王先谦：《荀子集解》，北京：中华书局，1988年，415页。
② 选举民主，《万国公报》，第316卷，1874年12月19日。
③ 《大美开国民主华盛顿像》，《万国公报》（新刊），第22册，1890年11月。
④ 康有为：《孔子改制考》，北京：中华书局，1958年，第338页。

成为约定俗成的概念。① 比如，1851年学术界提出了"红斑狼疮"（lupus erythematosus）这一术语，后来又提出"系统性红斑狼疮"（systemic lupus erythematosus）的术语命名，后者所包含的范畴比前者更广，包含侵犯内脏的一些系统性病变症状，其症状更为严重。这种命名的演进既是医学观察和研究的结果，也是医学界对医学规律认识的深入，可以说是医学进步的语言表征。术语翻译的精确化和规范化也是一个国家学术进步的表现。比如，早年的西方物理学著作汉译中将声学中的wave都按字面意义翻译为"浪"，将sound wave译为"声浪"，将wave length译为"浪长"，将wave motion译为"浪动"，将longitudinal wave译为"直浪"，transversal wave译为"横浪"。后来，到清末学部编译的《近世物理学教科书》（1899）和清末学部审定的《物理学语汇》（1908）中，sound wave译为"声波"，将wave length译为"波长"，将wave motion译为"波动"，将longitudinal wave译为"纵波"，transversal wave译为"横波"。② 实质上，这种译名的演进表明近代中国学术界对近代声学知识，包括声音的产生、传输和接受方式等有更深入的了解。

  术语规范程度"彰显国家的综合实力"，因为术语规范是一种"人类群体行为"，如果不具备强大的国家实力，包括"科学实力、经济实力和管理实力"，就无法行使和承担术语管理和规范的职能。③ 就科学实力而言，术语之用在于描述科学。没有科学，术语便没有栖身之地，科学是主体，术语是外壳，没有术语，科学亦将无所依附。就经济实力而言，术语规范是一个学科的核心工作，术语作为一种公共知识产品，需要国家对学术和科技高度重视，并予一定的人力、物力和经费的投入，这种投入有些是向语言政策执行机构的直接投入，而有些是科研部门和学术机构的间接投入。此外，术语规范需要严密的组织和管理才能保证其专业水平和学术水准，需要长期的学术科研工作，持续推进，坚强的信念，只有政府及其学术机构等强有力的组织，才能保证术语规范工作持续有序进行。

---

① 龚益：《社科术语工作的原则与方法》，北京：商务印书馆，2009年，第350页。
② 王冰：《我国早期物理学名词的翻译及演变》，载《自然科学史研究》，1994年第3期，第224页。
③ 龚益：《社科术语工作的原则与方法》，北京：商务印书馆，2009年，第355-357页。

作为术语规范重要的内容，清末民初西学术语译名的规范工作也是在不断探索过程中才逐步引起国家的重视，到最后成立专门机构规范术语，负责译名统一工作。就科技术语规范而言，鸦片战争之后，魏源的《海国图志》（1842）开始将西方地理和军事术语译介作为"制夷"和"款夷"的重要内容；到1862年，京师同文馆作为官方学术机构开始统一化学术语工作，其间经历了二十余年。再到1909年，清政府设立编订名词馆聘请严复为总纂负责译名统一工作，至于编订名词馆的设立，严复所说的"统一文典，昭示来兹"仅仅是表象而已，有论者认为以张之洞为代表的官员期望通过名词馆来加强国家对社会的隐形控制，其本意所在还是企图通过审定名词，"以维护清王朝的旧有统治，维系中国传统的学术风教"。①可以说，清政府从一开始就不予重视，始终处于被动，而等到张之洞和严复等有识之士筹划名词馆时，日语译名已经以其"混混之势"大举入华，作为教育部门的清政府学部和名词馆的相关工作已经为时已晚，作用微乎其微了。

相对于清末中国社会，民国时期的译名统一工作则更为成熟，一是科学社团对译名规范发挥着重要的推动作用，二是教育部在译名规范方面发挥权威机构作用，有助于科学知识的教育和普及。但是，总的来说两个时期官方比较重视科技术语，对社会科学术语缺乏应有的关注，而且，术语规范主要通过自下而上的形式推动，国家和政府主动作为不够。以史为鉴，这段历史令我们意识到当今术语译介与国家治理息息相关；无论是外译中，还是中译外，术语译介及其规范程度是国家治理水平的体现，术语译介及其规范化作为国家语言政策一部分，也有助于提高国家治理能力。

中华人民共和国成立之后，我国于1987年已经成立自然科学名词委员会，1990年国家科委、国家教委、中国科学院、国家新闻出版署联合发文要求规范专业术语，教育部和各省级教育部门专设语委督促术语规范工作。但是，对于术语翻译及其规范，当今学术界对其研究价值仍然认识不足，研究有待深入。潘文国先生更是把术语翻译上升到"全球治理"的高度，他认为无论是中国历史文化术语，还是当代政治话语术语，其命名和

---

① 彭雷霆：《张之洞与编订名词馆》，载《湖北大学学报》，2010年第1期，第97–102页。

翻译都要力求做到"融通中外"。因为中国现在以大国角色在积极地参与全球事务，中国自身的经验越来越受到世界的重视。对于事关中国治理和全球治理的术语，可能引起全球效应，应尽可能避免其负面效应，所以，这些术语的命名和翻译都应严肃对待，尤其是首译的命名极其重要。①比如，2020年2月7日，中国国家卫健委将新型冠状病毒所引起的肺炎暂命名为"新型冠状病毒肺炎"，简称"新冠肺炎"，对应的英文为 Novel Coronavirus Pneumonia，简称 NCP。②2月11日，世界卫生组织宣布将新型冠状病毒引发的疾病正式命名为 COVID-19（Corona Virus Disease 2019）。世界卫生组织坚持其命名不涉及地理位置，不涉及特定人群，坚决反对种族主义，反对将疾病问题政治化，体现了高度的人类命运共同体意识。③

术语译介和规范化之所以与国家治理密切相关，是因为术语属于特定文化的关键词，为特定的话语系统服务，所以术语翻译涉及话语或意识形态的冲突。近代以来，在中西文化交流乃至西学汉译中，西方文化和西方学术在多数情况下占据主导权。如今，中国特色社会主义进入新时代，意味着中华民族迎来了伟大复兴的历史契机。但是，中华文化在世界的话语权影响有限，翻译界肩负着推动"中华文化走出去"的重任，中华文化术语在翻译前必须对其概念追根溯源，经过系统梳理，分析其形成和演变的历史过程，因为传统文化术语、历史文化关键词等的翻译绝非普通词汇翻译那么简单。可以说每一个术语的翻译都是一项工程，每一个术语的翻译在中外文化和学术交流中都体现着国家治理水平，反映着中国国家形象。对于积极参与全球事务的中国来说，随着中国的全球影响力不断增强，中华文化术语的翻译与全球治理息息相关。

第二节 西学术语译介与术语民族化

在清末民初，中国历史上的各种变革与西学翻译始终相辅相成、密不

---

① 潘文国：《大变局下的语言与翻译研究》，《外语界》，2016年第1期，第10-11页。
② 新型冠状病毒感染的肺炎简称"新冠肺炎" 英文简称"NCP"，人民网，2020年2月8日。
③ 世卫组织将新冠肺炎命名为"COVID-19"，新华网，2020年2月12日。

可分，西学通过翻译以其强势话语滔滔而入中华，并不断冲击中国社会传统思想体系，那么，西学术语汉译是不是要走"术语国际化"道路，将术语拉丁化？是否要放弃"术语民族化"？对于这一问题，既是中国近代知识分子所面对的历史问题，也是当今中国术语翻译学所应该回答的问题。为了更好地推进西方先进科学知识在中国的传播，早在晚清时期知识界就提出中国的术语政策应放弃术语民族化，选择术语国际化道路，换言之，就是采取"读音国际化"或"词形国际化"；而"术语民族化"则坚持尽可能少用音译，使术语顺应本国语言，构建具有"本国特色"的术语体系。① 此外，在东亚的"汉字文化圈"中，日本自明治维新（1868）之后选择了术语国际化的道路，朝鲜和越南亦竞相效仿，基于日本的成功经历，瑞典汉学家高本汉（Bernhard Karlgren）就曾极力主张中国选择术语国际化道路，以加快科学知识的普及。

在清末民初，由于中西学术差异悬殊，西学术语汉译时很难做到概念对等，甚至连基本一致都可以说是一种奢望，因此，汉语究竟能否精确表达西方近代学术概念？这一缺乏理据的问题却曾一度流行，而汉语确曾一度被贬斥为"笨拙的媒介"，认为汉语及其复杂的书写方式阻碍了对西学术语翻译，尽管西方术语表达承载着先进的近代概念，科技史学家安德森（J. Reardon-Anderson）甚至认为汉语作为一种语言障碍，延缓了科学知识在中国的普及，甚至还是近代史上导致"日本成功"和"中国失败"的关键因素。② 因此，术语民族化的可行性在近代一直被学术界所怀疑，傅兰雅在江南制造总局从事翻译时，就提到当时多数西方学者悲观地认为："中国文字最古最生最硬，若以之译泰西格致与制造等事，几成笑谈"；用汉语翻译西学"诚属不能越之难"，不过是"枉费工力而已"。③ 但是，历史证明中国在术语政策上走民族特色之路，而且取得了成功，国人也恢复了对汉语和汉字的文化自信，以至于语言学家周有光先生说："在全世界所有国

---

① 周有光：《漫谈科技术语的民族化和国际化》，载《中国科技术语》，2010年第1期，第8-9页。
② [法]艾乐桐：《汉语术语：论偏见》，载《新词语新概念：西学译介与晚清汉语词汇的变迁》（郎宓榭、赵兴胜等译），济南：山东画报出版社，2012年，第19-20页。
③ 傅兰雅：《论译书之法》，载《术语翻译研究导引》（魏向清编），南京：南京大学出版社，2012年，第119-120页。

家中，中国是唯一术语民族化的国家。"① 近代中国学术界没有盲目地跟风使术语国际化，而是成功地走出了一条民族化道路，其中，翻译界的贡献可谓功不可没。

从清末到民初，纵观这一段时间术语翻译史，无论是从术语翻译理论，还是从术语规范来看，传教士傅兰雅对中国术语民族化具有里程碑式的贡献。针对寓华西方学者认为汉语无法翻译"西学之精奥"的文化霸权主义观点，傅兰雅从"可能性""成功性"和"必要性"等三方面，系统论述了西学术语汉译的民族化策略。② 在术语命名方面，傅兰雅认为汉语和西方语言一样，不但可以有效地"保持科学的精确性"，也可以"保持汉语语言和术语的特点。"③ 对近代中国知识界而言，虽然说西方的学科体系和知识体系与中国迥异，但是傅兰雅认为汉语术语不仅能精确译介西方科学知识，也能"适应科学发展"。④ 所以，傅兰雅认为中国作为具有数千年历史的文明古国，绝不能对自己的国语失去应有的文化自信：

况中国书文流传自古，数千年来未有或替，不特国人视之甚重，即国家亦赖以治国焉。有自主之大国弃其书文，而尽用他邦语言文字者耶？若中国为他邦所属，或勉强行以西文；惟此事乃断不能有者，故不必虑及焉。⑤

与西方文化霸权主义观点相反，傅兰雅认为汉语在翻译方面的独特性是世界上其他任何语言所不具备的。汉语具有其独特的"灵活性、表达力及简练性"，使之能够广泛地接受或表达异域学术思想，尤其是外来新生的科技术语。⑥ 对于汉语术语的民族化道路，傅兰雅不仅从学理上阐述了

---

① 周有光：《文化传播与术语翻译》，《术语翻译研究导引》（魏向清编），南京：南京大学出版社，2012年，第10页。
② [美]戴吉礼编：《傅兰雅档案（第2卷）》（弘陕译），桂林：广西师范大学出版社，2010，第361-362页。
③ 同上，第378页。
④ 同上，第379页。
⑤ [英]傅兰雅：《江南制造总局翻译西书事略》，《中国近代出版史料初编》（张静庐编），上海：群联出版社，1953年，第20页。
⑥ Fryer, J. The Present Outlook for Chinese Scientific Nomenclature. *Records of the Second Triennial Meeting of the Educational Association of China*. Held at Shanghai May 6-9, 1896. Shanghai: American Presbyterian Mission Press, 1896. P159.

其可行性，而且身体力行在制造局翻译馆不断厘定和规范术语，为汉语术语民族化做出了突出的贡献。传教士林乐知还明确提到："余前与傅兰雅先生同译书于制造局，计为中国新添之字与名词，已不啻一万有奇矣。"① 由此可见，傅兰雅对汉语术语民族化的认识之深，所厘定的术语数量之多，这对于一个外来翻译家来说，确实难能可贵。

傅兰雅对汉语术语民族化的理论贡献仍然值得当今翻译理论所借鉴，他认为中国应该走术语民族化道路是因为汉语在国家和民族统一中所发挥的重要作用。在傅兰雅看来，汉语是把中国国民紧密团结在一起的纽带，是帮助华夏民族度过各种灾难的力量，也是"中国在历史上称雄邻国的力量源泉，将与国家共存"。② 此外，汉语不仅具有悠久的历史传统，而且具有强大的生命力，因此，傅兰雅极其重视发掘和运用汉语的传统术语，对"华文中已有之名"坚持尽可能沿用，比如，将 geometry 译为"几何"，堪称术语民族化的成功范例。"几何"在我国典籍中可谓古已有之，如：始皇问李信：吾欲攻取荆，于将军度用几何人而足？《史记·白起王翦列传》。"几何"在明清之前的典籍中，主要作为疑问数词使用，其涵义为"多少""若干"，而且，从利玛窦到傅兰雅一直沿用，可以说是译者促使"几何"从普通疑问词向数学术语的转化，这种以"华言"译"西义"方法在佛学术语翻译中就广为采用，也是术语民族化的历史依据。

从翻译方法来看，术语翻译时应该重视汉语表意特征，才能有助于术语民族化。傅兰雅坚持西学术语汉译命名应该首选"描述性术语"。因为描述性术语易于理解，只要合适就能很快流行。③ 以"代数"翻译英文 algebra 为李善兰和伟烈亚力所首创，读者可以从其译本《代数学》卷首"代数之各种记号"理解其含义，原文如下：

西国之算学，各数均以 0 一二三四等十个数目字为本，无论何数，均可以此记之。用此十数目字，虽无论何数皆可算，惟于数理之深者，则演

---

① 林乐知：《论新名词之辨惑》，《万国公报文选》（李天纲编），上海：上海文艺出版集团，2012，第 606 页。
② [美]戴吉礼编：《傅兰雅档案（第 2 卷）》（弘陕译），桂林：广西师范大学出版社，2010，第 591–592 页。
③ 同上，第 380 页。

算甚繁；用代数，乃其简法也。代数之法，无论何数，皆可任以何记号代之。……今译至中国，则以甲乙丙丁等元代已知数，以天地人等代未知数。①

这段文字说明了用"代数"二字来翻译英文 algebra 的优势，正是取意"以字代数"，其概念让代数学所包含的基本方法一目了然，与原来的音译"阿尔热八达"，"阿尔朱巴尔""阿尔热巴拉"等比较，"代数"作为描述性术语，因为体现了汉语的表意特征，运算起来非常灵活，既可以代"已知"之数，也可以代"未知之数"，所以其优越性是非常明显的。从当时的学术语境来看，这种描述性翻译法也有利于西方数学在中国的接受和普及。其实，俄罗斯当代术语学也呼应了傅兰雅的学术观点，即术语民族化有利于"民族文化教育的普及"，有利于"民族的振兴与发达"。②

在术语翻译命名方法方面，傅兰雅认为其可运用描述和音译兼备的术语，因为这种术语比较符合汉语"构词特点"和"表意特征"，而且汉语大部分文字是描述性的形声字。③在翻译化学元素时，傅兰雅就成功运用常用字加偏旁的译法，比如镁（magnesium）、矽（silicon）、锌（zinc）等，这也是这些术语能沿用至今的原因。上述两种方法都缺乏可行性时，最后才选用音译，而且为了术语民族化，西学术语汉译应尽量少用音译。傅兰雅认为音译术语弊大于利，尤其是多字音译，既难读，又难写、难记，而且与意义毫无关联，不能体现汉语的表意特征；此外，音译也不能丰富汉语术语系统。当时的学术界错误地认为音译可以丰富汉语术语系统的语汇，其翻译也极为简单，只要把术语发音转换成中文即可，而不必考虑所选术语的原意及所用字数。但是，傅兰雅指出这种方法"只会割裂中文的历史和表意功能的魅力"，造成不必要的负担。④

傅兰雅提倡汉语术语民族化用现代语言说既出于中国文化安全和国家统一考虑，又立足汉语本位从汉语的构词特征和表意特征考虑，其思想和

---

① 赵栓林、郭世荣：《〈代数学〉和〈代数术〉中的术语翻译规则》，载《内蒙古师范大学学报》，2007年第6期，第691页。
② 郑述谱：《俄罗斯当代术语学》，北京：商务印书馆，2005年，第48页。
③ [美]戴吉礼编：《傅兰雅档案（第2卷）》（弘陕译），桂林：广西师范大学出版社，2010年，第380页。
④ 同上，第387页。

观点仍有重要的当代价值。如果说傅兰雅在洋务运动时期为汉语术语的民族化的学术典范，那么，严复当属甲午战争之后在西学翻译中极力促进术语民族化的代表，其会通思想在中国近代术语翻译史上也具有里程碑的意义。与傅兰雅不同的是，严复所面对的问题是如何应对西方社会科学术语汉译的不等价现象，严复在《天演论》序言中曾经提到："新理踵出，名目纷繁，索之中文，渺不可得，即有牵合，终嫌参差。"①严复认识到西方社会科学术语汉译必须面对各种语言障碍，要准确表述其概念可谓格外艰难：一方面中学与西学知识体系差异悬殊，在汉语难以找到等价术语，故"索之中文，渺不可得"；另一方面即使译者以严谨的学术态度，仔细权衡自定译名，还是"即有牵合，终嫌参差。"事实上，甲午战争前后的中国社会要实现社会科学术语的等价翻译其实是脱离实际的。林乐知也特别强调当时的术语汉译仍不免有"窒碍者"，"偶有中国人素所未有之思想，其部分内之字必大缺乏，无从迻译。"②所以，在严复时代术语民族化和西学中国化一样，需要一个消化融合的历史过程。

从晚清学术语境来看，严复运用会通法翻译西学术语对于西学思想的接受是非常有效的，其所译术语在当时能广为流传与其民族化策略是分不开的。比如，严复将liberty译为"自繇"，为了让国人接受西学的自由平等思想，他将英文的liberty与中国儒家思想"修齐治平"的相通之处联系起来，说英文的liberty乃儒家经典《大学》中的"絜矩之道"。③这种"相似性联想"确实可以"活跃中国文化固有的生机"④。可见，严复注重在西学术语汉译过程中发扬中国传统学术，以至于有学者发现：在严复所译的《原富》中，几乎每个术语的翻译命名都引用中国古文献来解读。⑤此外，从其术语民族化策略，严复的会通法并非照搬西学，而体现出敢于批判的

---

① 严复：《〈天演论〉·译例言》，载《翻译研究论文集》（中国翻译工作者协会编），北京：外语教学与研究出版社，1984，第7页。
② 林乐知：《论新名词之辨惑》，《万国公报文选》（李天纲编）. 上海：上海文艺出版集团，2012年，第605页。
③ 严复：《〈群己权界论〉译凡例》，《翻译论集》（罗新璋编），北京：商务印书馆，2009年，第209页。
④ 高中理：《〈天演论〉与原著比较研究》，北京大学博士论文，1999年。
⑤ 黄立波、朱志瑜：《严复译〈原富〉中经济术语译名的平行语料库考察》，《外语教学》，2016年第4期，第89页。

学术精神，通过中西学术的比照与互鉴，既能继承传统学术的优点，又可以去其糟粕、避免其局限性。比如，严复将economics译为"计学"时，他批判斯密氏之书"为纯功利之说"："以谓计学家言，则人道计赢虑亏，将无往不出于喻利"。①在严复看来，亚当·斯密宣扬商品经济和市场经济，却忽视了精神价值取向，而中国儒家"人道"思想恰好可以弥补其缺点。在当今市场经济时代，儒学所主张的个人修养和社会伦理、治国安邦的思想更体现出其意义和价值。至于严复所采用会通法，其治学方法的优点就是既可以通过中西互鉴学习西方，也可以在西学译介过程中，以中学为本位有效把握学术话语权。在术语民族化方面，傅兰雅展现了对中国语言文字的自信，而严复则展现了对中国文化的自信。②

术语翻译的民族化强调术语的可接受性，而傅兰雅和严复的术语翻译都充分体现了中国学术界长期以来的"经世致用"精神。自鸦片战争以降，经世实学在中国知识界崛起，并逐步成为中国社会的主流学术思潮，从魏源、林则徐、徐继畬等官员主张"以夷制夷"，并编译《海国图志》《瀛寰志略》等世界地理著作起；到曾国藩、左宗棠、李鸿章等所倡导的洋务运动，创办同文馆和翻译馆，大规模译介西方科技文献；再到康有为、梁启超、谭嗣同所推动的维新变法，译介西方政治学、经济学等社会科学著作，可以说，经世实学思潮与西学翻译始终相互影响和相互促进，西学翻译推动着"西学实学化"，而近代实学思想也以"经世致用"为宗旨，对西学翻译的影响亦无处不在，傅兰雅和严复堪称翻译界中"经世致用"的代表人物。③

从当代文化学派的翻译观来看，对于供职于江南制造局翻译馆的傅兰雅来说，曾国藩、张之洞等作为其翻译的"赞助人"，其翻译活动也必然以洋务派所提倡的实业救国和"中体西用"为旨归。傅兰雅在西学翻译中倡导术语民族化，是因为在他看来术语民族化是"实用""合适""适宜"和"可行"的策略。在讨论术语表的制作时，他提出了九条"实用的建议"④。

---

① 严复：《斯密氏〈计学〉例言》(《原富》)[A]. 伍杰编.《严复书评》[C]. 石家庄：河北人民出版社，2001年，第41-44页。
② 张景华：《西化还是化西？——论晚清西学翻译的术语民族化策略》，《中国翻译》，2018年第6期，第30页。
③ [美]戴吉礼编：《傅兰雅档案(第2卷)》(弘陕译)，桂林：广西师范大学出版社，2010年，第32页。
④ 同上，第403页。

在论述化学元素的翻译时，他坚持每个元素都只用一个汉字表示，而且化合物的译名也好确定，"相信非常实用，希望能得到广泛使用"。①在讨论术语的生命力时，他认为"只有最合适的术语才能保留下来"。②在论述arithmetic的翻译命名时，他认为命名为"代数术"不如"代数学"妥当，因为命名为"学"更"适合用来于表述分支科学"。③由此可见，"经世致用"的实学思想对傅兰雅的影响可谓无处不在。

作为立宪派人物，严复翻译思想也深受"经世致用"的影响。甲午之后，在国家和民族处于"危亡之秋"的历史语境下，严复在《救亡决论》中主张"处今而谈，不独破坏人才之八股宜除，举凡宋学汉学，词章小道，皆宜且束高阁也"，"求才为学二者，皆必以有用为宗"。④在"经世致用"思潮的驱动下，严复身体力行翻译了《天演论》《法意》《社会通诠》等一系列西方名著，并希望借此改造中国社会。此外，从其翻译理论来看，严复的翻译为了"经世"和"托译言志"，更侧重达旨，而"略亏于信"。⑤在当时，因为西学术语汉译无法寻求对等术语，且无论采用何种方法皆难以与原意吻合的情况下，严复为了达旨而采用术语民族化策略，容易使其术语为中国社会所接受，比如《原富》的术语翻译：

The **capital** which employs the weavers, for example, must be greater than that which employs the spinners; because it not only replaces that **capital** with its **profits**, but pays, besides, the wages of the weavers: and the **profits** must always bear some proportion to the **capital**.

译文：譬诸麻业，畜织者之**母财**，必大于畜纺者之**母财**，畜织者之斥本也，必有以酬畜纺者之本息矣，又有以食其业之织工，夫而后能取其既纺之麻而织之，故曰其**母财大**也。母大者子亦大，故曰后之所息，巨乎前也。⑥

---

① [美]戴吉礼编：《傅兰雅档案（第2卷）》（弘陕译），桂林：广西师范大学出版社，2010年，第337-338页。
② 同上，第405页。
③ 同上，第2页。
④ 严复：《严复集》（王栻编），北京：中华书局，1986年，第43-46页。
⑤ 廖七一：《严复翻译批评的再思考》，《外语教学》，2016年第2期，第89-90页。
⑥ 严复[译]：《原富》，北京：商务印书馆，1981年，第69页。

严复将 capital 译为"母财",将 profit 译为"子钱",古汉语中的"母财"亦为"母钱","母财"和"子钱"皆为汉典中的传统术语(见《史记·货殖传》)。对于这两个术语的翻译命名,严复用中国尊母伦理观念和传统忠孝思想,其目的就是通过一种情感和价值认同,促进近代西方经济学在中国社会的接受,促使国人超越"重农轻商"的传统观念,有利于中国走上国富民强的道路。严复还将 economics 译为"计学",这种民族化术语不仅契合了中国传统的"国计""家计""生计"概念,而且从术语翻译的理据来看,也考虑到术语命名的系统性和相关性。严复还将 labour 译为"生民",如果联系起儒家格言"为天地立心,为生民立命,为往圣继绝学,为万世开天平",就可以发现这种民族化术语也体现了中国传统的经世济民思想。由此,我们可以对严复商业救国的经世致用精神窥见一斑,其术语民族化策略可谓用心良苦。① 从甲午到 1910 年期间,严译术语曾在晚清中国社会产生了广泛影响,并且一度成为推进中国近代思想文化变革的重要资源。虽然说严译术语在后来很多被日语译名所取代,但是,其术语民族化策略及其会通思想仍值得当今学术界研究和借鉴。

当然,提倡术语翻译的民族化道路,既不是排斥术语国际化,也不是提倡"语言民族主义"②。第一,就文化安全而言,学术界倡导术语民族化是基于对汉语和汉字的文化自信,况且术语民族化也与民族团结和国家统一密切相关。第二,就文化传承而言,术语民族化策略可以会通中外学术,将继承本族文化传统与借鉴外来文化有机结合起来。第三,就翻译策略而言,术语民族化策略必须立足汉语本位,充分考虑汉语的构词和表意特征。③

---

① 张景华:《西化还是化西?——论晚清西学翻译的术语民族化策略》,《中国翻译》,2018 年第 6 期,第 32 页。
② "语言民族主义"(linguistic nationalism)出自英国学者霍布斯鲍姆(Eric Hobsbawn)的《民族与民族主义》(李金梅译,上海:上海人民出版社,2006),该书认为在欧洲国家近代化过程中,民族主义者为达到政治和意识形态目的,刻意将民族语言作为构建民族想象和认同的工具,使语言社会成员对自己所属民族归属形成感情依附,甚至促成一种强烈的国民意识,以此作为维系国家存在和发展的重要纽带,所以语言民族主义尤其强调民族语言的纯粹性。
③ 张景华:《西化还是化西?——论晚清西学翻译的术语民族化策略》,《中国翻译》,2018 年第 6 期,第 33 页。

第四,就知识传播而言,与术语国际化比较,术语民族化对于科技和学术知识的普及也是极有帮助的。

当然,术语国际化对于学者和科技工作来说也是非常重要的,在高层次专家中,术语国际化不仅是可能的,也是必要的。然而,学术和文化的发展是有层次的,也是阶段性的。对此,周有光先生提出"科技双语言政策"的观点,即在高水平大学和科技工作者中实施"双语言教育",做到既懂民族化术语,又懂国际化术语。① 这主要基于以下两方面的语言政策考量:一方面可以保持"术语民族化传统",这有利于知识的传播和普及,有利于大众科技工作者接受先进科技和学术思想;另一方面又可以为实施"术语国际化"准备,让专业学者和科技工作者参与国际学术交流,以借鉴国际先进知识和学术思想。

第三节 西学术语译介与概念史研究

跨学科研究是当今科学研究和学术创新的主要途径,也是翻译研究创新的重要途径,因为学科交叉融合意味着学科分化和学科综合,这样就可以衍生新的学科生长点。纵观世界科学发展史,"科学前沿的重大突破和重大原创性科研成果大多是学科交叉融合的结果"。② 推进学科交叉融合是社会发展的客观需要,是科学发展的重要趋势。所以,中国术语翻译学必须超越翻译研究本身的局限性,突破翻译学与术语学之间的学科壁垒,形成语言学、翻译学、术语学等多学科相互联动,翻译史、文化史、思想史、学术史等各种研究相互交叉、相互渗透、相互融合,并形成术语翻译研究的特色。

近年来,从欧洲历史学领域所兴起的概念史研究值得中国译学借鉴。欧洲概念史考察的重点是术语史,术语是特定领域里的专门学术用语,是用来表示概念的称谓集合,而概念反映了对象的特有属性。所以,概念是

---

① 周有光:《文化传播与术语翻译》,《术语翻译研究导引》(魏向清编),南京:南京大学出版社,2012年,第10页。
② 蒋洪新:《以科学理念引领一流学科建设》,载《人民日报》(理论版),2016年11月9日。

人们在反复的社会实践和认识过程中，将事物共同的本质性特征加以总结归纳而形成的，所以说，概念的形成是人们由感性认识向理性认识的飞跃，是思想认识的进步。因此，从本质上来说术语研究也就是概念研究。概念史研究在德国有深厚的学术传统，其标志性成果为科塞雷克（Reinhart Koselleck）所主编的《历史性基础概念：德国政治①社会语言历史辞典》（*Geschichtliche Grundbegriffe: Historisches Lexikon zur politisch-sozialen Sprache in Deutschland*）。科塞雷克认为历史编纂归根到底也是一种视角问题，因而提出了"鞍型期"之说，其目的旨在发现"鞍型期"与"过去"的断裂，并借此研究这一历史过渡阶段语言变化以及现代语言的形成过程。在18世纪中期以降的欧洲，"鞍型期"开启了国民意识、民族国家和工业化社会，欧洲社会政治经济的变革也推动着概念意义的演变，因此，欧洲语言中的词语和用法经历了明显的范式转换，这些词语的概念亦随之发生了很大的变化。②比如，民主、共和、阶级、贵族等词语获得了新的涵义，成为现代民族国家的核心术语。

概念史研究导致欧洲的历史研究发生了"语言转向"，研究兴趣转向语言和话语分析，重点研究语言与历史的关系。就其研究方法而言，在共时研究的基础上更注重历时研究。③科塞雷克所主张的"语言转向"植根于德国的历史传统，因为历史必须通过语言来呈现，对历史的理解必须借助语言，"历史是不可能脱离语言而存在"，概念史将其自身作为社会史的一部分，并且与社会史密切相关。语言分析是社会历史考察重要手段之一，其研究对象便是"社会变迁和语言变迁的互动关系"。④于是，概念史开辟了通向经验史的途径，概念的语义变迁源于历史和时代经验的变迁。因此，概念史研究的不是那种静态的、超时代的概念，而是不断"变化"和运动的概念。

当然，概念史研究主要通过词汇探讨历史的变迁，概念与词汇犹如硬币的两面，相辅相成。一方面，作为概念史研究的核心，概念"必须借助词汇并通过特定的词汇来表达"。概念本身就是由政治、经济、文化、社

---

① 方维规：《鞍型期与概念史》，载《思想与方法》（方维规编），北京：北京大学出版社，2015年，第78页。
② 同上，第78页。
③ 同上，第79-80页。
④ 同上，第83页。

会等不同领域的词汇组成，这些词汇构成了概念的基础。通过对概念的历时考察，就可以发现历史上很多词汇都逐步发展成为概念。因此，在某种意义上说，"考察概念的历史就是考察特定词汇的历史"。另一方面，概念与词汇之间也存在差异，并不是所有词汇都能形成概念。词汇虽然是概念存在的基础，但并不意味着概念就是词汇本身。那些词义具有稳定性、意义界定明确，而且没有留下任何政治和社会烙印的词汇通常不是概念史的研究对象。凡是成为概念的词汇必须是在一定的社会和历史语境中被反复使用，并具有了一定的意义和指向功能的，使其被固定下来成为普遍接受的概念。① 可以说，概念史研究的实质就是探讨词汇的概念变迁与历史变迁之间的联系。

进而言之，概念史研究"鞍型期"之说适合研究社会转型期的词汇与社会的互动现象。社会转型的重要特征便是人的经验与其相关解释方法发生急遽的转变，在传统的经验模式发生变化的同时，新的经验模式逐步形成，在对经验的解释中，语言的解释具有至关重要的作用，因为语言在人们理解和把握急遽变化的经验中获得了新的能量。在历史的转型期，人们会发现许多传统的概念越来越不合时宜，因而促进具有时代性的概念产生。② 因此，词汇的概念变迁成为历史转型的语言表征，对于社会转型所导致新旧观念的变化，概念史研究可以借此深入分析某些社会转型的深层原因。比如，英语中的 marriage（婚姻）在西方的概念变迁，到 19 世纪初，marriage 的神学认识逐渐被人类学认识所取代，到 20 世纪，marriage 逐渐淡化其法律观念，注重爱情和道德行为。

在清末民初西学术语汉译中，许多译名的词义演变现象就是概念史研究的生动案例，而概念史研究使术语翻译史研究"语境化"，从更为广阔的中国近代思想和文化史范畴来思考术语翻译问题。比如，英语中的近代政治术语 right，具有两层涵义：其一是：that which is right, good, just, honorable, true, etc；其二是：proper authority or claim；something to which

---

① 王冠群：概念史：《近代中国自由思想研究的新路径》，载《学习与探索》，2014 年第 12 期，第 51 页。
② 方维规：《鞍型期与概念史》，载《思想与方法》（方维规编），北京：北京大学出版社，2015 年，第 84 页。

one has a just claim; something one may do or have by law。所以在西方文化中，right 的一层涵义是利益上的自主性，具有鲜明的价值判断，是"正确的""公正的""真实的""光荣的"；另一层涵义是法律层面的，指合法的权利和利益。早在 19 世纪，right 在英文中的本义为"直尺"（rule），或者是符合尺度的直线，并由此引申出"正确的结论"之义。将这两层涵义综合起来，right 既包含"个人自主行为的正当性"，也包含以前者为基础的"权利"和"利益"，也就是所谓的"权利"和"利益"必须基于道德的正确性，两者相辅相成，互为因果：只有在不损害他人的情况下，才能主张所谓的"权利"和"利益"。对于政治术语 right 的翻译及其解读，近代中国知识界可谓争论纷纷：

1839 年，为林则徐担任翻译的袁德辉将 right 译为"道理"。

1862 年，美国传教士丁韪良在其翻译《万国公法》中将 right 译为"权"。但是，有时觉得不够确切，还添上"利"字，由此新造了一个术语："权利"。

1870 年前后，明治初期日本也用汉字翻译 right，造了一个新词："权理"。

1886 年前后，康有为选择了"原质"二字。

1899 年，严复选用汉字的"直"，并造了两个新词："天直"和"民直"对应译英文的 right。①

在甲午之前，传教士丁韪良的"权利"几乎是标准的通用译名，丁韪良的译名很快流传到日本，被广泛使用，此后，再次返回中国成为通用术语。1896 年，严复在翻译《天演论》时，曾用"权利"翻译 right，但他当时就认为该译名不够准确，用"直"更为妥当，因为 right 的词源及其本义为"直"和"直尺"，并从中引申出"正确"的涵义，所以，无论是"权"还是"利"，均不涉及价值判断。1902 年，严复致信梁启超，讨论 right 的翻译时说，他在三年前阅读政治学时，就感觉 right 一词无法对译，"强译'权利'二字，是以霸译王，于理想为害不细。"② 当然，严复的质疑不是没有道理，因为"权"和"利"是两码事，就像"霸"和"王"一样，不能混

---

① 吴思：《洋人的"权利"我们的"分"：译名选择与传统断续》，载《博览群书》，2006 年第 8 期，第 6—7 页。
② 严复：《严复集》（王栻编），北京：中华书局，1986 年，第 519 页。

在一起，所以严复认为翻译为"直"较为妥当：

> 譬如此，right 字，西文亦有直义，故几何直线之 right line，直角为 right angle，可知中西引申义正同。此以直而通职，……且西文有 born right 及 god and my right 诸名词，谓与生俱来应得民直可，谓与生俱来应享之权利不可。何则，生人之初，固有权而无利故也。①

如果单从术语翻译本身来看，严复对 right 的翻译理据是非常充分的，一是非常严谨地考究了 right 的词源，包括该词的本义、引申义和搭配意义等；二是联系西方近代政治文化，从法律的角度考究了 right 的词义。严复在其所译的《群己权界论》将 right 在不同场合翻译为"天直""民直"或"权利"，虽然说违反了术语的单义性原则，至少说明其意识到 right 的复杂内涵，因为 right 在汉语中找不到对等术语，严复说"苦此字无译"可以说毫无虚夸。可以说，作为学者型的翻译家，严复能充分把握 right 的涵义，他既考虑到了"个人自主行为的正当性"，也考虑到了所应该享有的"权力"和"利益"。所以，严复才说"民直"是与生俱来的，即遵守正确的道德行为准则是每个人与生俱来的责任和义务，但是"权力"不是与生俱来的，"权力"是有条件的。

令人遗憾的是，严复所译的"天直"和"名直"在当时并不流行，right 在清末民初的通用译名还是"权利"，而且"权利"的概念也是随时代的发展而演变的。在丁韪良所译的《万国公法》中，该译本于 1864 年刊行，与自主性对应的主要是国际法和法律范畴，很少论及个人行为的自主权。据有学者考察，从 1895 年之前约 500 个使用权利的例句可以发现，其中两百次是出自西方法律著述的译著中，其他两百余次则是出自外交事务的公文和外交官员的出使日记。这反映出在甲午战争之前，"权利观念被严格局限于法律，特别是与国家法等外交事务相关的领域内，并没有与普遍的自主观念建立联系。"② 例如，《万国公法》中有关"权利"的表述：

---

① 严复：《严复集》（王栻编），北京：中华书局，1986 年，第 519 页。
② 金观涛、刘青峰：《观念史研究：中国现代重要政治术语的形成》，北京：法律出版社，2009 年，第 116 页。

1. 国使之**权利**，分为二种：或本于天性而不可犯，或本于常例而随可改者。（第一卷，第4页）

2. 诸国之公法，不审战者理之曲直，助之国攻敌，即可享交战之**权利**。（第一卷，第19页）

3. 各国为己保护何等权利，亦可保护友国何等**权利**也。（第二卷，第10页）

4. 凡自主之国，制律定己民之分位，**权利**等事情，并定疆内……。（第二卷，第17页）

5. 而各国之**权利**不得均平，有时理乎？（第二卷，第18页）

甲午战争之后，对"权"的使用不再局限于西方法律文献的译著，而且使用者的趋向多元化，据统计在1897年至1900年之间，13,000多次使用中，"利权"占900多次；"权利"700多次；"权力"600多次；"自主之权"300多次；"主权"400多次；"国权"400多次；"民权"800多次；"君权"200多次，也就是说，"自主行为正当性"的理念在中国社会被广泛接受。① 因为，所谓的"权"涉及"国家的自主权""男女平等权""自主独立之权""人民平等之权利""售矿之权""政权""商务之利权"等等，可以说，自主行为的正当性是因国家自主意识的觉醒而唤起。②

从1900至1911年期间，"权利"再一次成为中国社会常用的政治术语，其使用频率从1899年起超越了"利权"，并从1902年起数量远远高于"利权"，这说明中国社会开始普遍使用"权利"表达自主行为的正当性，而行为的主体不仅涉及国家，也包括集体和个人。至此，"权利"涵盖了英文rights所涉及法律范畴和个人普遍价值两重涵义。因此，有论者认为在这段时间中国知识界对"权利"的了解也最贴近西方rights的本义。③ 其重要历史和学术背景是1898年张之洞与胡礼恒之间的关于个人自主权

---

① 金观涛、刘青峰：《观念史研究：中国现代重要政治术语的形成》，北京：法律出版社，2009年，117页。
② 同上，第117页。
③ 同上，第124页。

的论争。张之洞为维护纲常名教,宣扬其"中体西用"的主张,发表了著名的《劝学篇》。张之洞强调国家的自主之权,却坚决反对个人的自主之权。他认为华夏之所以为华夏,就是因为有三纲五常的道德伦理观念,"故知君臣之纲,则民权之说不可行也",并指责"近日撷拾西说者甚至谓人人有自主之权,益为怪妄"①。改革派的何启和胡礼恒则针锋相对地反驳:"自主之权,赋之于天,君相无所加,编氓亦无所损";"夺人自主之权者,比之杀戮气人,相去一同耳。"② 随着中国思想界论争的不断深入,"个人生命权""人身自由""自由权""人身平等"等主张和呼声不断增强,个人自主权的主张逐渐取代了儒家的传统道德伦理,重知识、重权利、重平等、重国家、重民族的现代意识在中国社会越来越明显,儒家的纲常名教自此淡出中国社会历史舞台。

由此可见,科塞雷克所倡导的"概念史"非常关注术语及其概念的语境化,研究特定概念在历史语境中的生成,探讨一些特定的概念为何得以确立,概念维系着什么社会想象,概念排斥、遮蔽了什么话语,是谁通过概念将其纳入政治话语,概念如何进入公共领域,概念如何成为社会术语。所谓的概念史,"从来就不是概念的历史",不仅仅是概念本身的形成和发展,概念的探讨也不能仅仅局限于文本,不单单局限于概念本身的演变,而是要通过语境来确认特定概念的"建构能量"。所以,通过"权利"概念在近代中国社会的形成和发展,我们发现概念从来就不只是历史学家解读时代变迁的纯粹历史"表征",概念还是承载历史和推动历史发展的"因素"。③ 也就是说,在清末民初,术语及其概念不仅仅是当时中国社会的历史表征,也对中国社会的近代化进程发挥着推动作用。

---

① 张之洞:《劝学篇》,郑州:中州古籍出版社,1998年,第87页。
② 何启、胡礼恒:《新政真诠》,载《何启胡礼恒集》(郑大华编),沈阳:辽宁人民出版社,1994年,第419页。
③ 方维规:《鞍型期与概念史》,载《思想与方法》(方维规编),北京:北京大学出版社,2015年,第85-86页。

在清末民初，中国社会发生了"千年未有之大变局",① 中国经历了由传统社会向现代社会的历史变革，其概念系统也因此发生了深刻的历史变化，并一系列重大历史事件共振，这就决定了关于近代中国术语的概念史研究能有效地丰富人们对中国近代社会变革的认知。② 清末民初西方术语及其概念进入中国，当然，翻译不可能简单地将其原封不动地移植，西方概念常被中国知识界所吸收，并成为中国思想的一部分，有学者认为几乎所有的术语和概念都经历了"选择性吸收""借鉴性学习"和"创造性重构"三个过程。③ 因此，对近代中国重要术语及其概念进行个案和系统清理，"对于认知近代中国思想的演变，透视思维方式和价值观念的变革，意义重大。"④ 对清末民初西学术语的翻译研究不仅要对各个重要术语的历史进行深描，还有必要对构成概念的术语系统加以研究，对涉及国家、政治、文化、科技的重要文本进行分析。此外，"与概念和文本相关的制度研究也是不可或缺的"，因为知识是由语言建构的，人们借助语言来接受知识，而从概念的形成来看，知识是受社会制度所构建的知识体系所制约的。⑤ 由此可见，对清末民初术语翻译史研究，无论是从学理深度，还是从学科广度来看，概念史研究必将给中国术语翻译学提供重要的学术资源。

小结

虽然本章主要从国家治理、术语民族化、概念史研究等三个主要方面探讨清末民初术语译介与接受问题，但其对中国术语翻译研究的思想启发

---

① 光绪元年(1875年),李鸿章在《因台湾事变筹划海防折》说,"历代备边,多在西北"。"今则东南海疆万余里，各国通商传教，来往自如，麇集京师及各省腹地，阳托和好之名，阴怀吞噬之计，一国生事，数国勾煽，实为数千年未有之变局。"李鸿章的意思是在外交方面"中国遇到三千年未有之强敌"，在内政方面"中国处在三千年未有之大变局"。应该说，李鸿章在19世纪70年代，对中国面临的国际险境、内部危机，对世界大势的理解和把握是独一无二的，其对时局的观察实属难能可贵。
② 黄兴涛：《概念史方法与中国近代史研究》，载《史学月刊》，2012年第9期，第13页。
③ 方维规：《鞍型期与概念史》，载《思想与方法》（方维规编），北京：北京大学出版社，2015年，第90页。
④ 黄兴涛：《概念史方法与中国近代史研究》，载《史学月刊》，2012年第9期，第13页。
⑤ 孙江：《概念、概念史与中国语境》，载《史学月刊》，2012年第9期，第10-11页。

是多方面的，其当代价值更是不容低估的。就中国特色的译学构建而言，张柏然先生认为要体现中国译学的优势，必须重视本国和本族文化的经验和智慧，必须培养中国式的文化姿态、叙事方式和人文情怀，关注中华文明的历史进程，体验和思辨出中国特色的原理和原则。然后，对中西原理和原则进行互相参照，互相贯通，相互借鉴，从而形成深层次学术思想和学术观点。① 正是基于中国式的人文情怀，笔者从清末民初西学术语译介出发，结合中国学术思想和文化近代化转型过程中的种种现象和问题，认为"中国特色"的术语翻译学的构建，应该以中国语言文字为本位，以现代学术视野去整理和继承先秦名学、佛经术语翻译思想和近代西学术语翻译思想等各种历史遗产，整合西方术语学、概念史、翻译学等跨学科学术资源，会通中西术语研究的各种学术思想；立足本国国情将术语翻译上升到国家治理乃至全球治理的高度，在坚持对中国文化自信和语言自信的同时，总体上坚持走术语民族化道路，对高水平教育和科研机构实施"科技双语言"政策，为术语国际化准备条件。

---

① 辛红娟、徐薇：《中国翻译学的建构路径》，载《光明日报》，2018 年 11 月 6 日。

结束语

　　本课题的研究虽然已经告一段落，但仍然存在许多不足之处，仍然有许多有待挖掘的史料，仍然有许多需要深入讨论的话题。首先是本课题立足于术语翻译史研究，期望打通中国近代翻译史、思想史、文化史和学术史的边界，所涉及各学科理论非常广泛，所涉及的史料非常丰富，因此历史庞杂繁芜，学科体系众多，要打通各个领域实现跨学科多视角的融合研究，所谓跨学科多视角也只能说是初步的尝试而已，所做的论述必然是挂一漏万。其次是本课题的研究必然因为笔者的知识结构而存在不可避免的局限性，笔者在硕士研究生、博士研究生阶段主要研究领域是西方翻译理论，自 2012 年之后开始转向西学东渐与中国近代翻译史研究，本课题只能说是初涉中国近代文化史、思想史和学术史，对相关问题的论述在学理深度和广度上无论如何都存在一定的局限性，尤其对现代术语学、中国传统先秦名学、概念史研究等方面知识的理解和把握仍然不够。再次，在语料搜集方面，术语译介与接受应该涵盖政治、文学、数学、物理、地理、经济、化学、历史等各个学科领域，笔者的学科知识不可能做到精通每个学科的专业术语，因此本课题难以涵盖各个领域和各个学科，更不敢奢望能将其术语与相关的专业知识联系起来深入研究。对于这些局限性，笔者期望后来者在相关研究中进一步完善，进一步深入。尽管如此，笔者仍然想就翻译的价值、西学中国化、文化传承、文化自信、中国特色翻译理论的构建等问题，进一步讨论和阐述。

翻译对于西学东渐的作用是毋庸置疑的,汉学博士大卫·莱特将其贡献分为四个方面:其一翻译作为发现(translation as discovery);其二是翻译作为权威(translation as authority);其三是翻译作为启蒙(translation as inspiration);其四是翻译作为民族救亡(translation as national salvation)。① 由此可见,在中国近代史上翻译肩负着重要的历史责任和担当。术语翻译又何尝不是如此,如果还是用中国传统学术的"理""气""五行"等概念来解释自然现象,如果没有西学的"力"(force)、"能量"(energy)、"加速度"(acceleration)、"化合物"(compound)、"社会"(society)、"民主"(democracy)、"共和"(republic)等西方概念的输入,中国社会的进步和发展将无从谈起。在西学东渐过程中,译者创制和厘定了大量的新名词、新术语,引进了大量的新概念、新学说和新思想。这些术语经过中国社会的使用、选择、淘汰,有的术语稍纵即逝,有的融入中国语言成为学术界通用术语。

由于西学术语及其概念的译介,从清末到民初中国社会对西学的认知也不断深入,也逐渐改变了其对西学的情感和态度。尽管在明末清初就已有"西学"之名,但是鸦片战争前后,无论是从夷商、夷务、夷情、夷语、夷技等时代术语来看,还是将 the United States of America 译为"咪夷",将 president 译为"夷酋",将 foreigner 译为"夷人",可以说鸦片战争前后中国社会的认知就是"夷学"。到了戊戌变法时期,中体西用之说盛极一时,"西学"名称常见诸报刊,林乐知和英国传教士李提摩太(Timothy Richard)更倾向于用"新学"指代西学,1897 年更有人士明确说:"既无穷尽,亦无方体,择善而从,亦何必以中西别之!""改西学为新学,既可泯中外之别,亦可免用夷变夏之讥。"② 张之洞在《劝学篇》也用"新学"指代西学。任何时代都有其特定的流行术语,而流行术语的演变,侧面反映了社会心理的演变,熊月之认为清末民初中国社会对西方学问的命名从"夷学"到"西学"再到"新学",正好折射了西学东渐过程中中国社会对西学的情感演变过程。③

---

① Wright, D. *Translating Science: the Transmission of Western Chemistry into Late Imperial China*, 1840–1900. Boston: Brill, 2000.
② "西学宜名为新学说",载《新闻报》,1897 年 2 月 27 日。
③ 熊月之:《西学东渐与晚清社会》,北京:中国人民大学出版社,2011 年,第 591 页。

德国学者阿梅龙发现,到戊戌变法时期,中国知识界不仅用"力学"这一术语替代"重学"翻译 mechanics,而且将"力学"概念运用于哲学社会领域,将其道德化和情感化。① 典型的例子就是康有为用"热力说"来解释地球围绕太阳运转现象,指出太阳"热力"是地球上所有生命赖以为生的生命源泉,拯救中国只能通过"心力"入手,增强国人的"心热之力":"热力愈大,涨力愈大,吸力愈大,生物愈荣,长物愈大。"② 康有为还在其《大同书》中重新诠释了"仁"的概念,将其与"吸摄之力"联系起来。随着国人对力学的重视,国人的家国之思也呈现出"力学化"的趋势。维新派人士唐才常在呼吁中国工农业实现机械化的文章中断言:"机器广,斯爱力绵;爱力绵,斯国力固。"③ "力学"概念在清末民初的中国社会不仅被赋予了道德和情感价值,还进入了中国社会的哲学和政治领域,成为近代知识界抒发家国情怀的术语,这足以说明中国社会对待西学的心理演变。

通过中日近代术语翻译史可以发现,中日两国都面对西学东渐的大趋势,如何面对西方话语霸权的问题,冯天瑜先生认为历史证明"废除自己的语文传统,走拉丁化路线绝非良策",经过知识界的不懈努力,在汉字文化框架内"终于成功地实现了改铸汉语古典词及创制汉字新语义对译西学概念。"④ 近代中国知识界始终坚守自己的语文传统,走术语民族化道路,而术语民族化实质上就是西学中国化的缩影。比如,李善兰和伟烈亚力将 equation 译为"方程",不但在定义和解释上能比较准确地反映西方《代数学》中 equation 的概念,也可以在一定程度上契合中国传统算学《九章》对"方程"的释义,"方"体现等式的外形,"程"体现是排列矩阵。可以说,equation 之译为"方程",是在借鉴西方近代学术的同时继承中国传统学术,从而实现中国学术近代化。自然科学术语的翻译尚且需要译者结合中国的语文传统和学术传统进行创造性翻译,社会科学术语翻译则更为复杂,译者的

---

① [德]阿梅龙:《重与力:晚清对西方力学的接纳》,载《新词语新概念:西学译介与晚清汉语词汇之变迁》(郎宓榭编,赵兴胜译),济南:山东画报出版社,2011年,第231页。
② 康有为:《康有为政论集(1)》(汤钧志编):北京:中华书局,1981年,第241页。
③ 唐才常:《唐才常集》(湖南省哲学社会科学研究所编),北京:中华书局,1980年,第38-39页。
④ 冯天瑜:《新语探源——中西日文化互动与近代汉字术语生成》,北京:中华书局,2004年,第617页。

主观能动性则更为重要。采取术语民族化的翻译策略与其说是一种语言转换，不如说是译者在中国学术语境下的转化创新。

西学翻译之所以能对中国社会产生翻天覆地的影响，是因为翻译绝不是简单的知识迁移工作，术语的译介与接受足以说明翻译具备知识加工和知识生产功能，翻译是中国历史文明进步的必由之路。中国社会的近代化过程也不是简单的"西化"过程，相反，我们从西学术语译介与接受可以发现，中国社会的近代化是一个"化西"过程，正如术语翻译史所揭示的，中国社会对西学的借鉴是一个非常谨慎的、批判性借鉴的过程。联系西学术语译介史，可以明确地发现西方的自然科学术语，天文、数学、物理、医学等学科术语及其概念最早为中国社会所接受，而社会科学术语如民主、自由、权利、共和、社会等术语及其概念即使一再译介，虽已部分为国人所接受，但也被创造性地"中国化"，成为自己独特的术语。这也说明清末民初中国社会对西学知识，有传承、有发展；有吸收、有排斥；有选择、有过滤。

由此，我们或许可以对中国近代文化史、思想史和学术史得出更为深刻的认识，即通过对清末民初西学术语译介与接受的研究，可以对中国学术近代化的实质形成更为深刻的认知。从中国社会对西学术语的译介与接受可以发现，西方学术的刺激和影响对中国学术近代化有重要作用，但中国学术近代化并不是对西学的简单复制，也不是简单地"西化"。正如史学家顾颉刚所说："吾从前以为近三十年的中国学术思想是由易旧为新的新时期，是用欧变华的新时期，但现在看来，实则不然。"[①] 通过清末民初对西学术语译介与接受，可以发现中国学术近代化实质上是在中学与西学、传统与现代的冲突和融合过程中，中国知识界在中国近代学术语境中对外来知识和本土知识的重新整合和再创造，其中，译者对中国学术近代化的贡献可谓至关重要。[②] 在面对新旧文化冲突时，胡适说：就我所能看到的，唯有依靠中国知识界领袖人物的"远见和历史连续性的意识"，唯有依靠

---

① 顾颉刚：《中国近年来学术思想的变迁观》，载《中国哲学》，1984年第11辑，第302页。
② 张景华：《西化还是化西？——论晚清西学翻译的术语民族化策略》，《中国翻译》，2018年第6期，第34页。

他们的智慧和能力，才能成功地把"把现代文化的精华"与"中国自己文化的精华"联结起来。① 所以，对于译者来说术语翻译绝不是单纯的词汇转换，还要有文化传承意识和历史担当。

清末民初中国近代化转型，西学的逐渐输入固然是重要因素，而其内在动力则是中国知识界内部兴起的"经世"思潮。② 清末民初知识界所面对的"数千年未有之变局"和"数千年未有之强敌"，对于当今翻译界来说，我们应该学习近代知识界这种"经世致用"的学术精神，这种学术精神就是"化西"的学习精神和批判精神。这种精神铸就了近代中国既善变又慎变的民族个性和品格，所谓"善变"，即凡是在实践中被证明是真善美的事务，就坚决学习、效仿和借鉴；所谓"慎变"，即对于凡是实践中还没有证明确实具有优越性的事务，则谨慎从事、绝不盲目照搬。③ 当然，从西学术语的译介与接受来看，中国社会的近代化过程也有很多方面值得检讨，一方面，有时对外来先进文化和知识持排斥心理，导致中国社会错失了很多近现代化的机会，另一方面，有时又对外来文化和知识缺乏鉴别，导致传统学术的优点没有充分传承。由此来看，当代中国社会一定要革新对翻译的认知，作为一种知识加工过程，翻译是文化传播、科技发展和学术传承与进步的重要手段，而术语翻译更是重中之重。

中国译学的发展必须坚持自己的民族特色之路，通过清末民初西学术语翻译史，可以发现在西学翻译的初期，西方学界对汉语能否表达精确的近代学术概念表示怀疑，甚至一些中国学者也缺乏信心，但是，历史证明中国能够成功探索出自己的术语民族化道路，因为中国有自己悠久的语文传统和学术传统，而且是一个多民族国家，涉及国家统一和民族团结，此外，中国人口众多，现有的教育层次和文化层次，决定了中国在很长时间内必须坚持术语民族化的道路。通过对清末民初西学术语翻译史研究，可以发现近代术语译介与中国的语文传统和学术传统是息息相关的，另外，术语翻译也无法脱离自己的时代，从魏源的时代到傅兰雅的时代，再从严复的

---

① 胡适：《先秦名学史》，合肥：安徽教育出版社，1999年，第12页。
② 冯天瑜、黄长瑜：《晚清经世实学》，上海：上海社会科学院出版社，2002年，第586页。
③ 熊月之：《西学东渐与晚清社会》，北京：中国人民大学出版社，2011年，第598页。

时代到章士钊时代；从鸦片战争时期到洋务运动，从戊戌变法到民国成立；从民国成立到新文化运动，术语翻译的任务、理论、目标、理念、策略和方法都是随着历史的演变而发展的。我们之所以要倡导构建"中国特色"和"中国气派"的翻译理论，因为翻译理论是不能脱离中国自己的语文传统、文化传统和历史语境，也是不能脱离中国自己的国情和当下的历史语境的，当代中国的译学研究、翻译政策和翻译策略亦当随时代的发展而与时俱进。

参考文献

外文类

1. Augustus, M. *Elements of Algebra* [M]. London: Adamant Media Corporation, 2003.
2. Chambers, R. *Introduction to the Sciences*[C]. London: W. and R. Chambers, 1861.
3. Fryer, J. The Present Outlook for Chinese Scientific Nomenclature [A]. *Records of the Second Triennial Meeting of the Educational Association of China* [C]. Held at Shanghai May 6-9, 1896. Shanghai: American Presbyterian Mission Press, 1896.
4. Haft, L. ed. *Words from the West* [C]. Leiden: Center of Non-western Studies, 1993.
5. Michael, L. ed. *Translating Western Knowledge into Late Imperial China* [C]. Leiden: Brill, 1999.
6. Michael, L. I. Amelung & J. Kurtz (eds). *New Terms for New Ideas: Western Knowledge and Lexical Change in Late Imperial China*. Leiden: Brill, 2001.
7. Low, M. Beyond Modernization: Towards a Post-Modern History of East-Asian Science and Technology [A]. In H. Keizo, C. Jami & L. Skar eds. *East-Asian Science: Tradition and Beyond* [C]. Osaka: Kansai University Press, 1995.

8. Mateer, W. School Books for China [J]. *The Chinese Recorder*, 1877 (8): 428-429.

9. Murray, H. *The Encyclopedia of Geography* [M]. London: Longman, 1834.

10. Morse, H. *The Chronicles of the East India Company: Trading to China 1635-1834 Vol. 2* [M]. Oxford: Clarendon Press, 1926.

11. Novotná, Z. Linguistic Factors of Low Adaptability of Loan-words to the Lexical System of Modern Chinese[A]. In *Monumenta Serica (26)* [C], 1967.

12. Nord, C. *Translation as a Purposeful Activity: Functionalist Approaches Explained* [M]. Manchester: St. Jerome, 1997.

13. Seybolt, P. *Language Reform in China* [M]. New York: Sharpe, 1979.

14. Venuti, L. *Translator's Invisibility* [M]. London: Routledge, 2008.

15. Whewell, W. *An Elementary Treatise on Mechanics* [M]. Cambridge: Deighton's, 1847.

16. Wright, D. *Translating Science: the Transmission of Western Chemistry into Late Imperial China, 1840-1900* [M]. Boston: Brill, 2000.

专著文集辞书

1. 北京大学校史研究室. 北京大学史料 [M]. 北京：北京大学出版社，1993.

2. 蔡尚思，等. 谭嗣同全集 [M]. 北京：中华书局，1981.

3. 蔡元培. 蔡元培全集 [M]. 北京：中华书局，1984.

4. 陈福康. 中国译学史稿 [M]. 上海：上海外语出版社，2011.

5. 陈学恂、田正平. 中国近代教育史资料汇编 [M]. 上海：上海教育出版社，1991.

6. [美] 戴吉礼. 傅兰雅档案 [C]. 弘陕译. 桂林：广西师范大学出版社，2010.

7. 樊增祥. 樊山政书 [M]. 北京：中华书局，2007.

8. 方梦之、庄智象. 中国翻译家研究 [M]. 上海：上海外语教育出版社，2017.

9. 方维规 . 思想与方法——近代中国的文化政治与知识建构 [C]. 北京：北京大学出版社，2015.

10. [奥] 费尔伯 . 术语学、知识论和知识技术 [M]. 邱碧华译 . 北京：商务印书馆，2011.

11. 冯志伟 . 现代术语学引论 [M]. 北京：商务印书馆，2011.

12. 冯天瑜 . 张之洞评传 [M]. 郑州：河南教育出版社，1985.

13. 冯天瑜、黄长瑜 . 晚清经世实学 [M]. 上海：上海社会科学院出版社，2002.

14. 冯天瑜 . 新语探源——中西日文化互动与近代汉字术语生成 [M]. 北京：中华书局，2004.

15. [英] 傅兰雅 [译]. 全体须知 [M]. 上海：江南制造局，1889.

16. [法] 福柯 . 权力与话语 [M]. 陈怡含译 . 武汉：华中科技大学出版社，2017.

17. 高平叔 . 蔡元培全集 [M]. 北京：中华书局，1984.

18. 郭嵩焘 . 伦敦与巴黎日记 [M]. 长沙：岳麓书社，2008.

19. 故宫博物院 . 明清档案部清末筹备立宪档案史料 [M]. 北京：中华书局，1979.

20. 顾燮光 . 译书经眼录 [M]. 北京：北京图书馆出版社，2003.

21. 韩江洪 . 严复的话语体系与近代中国文化转型 [M]. 上海：上海译文出版社，2006.

22. [英] 合信 . 博物新编（一集）[M]. 上海：墨海书馆，1855.

23. [德] 黑格尔 . 历史哲学 [M]. 王造时译 . 上海：上海书店出版社，2001.

24. [德]洪堡特.论人类语言结构的差异及其对人类精神发展的影响(姚小平译)[M]. 北京：商务印书馆，1999.

25. 胡适 . 先秦名学史 [M]. 合肥：安徽教育出版社，1999.

26. [美] 华勒斯坦 . 开放社会科学 [M]. 刘锋译 . 北京：三联书店，1997.

27. 黄寿棋、张善文 . 周易集注 [M]. 上海：上海占籍出版社，2001.

28. 黄遵宪 . 日本国志 [M]. 上海：上海古籍出版社，2001.

29. 慧皎 . 高僧传（卷 41）[M]. 北京：中华书局，1992.

30. 慧立、彦琮. 大慈恩寺三藏法师传 [M]. 北京：中华书局，2000.

31. 季压西，等. 来华外国人与近代不平等条约 [M]. 北京：学苑出版社，2007.

32. 贾谊. 贾谊集校注 [M]. 天津：天津古籍出版社，2010.

33. 金观涛、刘青峰. 观念史研究：中国现代重要政治术语的形成 [M]. 北京：法律出版社，2009.

34. 康有为. 孔子改制考 [M]. 北京：中华书局，1958.

35. 康有为. 康有为全集（姜义华等编）[M]. 北京：中国人民大学出版社，2007.

36. [德] 郎宓榭，等. 新词语新概念：西学译介与晚清汉语词汇之变迁（赵兴胜译）[C]. 济南：山东画报出版社，2012.

37. [德] 朗宓榭. 朗宓榭汉学文集 [M]. 上海：复旦大学，2013.

38. 黎难秋. 中国科学翻译史 [M]. 合肥：中国科技大学出版社，2006.

39. [德] 李博. 汉语中的马克思主义术语的起源与作用 [M]. 赵倩等译. 北京：中国社会科学出版社，2003.

40. 李圭. 环游地球新录 [M]. 长沙：岳麓书社，2008.

41. 李善兰、艾约瑟译. 重学 [M]. 上海：墨海书馆，1867.

42. 李善兰、伟烈亚力译. 代数学（卷二）[M]. 日本：静冈集学所训点本，1872.

43. 梁启超. 饮冰室合集（林志钧编）[M]. 北京：中华书局，1989.

44. 梁启超. 梁启超全集 [M]. 北京：北京出版社，1999.

45. 梁启超. 清代学术概论 [M]. 上海：上海世纪出版集团，2005.

46. [美] 刘禾. 跨语际实践 [M]. 北京：三联书店，2002.

47. [美] 刘禾. 帝国的话语政治；从近代中西冲突看现代世界秩序的形成 [M]. 杨立华等译. 北京：三联书店，2014.

48. 刘振东. 中国儒学史：魏晋南北朝卷 [M]. 广州：广东教育出版社，1998.

49. 刘徽. 九章算术 [M]. 沈阳：辽宁教育出版社，1990.

50. 卢明玉. 译与异——林乐知译述与西学传播 [M]. 北京：首都师范大学出版社，2010.

51. 鲁迅. 且介亭杂文 [M]. 北京：人民文学出版社，1975.

52. 鲁迅. 鲁迅全集（第6卷）[M]. 北京：人民文学出版社，1986.

53. 罗新璋. 翻译论集 [C]. 北京：商务印书馆，2009.

54. 罗竹凤. 汉语大词典 [Z]. 上海：汉语大词典出版社，1988.

55. [意] 马西尼. 现代汉语词汇的形成 [M]. 黄河清译. 香港：汉语大词典出版社，1997.

56. 茅海建. 天朝的崩溃 [M]. 北京：三联书店，2005.

57. 马祖毅. 中国翻译史 [M]. 武汉：湖北教育出版社，1999.

58. 孟子. 孟子 [M]. 北京：中华书局，2006.

59. 聂馥玲. 晚清经典力学的传入 [M]. 济南：山东教育出版社，2013.

60. 潘文国. 危机下的中文 [M]. 沈阳：辽宁人民出版社，2008.

61. 璩鑫圭、唐良炎. 中国近代教育史资料汇编 [C]. 上海：上海教育出版社，1991.

62. [美] 任达. 新政革命与日本—中国（1898-1912）[M]. 李仲贤译. 南京：江苏人民出版社，1998.

63. 任继愈. 中国科学技术典籍同汇：技术卷 [C]. 郑州：河南教育出版社，1993.

64. 阮元. 畴人传 [C]. 上海：商务印书馆，1935.

65. 阮元. 研经室集 [M]. 台北：世界书局，1964.

66. 阮元 [校刻]. 十三经注疏 [C]. 北京：中华书局，1980.

67. 上海图书馆. 江南制造局翻译馆图志 [M]. 上海：上海科学技术文献出版社，2011.

68. [日] 实藤惠秀. 中国人留学日本史 [M]. 谭汝谦、林启彦译. 北京：三联书店，1983.

69. 沈国威. 一名之立，旬月踟蹰：严复译词研究 [M]. 北京：社会科学文献出版社，2019.

70. 孙寰. 术语的功能与术语在使用中的变异性 [M]. 北京：商务印书馆，2011.

71. 孙逾堂. 中国近代工业史资料 [C]. 北京：科学出版社，1957.

72. 孙祖烈. 生理学中外名词对照表 [M]. 上海：上海医学书局，1917.

73. 汤钧志. 康有为政论集[C]. 北京：中华书局，1981.

74. 唐才常. 唐才常集[C]. 北京：中华书局，1980.

75. 王德峰. 梁启超文选[C]. 上海：上海远东出版社，2011.

76. 王国维. 王国维学术经典集（上卷）[M]. 南昌：江西人民出版社，1997.

77. 王国维. 王国维文集[C]. 北京：中国文史出版社，2007.

78. 王宏印. 中国传统译论经典诠释[M]. 武汉：湖北教育出版社，2003.

79. 王克非. 翻译文化史论[M]. 上海：上海外语教育出版社，2000.

80. 王力. 汉语史稿[M]. 北京：中华书局，1980.

81. 王栻. 论严复与严译名著[C]. 北京：商务印书馆，1982.

82. 王铁崖. 中外旧约章汇编（第1册）[M]. 北京：三联书店，1957.

83. 王韬. 瀛堧杂志[M]. 上海：上海古籍出版社，1989.

84. 王韬. 弢园文录外编[M]. 郑州：中州古籍出版社，1998.

85. 王渝生. 中国近代科学先驱李善兰[M]. 北京：科学出版社，2000.

86. 汪广仁、徐振亚. 海国撷珠的徐寿父子[M]. 北京：科学出版社，2000.

87. 魏向清等. 术语翻译研究导引[C]. 南京：南京大学出版社，2012.

88. 魏源. 海国图志[C]. 长沙：岳麓出版社，2011.

89. 文庆等. 筹办夷务始末[C]. 北京：中华书局，1964.

90. 夏征农、陈至立. 辞海[Z]. 上海：上海辞书出版社，2010.

91. 熊月之. 西学东渐与晚清社会[M]. 北京：中国人民大学出版社，2011.

92. 许宝强、袁伟. 语言与翻译的政治[C]. 北京：中央编译出版社，2001.

93. 徐复观. 中国艺术精神[M]. 上海：华东师范大学出版社，2001.

94. 徐光启. 徐光启集[M]. 北京：中华书局，1963.

95. 徐继畬. 瀛寰志略[M]. 上海：上海书店出版社，2001.

96. 徐珂. 清稗类钞[M]. 北京：中华书局，1983.

97. 徐世昌. 清儒学案画[M]. 北京：中国书店，1990.

98. 徐宗泽. 明清间耶稣会士译著提要[M]. 北京：中华书局，1949.

99. [日] 须永金三郎. 通俗学术演说 [M]. 东京：博文馆，1890.

100. 玄烨编. 数理精蕴 [M]. 台湾：商务印书馆，1968.

101. 薛福成. 出使英法意比四国日记 [M]. 长沙：岳麓书社，1985.

102. 严复 [译]. 原富 [M]. 北京：商务印书馆，1981.

103. 严复 [译]. 穆勒名学 [M]. 北京：商务印书馆，1981.

104. 严复. 严复集（王栻编）[M]. 北京：中华书局，1986.

105. 杨遇夫. 高等国文法 [M]. 上海：商务印书馆，1934.

106. 杨树达. 论语疏证 [M]. 上海：上海古籍出版社，1986.

107. 杨家骆. 宋会要辑本 [C]. 台北：世界书局，1964.

108. 袁英光、童洁. 李星沅日记 [C]. 北京：中华书局，1987.

109. 曾国藩. 曾文正公全集 [M]. 上海：世界书局，1936.

110. 张静庐. 中国近代出版史料初编 [C]. 上海：群联出版社，1953.

111. 张景华. 翻译伦理：韦努蒂翻译思想研究 [M]. 上海：上海交通大学出版社，2009.

112. 张之洞. 张文襄公全集 [M]. 北京：中国书店，1990.

113. 张之洞. 劝学篇 [M]. 郑州：中州古籍出版社，1998.

114. 郑大华. 何启胡礼恒集 [C]. 沈阳：辽宁人民出版社，1994.

115. 郑观应. 郑观应集（夏东元编）[M]. 上海：上海人民出版社，1988.

116. 郑述谱. 俄罗斯当代术语学 [M]. 北京：商务印书馆，2005.

117. 中国第一历史档案馆编. 英使马戛尔尼访华档案史料汇编 [M]. 北京：国际文化出版公司，1996.

118. 中国翻译工作者协会. 翻译研究论文集 [C]. 北京：外语教学与研究出版社，1984.

119. 中国大百科全书语言文字编辑委员会. 中国大百科全书·语言文字 [M]. 北京：中国大百科全书出版社，1988.

120. 中国史学会. 洋务运动 [C]. 上海：上海人民出版社，1961.

121. 中文大辞典编纂委员会（编）. 中文大辞典 [Z]. 台北：中国文华研究所，1963.

122. 朱熹. 周易本义 [M]. 上海：上海古籍出版社，1987.

123. 朱志瑜、黄立波. 中国传统译论: 译名研究 [M]. 长沙: 湖南人民出版社, 2013.

124. 邹振环. 影响中国近代社会的一百种译作 [M]. 北京: 中国对外翻译出版公司, 1996.

125. 邹振环. 晚清西方地理学在中国 [M]. 上海: 上海古籍出版社, 2000.

论文类

1. [法] 艾乐桐. 汉语术语: 论偏见 [A]// 郎宓榭. 新词语新概念: 西学译介与晚清汉语词汇之变迁. 赵兴胜译. 济南: 山东画报出版社, 2011.

2. [德] 阿梅龙. 重与力: 晚清对西方力学的接纳 [A]// 郎宓榭. 新词语新概念: 西学译介与晚清汉语词汇之变迁. 赵兴胜译. 济南: 山东画报出版社, 2011.

3. 陈福康. 康有为的翻译思想 [J]. 中国翻译, 1991（4）: 51-53.

4. 陈卫星. "西学中源说"与中国接受西学的初始心态 [J]. 兰州学刊, 2012（11）: 12-18.

5. 陈新谦. 19世纪80年代我国最著名的一部西药书 [J]. 中国药学杂志, 1992（11）: 694-697.

6. 楚楚. 晚清怪杰辜鸿铭逸闻趣事 [J]. 湖北档案, 2007（4）: 40-43.

7. 崔波、吴彤. 知识入侵中的桥接、誊写、填充 [J]. 人文杂志, 2008（4）: 124-131.

8. 邓承修. 户科掌印给事中邓承修奏 [A]// 故宫博物院. 清光绪朝中法交涉史料（卷十三）. 台北: 文海出版社, 1967.

9. 邓玉函、王徵. 远西奇器图说录最 [A]// 任继愈. 中国科学技术典籍同汇: 技术卷. 郑州: 河南教育出版社, 1993.

10. 方梦之. 翻译大国应该有自创的话语体系 [J]. 中国外语, 2017（5）: 93-100.

11. 方维规. "经济"译名溯源考——是"政治"还是"经济"[J]. 中国社会科学, 2003（3）: 178-189.

12. 方维规. "夷""洋""西""外"及相关概念：晚清译词从"夷人"到"外国人"的转换 [A]// 郎宓榭. 新词语新概念：西学译介与晚清汉语词汇之变迁（赵兴胜译）. 济南：山东画报出版社，2012.

13. 方维规. 鞍型期与概念史 [A]// 方维规. 思想与方法. 北京：北京大学出版社，2015.

14. 方毅. 辞源续编说明 [A]// 方毅等. 辞源续编. 上海：商务印书馆，1931.

15. 方以智. 浮山文集后编（卷二）[A]// 清史资料（第6辑）. 北京：中华书局，1985.

16. 范铁权. 民国时期的科学名词审查活动 [J]. 科学学研究，2003（S1）：7–10.

17. 冯天瑜. 张之洞"游学""广译"之倡对近代术语的促成 [J]. 学习与实践，2002（9）：22–29.

18. 冯天瑜. 清末民初国人对新语入华的反应 [J]. 江西社会科学，2004（4）：44–52.

19. 冯天瑜. 入华新教传教士译介西学术语述评 [A]// 中山大学西学东渐文献馆编. 西学东渐研究（第3辑）. 北京：商务印书馆，2010.

20. 傅兰雅. 论译书之法 [A]// 魏向清等. 术语翻译研究导引. 南京：南京大学出版社，2012.

21. 高晞. "解剖学"中文译名的由来与确定 [J]. 历史研究，2008（6）：83–104.

22. 高晞. 未竟之业：《博医会报》中文版的梦想与现实 [J]. 四川大学学报，2018（1）：110–121.

23. 高中理. 《天演论》与原著比较研究 [D]. 北京：北京大学博士论文，1999.

24. 龚昊. 传科学的传教士——傅兰雅与中西文化交流 [D]. 北京：中国社会科学院博士论文，2013.

25. 顾颉刚. 中国近年来学术思想界的变迁观 [A]// 中国哲学. 北京：人民出版社，1984.

26. 顾雪林、潘国霖. 用科学态度维护祖国语言文字主权 [N]. 中国教育报，2004-9-5.

27. 桂乾元. 为确立具有中国特色的翻译学而努力——从国外翻译学谈起 [J]. 中国翻译，1986（3）：12-15.

28. 郭丹、蒋童. 中国传统译论中译名问题的阶段性 [J]. 广东外语外贸大学学报，2011（6）：14-16.

29. 郭永芳. 牛顿学说在中国的早期传播 [A]// 科技史文集（第12辑）. 上海：上海科学技术出版社，1984.

30. 何启、胡礼恒. 新政真诠 [A]// 郑大华编. 何启胡礼恒集. 沈阳：辽宁人民出版社，1994.

31. 何思源. 清末编订名词馆的历史考察 [J]. 韩山师范学院学报，2014（4）：51-57.

32. 何思源. 严复的东学观与清末译名统一活动 [J]. 北京社会科学，2015（8）：36-44.

33. 贺麟. 严复的翻译 [A]// 罗新璋. 翻译论集. 北京：商务印书馆，2009.

34. 胡以鲁. 论译名 [A]// 中国翻译工作者协会编. 翻译研究论文集. 北京：外语教学与研究出版社，1984.

35. 黄立波、朱志瑜. 严复译《原富》中经济术语译名的平行语料库考察 [J]. 外语教学，2016（4）：84-90.

36. 黄兴涛. 概念史方法与中国近代史研究 [J]. 史学月刊，2012（9）：11-14.

37. 蒋洪新. 以科学理念引领一流学科建设 [N]，人民日报（理论版），2016-11-9.

38. 蒋骁华. 翻译中的西方主义——以18-19世纪中国的政治、外交文献翻译为例 [J]. 中国翻译，2012（2）：32-37.

39. 蒋骁华. 大声不入里耳——严译新词未流行原因研究 [J]. 外语与翻译，2015（3）：62-68.

40. 康有为. 广译日本书设立京师译书局摺 [A]// 中国近代出版史料补编. 北京：中华书局，1957.

41. 康有为. 京师保国会第一集演说 [A]// 汤钧志. 康有为政论集. 北京：

中华书局，1981.

42. 科学名词审查会. 科学名词审查会第一次化学名词审定本 [J]. 东方杂志，1920（7）：119–125.

43. 雷根照. "电气"词源考 [J]. 电工技术学报，2007（4）：1–7.

44. 黎难秋. 民国时期中国科学翻译活动概况 [J]. 中国科技翻译，1999（4）：37–38.

45. 黎昌抱、杨利芳. 试析傅兰雅科技翻译对近代科学术语译名规范化的贡献 [J]. 上海翻译，2018（3）：16–19.

46. 李刚. 知识分类的变迁与近代学人治学形态的转型 [J]. 福建论坛，2005（5）：72–77.

47. 李丽、李国英. 近代化学著作之译介（1855-1896）[J]. 兰台世界，2015（1）：40–41.

48. 李养龙、莫佳璇.20世纪初译名论战的现代解读 [J]. 外语教学，2011（3）：106–111.

49. 李冶. 测圆海镜 [A]// 四库全书（第798册）. 台北：商务印书馆，1986.

50. 梁启超. 论学日本文之益 [N]. 清议报（第十册），1899–4.

51. 梁启超. 进化论革命者颉德之学说 [N]. 新民丛报，1902–10–28.

52. 梁启超. 论政府与人民之权限 [N]. 新民丛报，1903–3–10.

53. 梁启超. 论译书 [A]// 中国翻译工作者协会. 翻译研究论文集. 北京：外语教学与研究出版社，1984.

54. 廖七一. 严复翻译批评的再思考 [J]. 外语教学，2016（2）：87–91.

55. 廖七一. 严译术语为何被日语译名所取代？[J]. 中国翻译，2017（4）：26–32.

56. 林巍. "革命"概念的中国化 [J]. 中国翻译，2017（5）：117–120.

57. 林乐知. 记上海创设格致书院 [N]. 万国公报，1874–10–10，（306）.

58. 林乐知. 论新名词之辨惑 [A]// 李天纲编. 万国公报文选. 上海：上海文艺出版集团，2012.

59. 刘师培. 新名词输入与民德堕落之关系 [J]. 东方杂志，1906（12）：

239-240.

60. 刘松. 论严复的译名观 [J]. 中国科技术语，2016（2）：32-37.

61. 罗其精. 中西大地形状学说考：兼谈"地球"一词进入汉语的历程 [J]. 吉首大学学报，2003（2）：114-119.

62. 罗新璋. 我国自成体系的翻译理论 [A]// 中国翻译工作者协会. 翻译研究论文集. 北京：外语教学与研究出版社，1984.

63. 陆道夫. 试论严复的译名创新 [J]. 河南大学学报，1996（1）：37-40.

64. 潘文国. 中国译论与中国话语 [J]. 外语教学理论与实践，2012（1）：1-6.

65. 潘文国. 大变局下的语言与翻译研究 [J]. 外语界，2016（1）：6-12.

66. 彭雷霆. 张之洞与编订名词馆 [J]. 湖北大学学报，2010（1）：97-102.

67. 马克锋. 中源西流思潮论 [J]. 江汉论坛，1987（12）：61-66.

68. 钱崇澍、邹应宪. 植物名词商榷 [J]. 科学，1917（3）：387.

69. [法] 梅塔耶. 植物学术语的形成路径：一种模型还是个案？[A]// 郎宓榭. 新词语新概念：西学译介与晚清汉语词汇之变迁. 赵兴胜译. 济南：山东画报出版社，2012.

70. 名委办公室. 科委、教委、科学院、新闻出版署联合发文要求使用名委公布的名词 [J]. 科技术语研究，1990（1）：69.

71. 容挺公. 致甲寅记者论译名 [A]// 中国翻译工作者协会. 翻译研究论文集. 北京：外语教学与研究出版社，1984.

72. 沈国威. 汉语的近代新词与中日词汇交流 [J]. 南开语言学刊，2008（1）：72-88.

73. 沈国威. 严复与译词：科学 [A]// 王宏志. 翻译史研究(2011). 上海：复旦大学出版社，2011.

74. 沈国威. 严译与新国语的呼唤 [A]// 魏向清等. 术语翻译研究导引. 南京：南京大学出版社，2012.

75. 石云艳. 梁启超与汉语中的日语外来词 [J]. 广东社会科学，2007(5)：133-139.

76. 孙邦华. 论傅兰雅在西学汉译中的杰出贡献 [J]. 语言学研究, 2006 (4): 133-189.

77. 孙几伊. 论译书方法及译名 [J]. 新中国, 1919 (2): 74-77.

78. 孙江. 概念、概念史与中国语境 [J]. 史学月刊, 2012 (9): 5-11.

79. 孙藜. 晚清电报及其传播观念 [D]. 上海: 复旦大学博士论文, 2006.

80. 孙文. 发刊词 [N]. 民报, 1905-11-26.

81. 孙晓娅. 如何为新词命名?——论民国初年的翻译名义之争 [J]. 文艺研究, 2015 (9): 47-57.

82. 孙中原. 归纳译名小史 [J]. 松辽学刊, 1985 (1): 131-132.

83. 谈火生. "民主"一词在近代中国的再生 [J]. 清史研究, 2004 (2): 34-45.

84. 谭载喜. 试论翻译学 [J]. 外国语, 1988 (3): 22-27.

85. 谭载喜. 中西现代翻译学概评 [J]. 外国语, 1995 (3): 12-16.

86. 汤奇学. 西学中源说的历史考察 [J]. 安徽史学, 1988 (4): 28-34.

87. 陶飞亚、刘天路. 晚清"西学源于中学"说 [J]. 历史研究, 1987 (4): 152-160.

88. 王冰. 明清时代 (1610-1910) 物理学译著书目考 [J]. 中国科技史料, 1986 (5): 3-20.

89. 王冰. 早期物理学名词的翻译及演变 [J]. 自然科学史研究, 1994 (3): 214-226.

90. 王冠群. 概念史: 近代中国自由思想研究的新路径 [J]. 学习与探索, 2014 (12): 50-54.

91. 王国维. 文学小言 [A]// 王国维文集 (第1卷). 北京: 中国文史出版社, 2007.

92. 王国维. 论新学语之输入 [A]// 魏向清等. 术语翻译研究导引. 南京: 南京大学出版社, 2012.

93. 王宏超. 中国现代辞书中的"美学"——"美学"术语的译介与传播 [J]. 学术月刊, 2010 (7): 100-109.

94. 王红霞. 傅兰雅的西书中译事业 [D]. 上海: 复旦大学博士论文, 2006.

95. 王红霞. 晚清的科学术语翻译——以傅兰雅为视点 [J]. 福建论坛, 2009（2）: 104-106.

96. 王剑. 美国国名译法在近代中国的滥觞、嬗变与确立 [J]. 长安大学学报, 2012（4）: 118-124.

97. 王敏. 郑贞文科学文化实践与中国近代科学的传播 [D]. 山西大学博士论文, 2009.

98. 王庆云. 熙朝纪政（卷6）[A]// 郑天挺. 明清史资料（下册）. 天津: 天津人民出版社, 1981.

99. 王树槐. 清末翻译名词的统一问题 [J]. 中央研究院近代史研究所集刊, 1969（1）: 47-82.

100. 王锡阐. 历策 [A]// 阮元. 畴人传（卷三十五）. 上海: 商务印书馆, 1935.

101. 王宪明. 严译名著与中国文化的现代化 [J]. 福州大学学报, 2008（2）: 24-30.

102. 王扬宗. 清末益智书会统一科技术语工作述评 [J]. 中国科技史料, 1991（2）: 9-19.

103. 王扬宗. 赫胥黎《科学导论》的两个中译本: 兼论清末科学译著的准确性 [J]. 中国科技史料, 2000（3）: 207-221.

104. 王英姿等. 中国古代及近代的译名研究回顾 [J]. 外国语文, 2009（4）: 139-144.

105. 汪晓勤. 伟烈亚力所介绍的外国数学知识 [J]. 中国科技史料, 2010（2）: 158-167.

106. [美] 韦努蒂. 翻译与文化身份的塑造 [A]// 许宝强、袁伟. 语言与翻译的政治. 北京: 中央编译出版社, 2001.

107. 文月娥. 傅兰雅的汉语语言观及其当代价值 [J]. 国际汉学, 2017（3）: 98-103.

108. 文月娥. 傅兰雅的科技术语音译观探析 [J]. 东方翻译, 2018（1）: 15-18.

109. 吴思. 洋人的"权利"我们的"分": 译名选择与传统断续 [J]. 博览群书, 2006（8）: 4-12.

110. 吴元涤. 植物名词商榷 [J]. 科学，1917（3）：875-879.

111. 吴又进、柯资能. 晚清—民国化学书籍中化学名词术语的比较分析 [J]. 广西民族大学学报，2014（1）：16-20.

112. [美] 席文. 科学史和医学史正在发生着怎样的变化 [J]. 北京大学学报，2010（1）：93-98.

113. 夏征农. 辞海 [Z]. 上海：上海辞书出版社，1989.

114. 夏晶. 晚清科技术语翻译——以傅兰雅为中心 [D]. 武汉：武汉大学博士论文，2011.

115. [德] 谢弗. 谭嗣同思想中的自然科学、物理学与形而上学 [A]// 郎宓榭. 新词语新概念：西学译介与晚清汉语词汇之变迁. 赵兴胜译. 济南：山东画报出版社，2012.

116. 谢忠强. 清末留日政策演变述论 [J]. 历史档案，2011（4）：100-104.

117. 辛红娟、徐薇. 中国翻译学的建构路径 [N]. 光明日报，2018-11-6.

118. 熊月之. 自由、民主、总统：晚清中国几个政治词汇的翻译 [A]// 朗宓榭. 新词语新概念：晚清西学译介与晚清汉语词汇之变迁. 赵兴胜等译. 济南：山东画报出版社，2012.

119. 许记霖. 天下主义／夷夏之辨及其在近代的变异 [A]// 方维规. 思想与方法——近代中国的文化政治与知识建构. 北京：北京大学出版社，2015.

120. 徐振亚. 徐寿父子对中国近代化学的贡献 [J]. 大学化学，2000（1）：58-62.

121. 严复.《天演论》译例言 [A]// 中国翻译工作者协会. 翻译研究论文集. 北京：外语教学与研究出版社，1984.

122. 严复《群学肄言》译余赘语 [A]// 王栻编. 严复集. 北京：中华书局，1986.

123. 严复.《救亡决论》[A]// 王栻编.《严复集》. 北京：中华书局，1986.

124. 严复. 斯密氏《计学》例言（《原富》）[A]// 伍杰编. 严复书评. 石

家庄：河北人民出版社，2001：41-45.

125. 严复. 《群己权界论》译凡例 [A]// 罗新璋. 翻译论集. 北京：商务印书馆，2009.

126. 严复. 与梁任公论所译《原富》书 [A]// 罗新璋. 翻译论集. 北京：商务印书馆，2009.

127. 杨红. 从《天演论》看严复的译名思想 [J]. 兰州交通大学学报，2012（5）：94-96.

128. 杨国强. 中国人的夷夏之辨与西方人的"夷夏之辨"[N]// 东方早报，2010-5-30.

129. 杨玉荣. "伦理学"的厘定 [J]. 武汉大学学报，2009（6）：659-664.

130. 尹苏. 论近代科学家李善兰的科学文献翻译 [J]. 上海科技翻译，1997（3）：41-43.

131. 俞凤宾. 医学名词意见书 [J]. 中华医学杂志，1916（1）：11-15.

132. 余来明. "文学"译名的诞生 [J]. 湖北大学学报，2009（5）：8-12.

133. 余望. 论傅兰雅在近代中国的科技传播实践 [J]. 中国科技期刊研究，2008（2）：311-315.

134. 张柏然、姜秋霞. 对建立中国翻译学的一些思考 [J]. 中国翻译，1997（2）：7-9.

135. 张必胜. 李善兰和伟烈亚力合译《代数学》的主要内容研究 [J]. 西北大学学报，2013（6）：1021-1024.

136. 张大庆. 早期医学名词统一工作：博医会的努力和影响 [J]. 中华医史杂志，1994（1）：15-19.

137. 张大庆. 高似兰：医学名词翻译标准化的推动者 [J]. 中国科技史料，2001（4）：324-330.

138. 张德让. 翻译会通研究 [D]. 上海：华东师范大学博士论文，2010.

139. 张德让. 翻译会通研究：从徐光启到严复 [J]. 外语教学，2011（6）：96-99.

140. 张帆. 近代"格致学"的传播与辨义 [J]. 学术研究，2017（10）：99-106.

141. 张澔. 傅兰雅的化学翻译的原则和理念 [J]. 中国科技史料，2000（4）：297–306.

142. 张建红、赵玉龙. 民国初年的《植物学大辞典》[J]. 华夏文化，2004（4）：55.

143. 张景华. 论严复的译名思想与翻译会通 [J]. 湖南科技大学学报，2013（5）：135–138.

144. 张景华. 论清末民初的译名统一及其学术意义 [J]. 上海翻译，2014（1）：53–58.

145. 张景华. 从文化自恋到文化自觉——论中国近代西学术语的译名演变 [J]. 天津外国语大学学报，2015（6）：37–42.

146. 张景华. 论"翻译暴力"的学理依据及其研究价值 [J]. 中国翻译，2015（6）：65–73.

147. 张景华. 清末民初西学术语译名的翻译暴力探析 [J]. 翻译界，2016（2）：69–80.

148. 张景华. 创棒劈莽，前驱先路论——《海国图志》中的地理术语译名 [J]. 外国语言与文化，2018（4）：70–78.

149. 张景华. 西化还是化西？——论晚清西学翻译的术语民族化策略 [J]. 中国翻译，2018（6）：27–34.

150. 张龙平. 益智书会与晚清时期的译名统一工作 [J]. 历史教学，2011（10）：22–27.

151. 章士钊. 论翻译名义 [N]. 国风报，1910-11-22.

152. 章士钊. 答容挺公论译名 [A]. 中国翻译工作者协会. 翻译研究论文集 [C]. 北京：外语教学与研究出版社，1984.

153. 赵爱. 近现代科技名词内部演变的"五性"[J]. 中国科技术语，2013（1）：16–20.

154. 赵中亚. 格致汇编与中国近代科学的启蒙 [D]. 上海：复旦大学博士论文，2009.

155. 赵栓林. 对《代数学》和《代数术》术语翻译的研究 [D]. 呼和浩特：内蒙古师范大学，2005.

156. 赵栓林、郭世荣.《代数学》和《代数术》中的术语翻译规则 [J].

内蒙古师范大学学报，2007（6）：687-693.

157. 郑观应. 西学 [A]// 陈忠倚. 皇朝经世文三编（卷二）. 上海：上海书局，1902.

158. 中国船学会. 中国船学会审定之海军名词表 [J]. 科学，1916（4）：473.

159. 中国科学社. 例言 [J]. 科学，1915（1）：1-2.

160. 中国科学社. 科学社记事 [J]. 科学，1916（5）：590.

161. 中国科学社. 科学社记事 [J]. 科学，1916（7）：823-826.

162. 中国科学社. 中国科学社现用名词表 [J]. 科学，1916（12）：1369.

163. 周有光. 漫谈科技术语的民族化和国际化 [J]. 中国科技术语，2010（1）：8-10.

164. 周有光. 文化传播与术语翻译 [A]. 魏向清等. 术语翻译研究导引 [C]. 南京：南京大学出版社，2012.

165. 邹振环. 傅兰雅与江南制造局的译书 [J]. 历史教学，1986（10）：10-14.

166. 邹振环. 上海大同译书局及其史学译著 [J]. 东方翻译，2010（5）：25-32.

167. 庄钦永. 四不像"大英国"：大清天朝体制下钤压下的汉译泰西国名 [A]// 王宏志编. 翻译史研究（2013）. 上海：复旦大学出版社，2013.

168. 朱棠. 中日同形词"章程"的语义演变 [J]. 东北亚外语研究，2019（3）：34-40.

169. 朱自清. 译名 [A]// 中国翻译工作者协会. 翻译研究论文集. 北京：外语教学与研究出版社，1984.

后　记

　　在专著行将付梓之际，总感觉似乎还缺少一点什么，我才意识到自己还没有完成本书的后记，至少应该对自己这些年的学问有所反思。关于治学，国学大师王国维曾说：古之成大学问者，必经过三重境界。"昨夜西风凋碧树，独上高楼，望尽天涯路"，此第一境也。"衣带渐宽终不悔，为伊消得人憔悴"，此第二境也。"众里寻他千百度，蓦然回首，那人却在灯火阑珊处"，此第三境也。其实，对我这样的普通人来说，要达到这三重境界谈何容易！

　　回首自己二十余年的翻译研究生涯，我在四川外国语大学攻读研究生时，有幸得到名师的指导。二十年前的我还不知道翻译研究论文怎么写，当时《英汉对比与翻译》课要交一篇课程论文，我对英语语篇的信息结构非常感兴趣，便提交了一篇习作给主讲教师蓝仁哲教授。蓝老师任川外校长多年，学问品德在川外可谓高山仰止。过了几天，蓝老师在路上碰到我，说我有学术天赋，叮嘱我将来一定不能放弃学术。此后，川外的副校长廖七一教授给我们讲授《当代西方翻译理论》。他从国外带来了大量的英文原著，西方翻译理论的学说和观点令我们耳目一新，课堂上研究生自由讨论，老师启发点评，可谓如沐春风。毕业之际，我的论文已收到《国外外语教学》等三家外语类期刊的用稿通知，为我此后进军学术界打下了重要基础。

　　到湖南科技大学工作之后，外国语学院曾艳钰院长和陈利文书记都认为我有学术基础，便给我这个年轻教师一个额外的职务：科研秘书。科研秘书的任务就是撰写各种学科材料。此后，我继续阅读西方翻译理论原版著作，也陆续在《中国翻译》等学术期刊发表相关论文。当时，我对翻译理论持一种片面甚至肤浅的认识，认为中国翻译思想贫乏，不管是学富五车的佛学大师玄奘，还是学贯中西的严复，他们留下的不过是一些只言片语的体会，思想不成体系，内容也过于简单，似乎没有多少内容值得研究。王国维先生的三重境界说，对于我这个初涉翻译研究之藩篱的硕士来说，连"望尽天涯路"，这第一重境界都无法企及。

我到南开大学攻读博士研究生时，方觉自己学问过于狭隘。我的导师崔永禄教授担任联合国译审数十年，课堂上自由讨论，可谓幽默风趣，妙语横生；王宏印教授遍览群书，文史哲样样精通，他的问题常令人猝不及防，颇多尴尬；刘世聪教授讲散文翻译，先让我们翻译，然后再和他自己的翻译比较，让我们领略英语和汉语之美。刘世聪、崔永禄两位老师都被授予"中国资深翻译家"称号，他们的翻译实践水平令我们永远仰视；王宏印老师学贯中西，让我感觉翻译研究绝不能局限于研究西方翻译理论，但是由于学习时间很短，我的研究方向还是美国翻译理论家韦努蒂的翻译思想。韦努蒂是西方翻译思想之集大成者，我翻译了他的名著《译者的隐形》。他的学问可谓兼及哲学、语言学、文艺学、心理学、法学多个学科，引用文献的资料涉及英语、法语、拉丁语、德语、西班牙语，乃至普罗旺斯语文本，对西方学者的学术思想古代如柏拉图、西塞罗、德莱顿、施勒格尔、歌德，当代如阿尔都塞、福柯、巴赫金、德里达、海德格尔、伊格尔顿简直无所不知，对翻译学者的观点更是信手拈来。不过，博士论文的系统和深入研究也让我发现西方学术诸多问题，表面上的感觉其思想深邃，深不可及，各学派百家争鸣，尤其是后现代学派，其实真的读懂了就发现其思想内容空洞、观点武断，甚至故作高深。这一段时间的治学集中研究西方翻译思想，可以说"为伊消得人憔悴，衣带渐宽终不悔"。

博士毕业之后，我担任了三年系主任，之后又担任主管科研的副院长和院长。这一时期，我的思想逐渐发生了转变。我深知西方翻译理论经过多年的发展，已经没有令人耳目一新的翻译理论，故转而思考如何"讲好中国故事"，开始研究近代中国的西学翻译史，尤其是西学术语翻译问题，并先后获得省级、部级和国家级科研项目。通过相关研究，我连续在《中国翻译》《上海翻译》《中国科技术语》等刊物发表了一系列论文。阅读清末民初各种历史文献使我对中国学术的近现代转型有了更深入的思考。为了求富求强，近代中国向西方学习，于是西学滔滔入华，清末中国社会那些传统儒家士人当如何应对？中国社会从器物到制度和思想发生哪些深层次变化？我的祖太公张锡藩为光绪年间最后一批贡生，他那位被举孝廉方正的同学谌百瑞，在家谱说祖太公："髫年，补博士，饩上舍。应乡举，屡试经学，文艺冠其群。"辛亥革命后，他继续致力地方团练和教育事业。对于他来说，最痛苦的现实莫过于经学在西学的冲击下已经式微，故家谱不无调侃地说："公承圣学于两千年，后世远风，微其力，自孤；然公沐浴泗乎？皷栖鹅湖乎？搴棠横渠乎？"由此可见，当时的西学不仅冲击着中国儒家士人的思想，也改变了他们的人生轨迹。

当然，对清末民初西学翻译的研究也让我的学术思想从道德情感上得到了升华，我把殷殷家国之情融入了学术研究。徐光启说的："欲求超胜，必先会通。会通之前，必先翻译。"翻译是我们会通中西学术，继承传统，超越西方的必由之路。"三千年未有之历史变局"告诉我们：中国社会向西方学习，必须坚持经世致用，坚持西学中国化，做好对中国文化传统的传承极为重要。我们在任何情况下都不能放弃文化自信。中国作为泱泱大国，有五千年的学术传承，即便是从术语翻译这一小小问题来看，我们的先秦诸子名学思想就留下了丰富的历史遗产，更不用说古代佛经翻译和近代西学翻译这数千年的积淀。面对中国文化崛起的历史契机，"外不后于世界之思潮，内弗失固有之血脉"，这就是当代学人的重任。回首自己二十余年的学术之路，我从学习西方翻译思想逐渐转向继承和复兴中国传统学术，这是不是王国维先生所说的第三重境界：众里寻他千百度，回头蓦首，那人正在灯火阑珊处？

张景华
写于 2021 年 4 月